国际汉语教师课堂技巧教学手册

한국어판

Teaching Resources Books
For International
Chinese Teachers

국제 중국어교사 수업스킬 교수학습 지침서

게임중국어

Chinese Activities in the Classroom

편저 | 王巍(왕웨이)·孙淇(쑨치)
번역 | 나은숙·류준영·박지혜·조서연

우리교과서

国际汉语教师课堂技巧教学册 BY 王巍, 孙淇
Copyright © 2011 by Higher Education Press Limited Company All rights reserved
Authorized Korean language edition arranged with Higher Education Press Limited Company through Enters Korea Co., Ltd.

머리말

본인은 2001년도에 국가한반으로부터, 호주 뉴사우스웨일스주 교육부의 중국어 교육 보좌관으로 파견되어 교육부 산하의 초·중·고교에서 중국어 교육을 담당하였다.

출발 전 어법·한자·유의어 분석과 같은 많은 전문 서적을 휴대하였으나 그 곳에 도착한 뒤, 현지의 초·중·고등학생들의 중국어 교육은 언어·문화와 게임을 포함한 다양한 활동이 서로 결합된 방식으로 진행되어 가져간 전문 서적들은 전혀 쓸모가 없음을 깨닫게 되었다. 현지 교사들은 통상적으로 학생들이 중국어 수업을 좋아할 수 있도록 수업 활동의 설계를 가장 중요시 한다. 이는 다년간 익숙해진 국내 유학생을 초점으로 한 교육모델과 상당한 차이가 있어서 큰 충격을 주었다. 이에 본인은 점차 가르치는 방식을 개선하였으며, 동시에 수업 활동의 교육 효과와 매력을 날로 체득하였다.

귀국 후 기쁘게도 점점 많은 중국어 교사들이 교실 수업에 활동을 도입하고 있다는 것을 발견하였다. 이러한 추세는 근래의 국내·외 중국어 교육 교류와 융합의 중점 중 하나라고 말할 수 있다. 그러나 실제 수업의 사례가 많지 않아 많은 젊은 교사들이 활동의 설계와 실행에 여전히 적지 않은 어려움을 느끼고 있다. 2008년 말, 高等教育出版社의 周芳 여사가 '国际汉语教师课堂教学资源丛书(국제한어교사교실 수업자료총서)'를 기획하며 특별히 본인과 孙淇(한국)에게 그중의 《国际汉语教师课堂技巧教学手册(국제한어교사교실기교수업안내서)》를 집필하도록 요청하였다. 본인과 孙淇는 이 기회를 빌려 각자 다년간 수업한 노하우를 정리하고 제고하여 이 책을 집필하여 출판하게 되었다.

✱ 본 책의 대상

이 책은 광범위하게는 국제 중국어 교사와 국제 중국어 수업 관련 직종에 관심이 있는 독자를 위하여 집필하였다. 국내·외 중국어 교사, 중국어 지원자와 중국어 국제 교육 전공의 학부생과 석사 대학원생을 대상으로 하고 있고, 전공과목 수업이나 직무연수 또는 혼자서도 활용할 수 있도록 하였다.

✱ 본 책의 구조

1. **수업 활동 설계** – 128개의 활동을 수록하였다. 그 중 일부 활동의 원형은 중국어 또는 영어 등의 외국어 수업에서 많이 사용하는 수업 활동과 게임의 형태로 대대로 전해지고 끊임없이 개량되어 지금까지 이어온 것으로, 전 세계 무수한 외국어 교사들의 수업 속 지혜의 결정체라 할 수 있다.
2. **교실 수업 Q&A** – 교실 수업 중 자주 접하는 50개의 Q&A를 수록하였다.

✱ 본 책의 특징

1. **수업 활동 설계** – 128개의 교실 활동을 언어 요소별로 분류하고, 그 내용으로는 중국어에서 가장 중요하고 가장 기본이 되는 언어 항목을 수록하여, 사용자가 쉽게 검색하고 학습할 수 있도록 하였다. 동시에 이 책은 각 활동을 융통성 있게 확장할 수 있는 방법 또한 제시하여, 사용자가 활동 수업에 점차 익숙해지고 더 나아가 최종적으로 활동 설계의 구조와 방법을 익힐 수 있도록 하였다.
2. **교실 수업 Q&A** – 「생각해 볼 문제」, 「편집자 마음의 소리」, 「편집자 우편함」 이 세가지의 항목 속에서 수업 중에 발생하는 각종 문제의 답을 제시하였으며, 이는 교사들에게 가장 실용적이고 적합한 길잡이가 되어 줄 것이다.

✱ 본 책의 엮은 이

수업 활동 설계 – 孙淇(한국), 鞠慧, 王巍 공저
교실 수업 Q&A – 王巍(저)

    이 책이 순조롭게 완성된 기회를 빌어, 특별히 高等教育出版社의 외국어 국제한어사업부의 수석 편집자 周芳 여사와 편집자 鞠慧 여사의 열정과 책임감에 감사를 표한다. 두분의 국제화된 넓은 시야와, 작가와 함께 몰두하는 헌신적이고 투철한 작업정신이 이 책의 각 항목에 깃들어 있다.
    "他山之石, 可以攻玉"이라는 말이 있다. 이 책이 중국어 국제교육사업에 뜻이 있는 사람들에게 수업의 지혜를 알게 해주고, 수업의 즐거움을 체험하는 데에 도움이 되기를 바란다.

왕웨이 王巍
2011년 4월

목차

사용설명	vii
수업상용어	ix
수업 활동 설계	1

발음편

1.	발음 줄 세우기 (단운모)	2	11.	물고기 눈알 뽑기 (성모 · 운모 결합)	15
2.	발음(에 맞게) 순서 정하기 (복운모)	3	12.	음절 조합하기 (성모 · 운모 · 성조 결합)	16
3.	성모 바꿔 말하기 (성모)	4	13.	기차놀이 (성모 · 운모 · 성조 결합)	17
4.	병음 강 건너기 (성모 · 운모)	5	14.	비밀선물 (성모 · 운모 · 성조 결합)	18
5.	소리듣고 박수치기 (성모 · 운모)	7	15.	소리를 전하는 벽 (음절)	19
6.	성조카드 (성조)	8	16.	폭탄활동 (음절)	20
7.	성조암호 (성조)	10	17.	녹음기 (음절 이어 읽기)	21
8.	성조합창 (성조)	12	18.	주머니 속 보물찾기 ('一'와 '不'의 성조변화)	22
9.	성조공장 (성조 표기)	13	19.	유레카 (경성 · 얼화)	24
10.	꿀벌 꽃가루 채취 (성모 · 운모 결합)	14			

한자편

20.	음악에 맞춰 몸으로 표현하기 (기본 필획)	28	30.	한자 만들기 (部件(한자의 부분))	44
21.	깃발언어 맞추기 (파생필획)	30	31.	부건 합치기 (部件(한자의 부분))	45
22.	등에 글자 쓰기 (파생필획)	32	32.	협동하여 한자쓰기 (한자쓰기 연습)	46
23.	한자 피라미드 (획수)	33	33.	한자오목 (한자쓰기 연습)	47
24.	필획 줄 세우기 (필획수)	34	34.	관찰 활동 (종합연습)	48
25.	필순퀴즈 (필순)	36	35.	문장추리 활동 (종합연습)	49
26.	글자와 그림 맞추기 (독체자(独体字))	38	36.	한자 빨리 기억하기 (종합연습)	50
27.	글자찾기 대회 (독체자(独体字))	40	37.	한자 판별 활동 (종합연습)	51
28.	신비로운 그림 (합체자(合体字))	41	38.	글자 배열하기 (종합연습)	52
29.	한자 카드놀이 (합체자(合体字))	42	39.	콩 배열하기 (종합연습)	53

어휘편

40.	단어 주사위 던지기 (얼굴 · 신체 부위)	56	47.	숫자잇기놀이 (수사)	66
41.	코 그리기 (얼굴부위 · 방위사)	58	48.	인간시계 (시간사)	67
42.	색깔 맞추기 (과일)	59	49.	그리면서 맞추기 (옷과 장신구)	68
43.	판다 걸음마 (신체 부위 · 음료)	60	50.	종류별 단어 익히기 (채소)	69
44.	단두대 (자연 · 계절 · 날씨)	62	51.	단어 맞히기 활동 (가정용품)	70
45.	친족호칭 퀴즈 (친족호칭)	63	52.	음식천국 (식품)	72
46.	공놀이 (색깔)	64	53.	단체의 힘 (동작)	74

54.	동작 스피드 활동 (일상활동)	75	68.	끼리끼리 줄서기 (유사단어)	94
55.	청개구리 (방위사)	76	69.	단어 가감법 (단어훈련)	95
56.	눈 가리고 길 찾기 (방위사)	77	70.	성조를 크게 작게 (단어연습)	96
57.	카드 짝 맞추기 (동물)	78	71.	단어 횡단보도 (단어활동)	97
58.	시간 스무고개 (시간·날짜)	80	72.	단어 대변신 (단어활동)	98
59.	단어 뜀뛰기 (학용품)	81	73.	호랑이 잡기 (단어게임)	100
60.	힙합 단어연습 (교통수단)	82	74.	눈치활동 (단어활동)	101
61.	단어 때리기 활동 (직업)	84	75.	빙고 (단어활동)	102
62.	글자 찾아 단어 만들기 (건강)	85	76.	단어 끝말잇기 (단어활동)	103
63.	의자 빼앗기 (국가·도시)	86	77.	빈칸 채우기 (동사·목적어 결합)	104
64.	이동하는 장소 (장소·방위사)	88	78.	단어 범퍼카 (관형어 + 중심어 결합)	106
65.	택배회사 (양사)	90	79.	단어 최강전 (단어복습)	108
66.	도둑 잡기 (양사)	92	80.	빠르게 암기하기 (단어복습)	109
67.	단어 숨바꼭질 (형용사)	93			

문법편

81.	룰렛활동 ('是'자문)	112	96.	그림 보고 말하기 ('着'의 용법)	130
82.	눈 가리고 사람 알아맞히기 ('是'자문)	114	97.	제자리 앉기 ('了1'의 용법)	132
83.	그림 기억하기 ('是'자문)	115	98.	이상한 메아리 ('了2'의 용법)	133
84.	신호등 (긍정문·부정문)	116	99.	북소리에 맞춰 꽃 전달하기 (조사 '过')	134
85.	보드게임 (의문문)	117	100.	원격 조종 로봇 (방향보어)	136
86.	돌차기 놀이 (의문문)	118	101.	스피드 퀴즈 (정도보어)	137
87.	문형 훌라후프 (비교문)	120	102.	쌍황 : 뚱뚱한 판다 (가능보어)	138
88.	암묵적 파트너 (연동문)	122	103.	OX퀴즈 (존재문)	140
89.	사이먼 가라사대 (동사중첩)	123	104.	꿈나라 ('被'자문)	141
90.	위치 맞히기 (방위를 표현하는 문형)	124	105.	깃털편지 ('把'자문)	142
91.	방 정리 (방위를 표현하는 문형)	125	106.	눈덩이 굴리기 게임 (복합관형어)	144
92.	이웃 찾기 (방위를 표현하는 문형)	126	107.	사고력 미니테스트 (복문)	146
93.	약속시간 (시간부사어)	127	108.	의자 법관 (종합연습)	148
94.	카드말 잇기 (시간부사어·장소부사어)	128	109.	카드 뒤집어 문장 만들기 (문형복습)	150
95.	같은 것 찾기 ('是……的' 강조 구문)	129			

문장편

110.	다 함께 알아맞히기 (소개)	152	120.	사라진 단어 (기억하여 말하기)	168
111.	슈퍼마켓 구매왕 (물건 사기)	153	121.	이야기 대회 (서술)	169
112.	구매의 달인 (물건 사기)	154	122.	우리는 시나리오 작가 (서술)	170
113.	식당놀이 (음식 주문하기)	156	123.	속기사 (서술)	172
114.	음성 사서함 (전화 걸기)	158	124.	외국인 아나운서 (낭독)	173
115.	우리 꼭 만나자 (약속)	160	125.	손가락 대화 (대화)	174
116.	길 묻고 그림 붙이기 (길 묻기)	162	126.	대화 순서 나열하기 (대화)	176
117.	정류소 표지판 붙이기 (승차하기)	163	127.	영화 더빙사 (대화)	177
118.	손님맞이 (방문)	164	128.	즐거운 사전 (종합복습)	178
119.	미니 인터뷰 (문답)	166			

수업노하우 181

수업준비

1. 어떻게 교재를 선택하고 준비하는가? 182
2. 어떻게 하면 효율적으로 교재를 사용할 수 있을까? 182
3. 수업을 준비하면서 주의해야 할 점은? 182
4. 중국어 수업에서 멀티미디어의 역할은? 183
5. 새 과의 수업 준비는 어떻게 해야 하나? 183

학생상황

6. 중국어 수준 차이가 고르지 못한 학급의 수업 방법은? 184
7. 말하기 싫어하는 학생들의 입을 열게 하는 방법은? 184
8. 왕초보 학생들과 빠르고 효과적으로 소통하는 방법은? 185
9. '단일국가반'과 '다국가반'으로 나눌 때 각각 주의할 점은? 185
10. 중국어 학습을 싫어하는 학생에게 어떻게 해야 중국어 수업을 좋아하게 할까? 186
11. 학생들이 실생활에서 중국어를 말할 기회가 없다면? 187
12. 왜 학생들은 수업 중에는 잘 알아들으면서 수업 후에는 잘못 알아듣는가? 187
13. 교실 수업 중 학생의 주관적인 능동성을 더 발휘시키려면? 188
14. 학생이 수업 시간에 계속 모국어를 사용하는데 어떻게 할까? 188
15. 학생들이 중국어 수업 시간에 집중력이 떨어지면 어떻게 하는가? 188

교사자신

16. 국제 중국어 교사는 어떠한 능력을 갖춰야 할까? 189
17. 매력적인 중국어 교사가 되려면 어떻게 해야 할까? 190
18. 수업 중의 문제점을 어떻게 발견하는가? 190
19. 학생의 질문에 말문이 막힌 상황에서 어떻게 하면 어색함을 풀 수 있을까? 190
20. 전통 문화적 재능이 중국어 수업에 어떤 도움이 될까? 191
21. 국제 중국어 교사가 사용하는 교실 언어는 어떠한 특징을 갖춰야 할까? 191
22. 어떻게 하면 듣기 수업에서 교사의 역할이 더 잘 발휘될까? 192

수업시스템

23. 수업 규율을 어떻게 관리해야 할까? 192
24. 어떻게 하면 수업 분위기를 바꿀 수 있을까? 193
25. 교실 수업 중 효과적인 상벌 제도에는 어떤 것들이 있을까? 194
26. 교실 활동을 어떻게 설계해야 할까? 194
27. 어떻게 하면 전체 학생을 적극적으로 활동에 참여시킬 수 있을까? 195
28. 어떻게 효과적인 교실 활동을 구성할 수 있을까? 195
29. 수업을 구상할 때 교사가 자주 범하는 오류는? 196
30. 수업에서 교사는 학생들과 어떻게 교감할 수 있을까? 197
31. 어떻게 학생들의 잘못을 바로 잡아줄까? 196
32. 과외 교류와 교실 수업은 어떻게 해야 유기적으로 결합할 수 있을까? 198
33. 중국어 수업의 성공 여부의 판단 기준은 무엇인가? 198

수업부분

34. 새로운 과를 시작할 때 좋은 도입 방법은? 199
35. 발음 수업의 좋은 방법은? 200
36. 한자 연습은 어떻게 해야 할까? 200
37. 서양 학생들은 늘 병음에 의지하고 한자를 배우려 하지 않는다. 어떻게 해야 할까? 201
38. 새 단어를 어떻게 설명할까? 201
39. 고급 중국어 종합 과목 지도과정에서 단어가 너무 많은 경우 어떻게 가르쳐야 할까 202
40. 어떻게 하면 학생들이 어휘량을 늘릴 수 있을까? 202
41. 학생들의 단어 학습 효과는 가늠할 수 있을까? 203
42. 종합 과목의 본문 지도에는 어떤 방법들이 있을까? 203
43. 문화 수업은 어떻게 진행해야 할까? 어떻게 문화 내용과 중국어 학습을 유기적으로 결합할 수 있을까? 204
44. 연습 단계에서는 종종 어떤 문제가 생길까? 205
45. 어떻게 효과적으로 질문할까? 205
46. 대답하기를 좋아해서 늘 질문을 가로채는 학생들을 어떻게 해야 할까? 206
47. 판서를 잘하기 위한 조건은 무엇일까? 207
48. 수업을 어떻게 마무리해야 할까? 207
49. 어떤 과제가 가장 의미가 있을까? 208
50. 교사는 과제를 첨삭하고 평가할 때 어떤 점에 주의해야 하는가? 208

활동지 211

부록

상 스티커

보드게임 지도

사용설명

- **수업 활동 설계**
- 128개의 활용성이 풍부한 수업 활동을 소개한다.

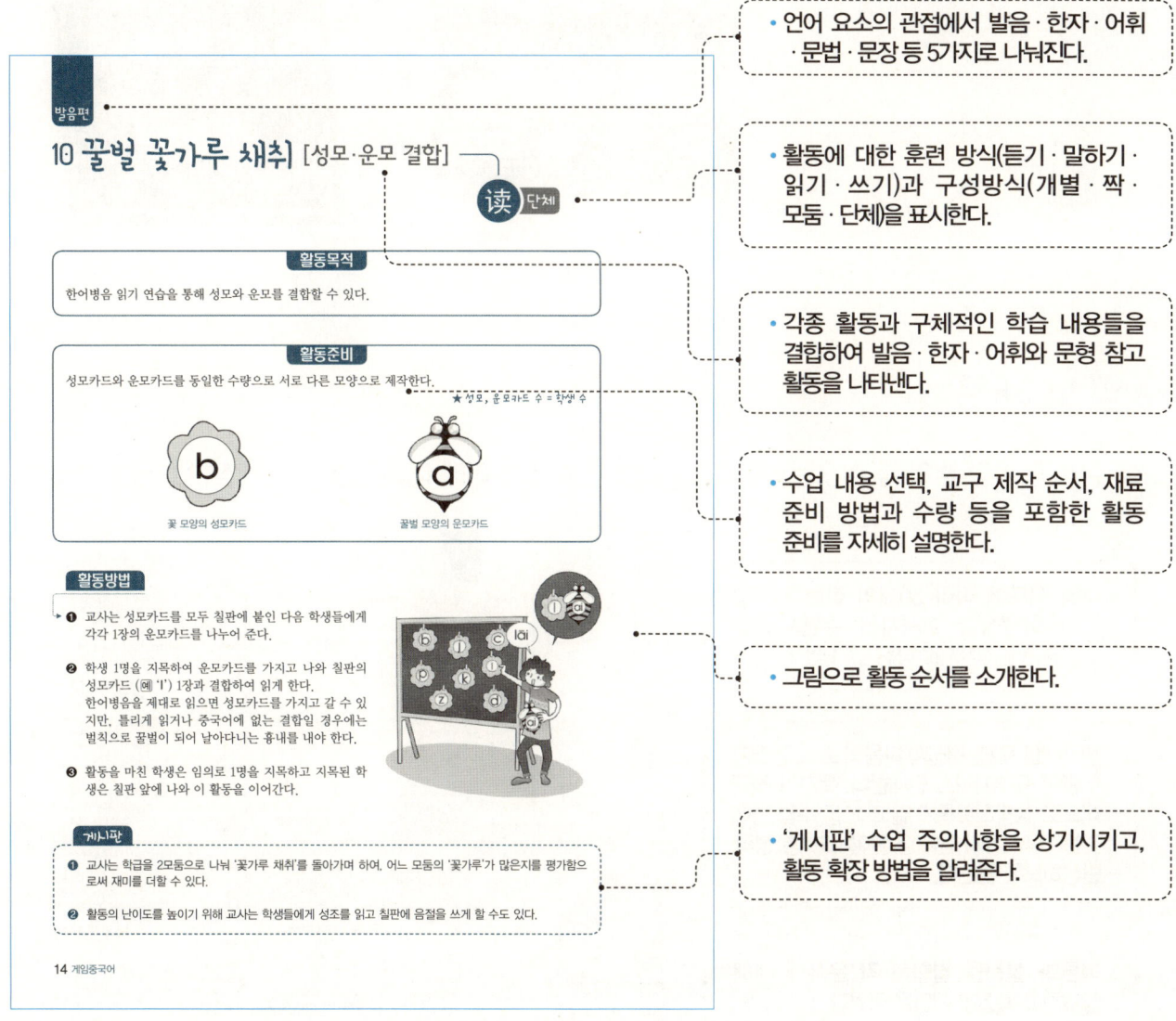

- 언어 요소의 관점에서 발음·한자·어휘·문법·문장 등 5가지로 나눠진다.
- 활동에 대한 훈련 방식(듣기·말하기·읽기·쓰기)과 구성방식(개별·짝·모둠·단체)을 표시한다.
- 각종 활동과 구체적인 학습 내용들을 결합하여 발음·한자·어휘와 문형 참고 활동을 나타낸다.
- 수업 내용 선택, 교구 제작 순서, 재료 준비 방법과 수량 등을 포함한 활동 준비를 자세히 설명한다.
- 그림으로 활동 순서를 소개한다.
- '게시판' 수업 주의사항을 상기시키고, 활동 확장 방법을 알려준다.

이 책에는 '개별, 짝, 모둠, 단체'에 대해 이렇게 규정했다. 개별 활동은 각 학생이 독립적으로 완성하는 활동을 뜻하고, 짝 활동은 두 사람이 합작하여 함께 완성하는 활동을 뜻하고, 모둠 활동은 3~6명이 합작하여 완성하는 활동을 뜻하고, 단체 활동은 전체 혹은 대다수의 학생이 같이 참여하는 활동이다. 특정 활동의 실행방식은 절대적인 것이 아니고, 교사가 실제 상황에 따라 융통적으로 조정할 수 있다.

• 책 뒤에 활동지가 있어서 교사가 직접 복사하기 편리하다.

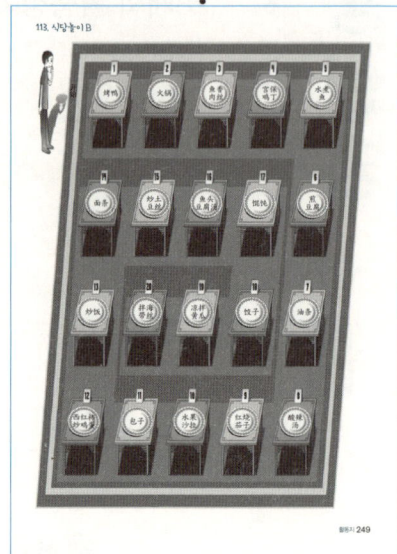

수업노하우

교실 수업 중 가장 흔히 볼 수 있는 50개의 문제를 추출하여, 이에 대해 진솔하고 세심한 해답을 주었다.

- 수업 각도에 따라 50개의 질문을 수업준비, 학생상황, 교사자신, 수업시스템, 수업부분 등 5가지로 나눠 찾기 쉽다.

- 생각해볼 문제, 편집자 마음의 소리, 편집자 우편함 등 3가지로 안내한다. 독자가 적극적으로 생각하도록 이끌고 교실 수업 중에 갖는 여러 가지 문제를 풀이하고 총 정리, 반성하도록 돕는다.

- 이론과 실천을 결합해 각 문제에 대해 상세하고 확실한 해답을 적었다.

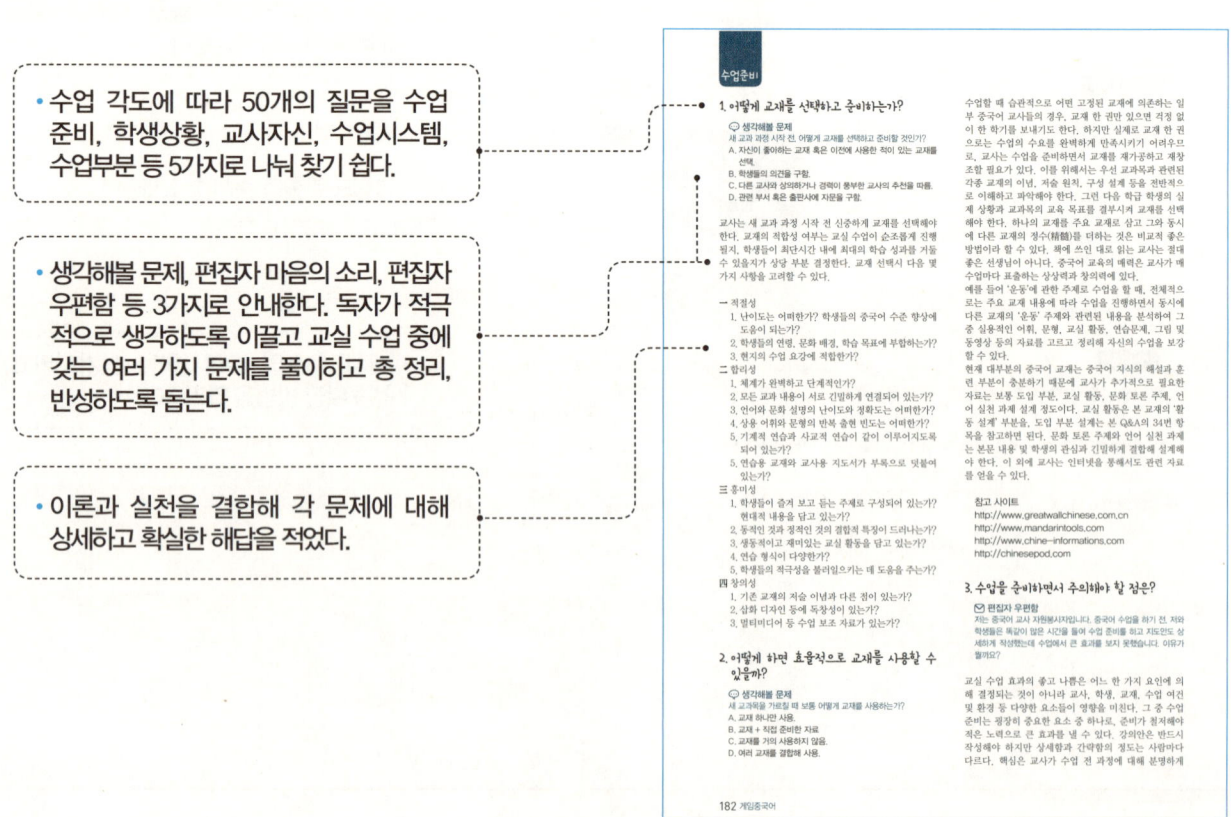

'국제한어교사교실 수업자료총서'의 전용 연락 메일 주소: ctrbooks@163.com

수업상용어

- ### 모둠 Divide into groups

  1. 함께 게임을 합니다. 게임의 명칭은…
     Let's play a game together now. The name of the game is…

  2. 먼저 모둠을 나눕니다.
     Let's divide into groups first.

  3. 두 명이 한 모둠입니다.
     You and your counterpart work in a group.

  4. 이 게임은 두 명의 한 모둠이 필요합니다. 모두 자리를 떠나 자신의 파트너를 찾아간 후 두 사람이 함께 앉습니다.
     This game requires two people work in a group. Please get out of your seat and look for a partner, and then sit together.

  5. 4명이 한 모둠, A · B · C와 D모둠,…
     Four people work in a group, A, B, C, and D are in a group,…

  6. 전체 반 학생들을 두 모둠으로 나누고 이쪽 학생을 한 모둠, 저쪽 학생을 한 모둠으로 합니다.
     The whole class divides into two groups, the students on this side belong to one group and the students on that side belong to the other group.

준비 Get ready

1. 각자 / 각 모둠은 모두 활동지를 받았습니까?
   Has everyone/every group got the Activity Page yet?

2. 활동지의 한자 / 어휘 / 그림을 하나씩 꼼꼼하게 자르고, 누가 빨리 잘 잘랐는지 봅니다.
   Please cut out the Chinese characters / words / pictures on the Activity Page one by one carefully. See who cuts both fast and well.

3. 모두 자리에서 일어나 교실 앞 / 중간에 원을 만듭니다.
   Stand up, everyone, come to the front/middle of the classroom, and make a circle.

4. 각 모둠은 한 줄 / 한 대열로 일어납니다.
   Each group stands in a row/column.

5. 빨리! 누가 / 어느 모둠이 빨리 일어서는지 봅니다.
   Please hurry up! See who / which group lines up in the shortest time.

6. 준비 됐습니까? 지금 시작하세요.
   Are you ready? Let's start now.

시작 Start

1. 첫 번째 게임을 시작합니다. 각 모둠은 먼저 게임에 참가할 학생을 의논하세요. 누가 먼저 올까요?
   Let's start the first round of the game. Each group chooses a student to partici-pate in the game. Discuss among yourselves. Who goes first?

2. 교실 앞으로 나오세요.
   Please come to the front of the classroom.

3. 시범을 보세요.
   Please observe my demonstration carefully.

4. 카드 내용에 따라 동작을 만드세요.
   Please make moves according to the content of the card.

5. 한 단어 / 한 문장을 말하세요.
   Please say the word / sentence one by one.

6. 선생님이 어떤 카드를 읽었는지 주의해서 듣고, 그 카드를 잡은 학생은 빨리 카드를 내리거나 올려야합니다.
   Please listen to me read the card carefully. Whichever card I read, the student holding that card should put it up / stand up.

7. 주의! 상대의 활동지 / 카드를 보면 안 됩니다.
   Warning! Don't peek at your opponent's Activity Page / card.

8. 주의! 다른 학생이 당신이 손에 든 카드를 보면 안 됩니다.
   Reminder! Don't let other students see the card in your hand.

9. 주의! 앞의 학생이 말한 단어 / 문장을 중복해서는 안 됩니다.
   Attention! Don't repeat the word / sentence said by the previous student.

10. 칠판 / 활동지를 보세요. 되도록 선생님께 받은 단어 / 문형을 사용하세요.
    Please look at the blackboard / Activity Page, try to use the words / sentence patterns given by the teacher.

11. 제한 시간은 5분입니다. 경쟁해서 누가 먼저 완성하는지 봅니다.
    The time limit is five minutes. Compete to see who finishes the task first.

12. 먼저 완성한 학생 / 모둠은 손을 들어 표시해주세요.
    Those students / groups that finished the task first, raise your hands, please.

13. 이 게임의 규칙을 이해했나요? 질문 있나요?
    Are you clear with the rules of the game? Any questions?

14. 시작하세요! / 멈추세요! / 빨리 하세요! / 천천히 하세요! / 힘내세요! / 맞았어요! / 틀렸어요! / 조용히 하세요! / 좀 더 크게 말하세요! / 다시 말하세요. / 다시 하세요. / 써 주세요. / 잘 들어주세요. / 다시 시작하세요.
    Start! / Stop! / Hurry up! / Slow down! / Come on! / Right! / Wrong! / Please be quiet! / Please speak a little louder! / Please say it again. / Please do it again. / Please write it out. / Please listen carefully. / Let's start over.

결론 Summarize

1. 시간 됐습니다! 저에게 결과를 보여주세요.
   Time is up! Let me see your results.

2. 짝, 모둠 원끼리 활동지를 교환하고 서로 검사하세요.
   Exchange your Activity Page with your counterpart / group member and check each other's work.

3. A학생 답이 정확하면 1점을 주고, B학생 답이 틀리면 점수가 없거나 1점을 감점합니다.
   A answers correctly, and gets one point; B answers incorrectly, and gets nothing / minus one point.

4. 노래를 부르거나 장기자랑을 해주시겠어요?
   Would you please sing a song / give a little performance?

5. A모둠은 오늘의 1위, B모둠은 2위, C모둠은 3위입니다.
   Today Group A is the number 1, Group B is the number 2, and Group C is the number 3.

6. A학생의 표현은 매우 훌륭했어요! 그 / 그녀에게 박수쳐주세요!
   A is super with his / her performance! Let's give him / her a round of applause!

7. 여러분 모두 잘 표현했습니다. 저는 여러분이 자랑스러워요!
   Each and every one of you has delivered a good performance. I'm really proud of you!

8. 오늘 무엇을 배웠나요? 즐겁나요? 모두 감사합니다. 다음 중국어 시간에 만나요!
   What have you learned today? Are you happy? Thank you everybody. Let's meet again in the Chinese class next time!

발음편

발음편

1 발음 줄 세우기 [단운모]

활동목적

듣고 반응하는 연습을 통해 단운모 발음을 익힐 수 있다.

활동준비

❶ 'i', 'o', 'u', 'ü' 등 연습할 단운모를 선정한다.

❷ 선정한 단운모를 비교적 큰 종이에 적어서 한어병음카드를 만든다.

활동방법

❶ 교실에서 활동할 수 있도록 적당한 공간을 확보한다. 4명의 학생을 뽑아 각각 병음카드 'i', 'o', 'u', 'ü'중 하나를 들고 교실 앞에 서게 한다.

❷ 교사가 무작위로 'u'와 같은 한 개의 한어병음을 말하면, 나머지 학생들은 신속하게 'u'를 가진 학생 뒤에 서도록 한다.

❸ 반응이 느리거나 줄을 잘못 선 학생은 카드를 들고 있게 한 다음 활동을 계속 진행한다. 모든 단운모에 대한 연습이 충분히 이루어질 때까지 진행한다.

게시판

❶ 연습할 발음의 양은 교육현장의 상황에 맞게 결정하고, 병음별 단독으로 진행하거나 또는 활동 중에 병음카드를 교체하여 다른 병음을 연습할 수도 있다.

❷ 학생의 흥미를 높일 수 있도록 병음카드를 모자로 만드는 등의 방법을 활용할 수도 있다.

❸ 이 활동은 성모, 운모, 음절 및 성조의 연습 또는 한자나 단어연습에도 적용할 수 있다.

2 발음(에 맞게) 순서 정하기
[복운모]

听 개별·단체

활동목적

듣기 연습을 통해 복운모를 익힐 수 있다.

활동준비

212쪽의 활동지를 복사한다.
★ 복사 분량 = 학생 수

활동방법

❶ 교사는 모든 학생에게 활동지를 나눠준 뒤, 활동지의 복운모를 'ei üe ou en …… ai'와 같이 무작위로 모두 읽어준다. 학생들은 교사가 읽은 순서에 맞게 복운모 옆에다 번호를 적는다.

❷ 번호를 다 적었으면 짝과 활동지를 교환하고, 교사가 다시 한 번 읽어주는 대로 순서를 확인한다.

❸ 교사는 정확한 답을 알려주고 복운모 전체를 따라 읽도록 한다.

게시판

❶ 학생들에게 답을 연필로 쓰도록 하면 활동지를 중복 사용할 수 있고 반복연습이 가능하다.

❷ 학생들의 흥미를 돋우기 위하여 교사는 동일한 병음카드를 2세트 준비한 후 전체 학생을 2모둠으로 나누어, 모둠별로 병음카드를 한 세트씩 나눠주고, 학생들은 각각 병음카드 한 장씩을 갖는다. 교사가 병음을 읽으면 각 모둠의 학생들은 병음카드를 들고 교사가 낭독하는 순서에 따라 줄을 선다. 어느 모둠이 빠르고 정확하게 줄을 섰는지를 평가한다.

❸ 이 활동은 성모·운모·성조·음절·한자·단어연습에 적용할 수 있다.

발음편

3 성모 바꿔 말하기 [성모]

활동목적

듣고 반응하기 연습을 통해 성모의 발음을 익히고 혼동하기 쉬운 발음을 구분할 수 있다.

참고발음

듣기 연습을 통해, 송기음(유기음)과 불송기음(무기음)을 예로 연습한다.

b – p	a o ai ei ao an en ang eng i iao ie ian in ing u
d – t	a e ai ao ou an ang eng ong i iao ie ian ing u uo ui uan un
g – k	a e ai ao ou an en ang eng ong u ua uo uai ui uan un uang
j – q	i ia iao ie iu ian in iang ing iong ü üe üan ün
zh – ch	a e ai ao ou an en ang eng ong i u uo uai ui uan un uang
z – c	a e ai ao ou an en ang eng ong i u uo ui uan un

활동방법

❶ 교사는 송기음과 불송기음을 칠판에 적는다. 'b – p, d – t, g – k, j – q, zh – ch, z – c'.

❷ 교사가 송기음을 발음하면 학생들은 상응하는 불송기음을 발음하도록 한다.
 (교사) pu – (학생) bu   (교사) tang – (학생) dang
 (교사) qing – (학생) jing   (교사) cheng – (학생) zheng

❸ 반대로 교사가 불송기음을 발음해주고 학생은 상응(대응)하는 송기음을 발음하도록 한다.
 (교사) gang – (학생) kang   (교사) gou – (학생) kou
 (교사) jia – (학생) qia   (교사) zu – (학생) cu

게시판

이렇듯 혼동하기 쉬운 발음을 여러 가지 방법으로 연습할 수 있다. 예를 들면 평설음(혀를 펴고 발음하는 음)과 교설음(혀를 올리고 발음하는 음), 1성과 3성, 경성과 비경성, 얼화음과 비얼화음 및 학생들이 혼동하기 쉬운 f—h, -n— -ng 등이 있다. 이 활동을 통해 집중적으로 어느 한 발음을 훈련하여 발음을 정확히 익히는 학습목표를 달성할 수 있다.

4 병음 강 건너기 [성모·운모]

활동목적

듣고 반응하는 연습을 통해 성모와 운모를 능숙하게 익힐 수 있다.

활동준비

❶ 서로 다른 성모와 운모를 A, B로 나누고 색, 표기, 형태 등을 다르게 하여 병음카드를 구분한다.

★ 카드 총수 = 학생 수

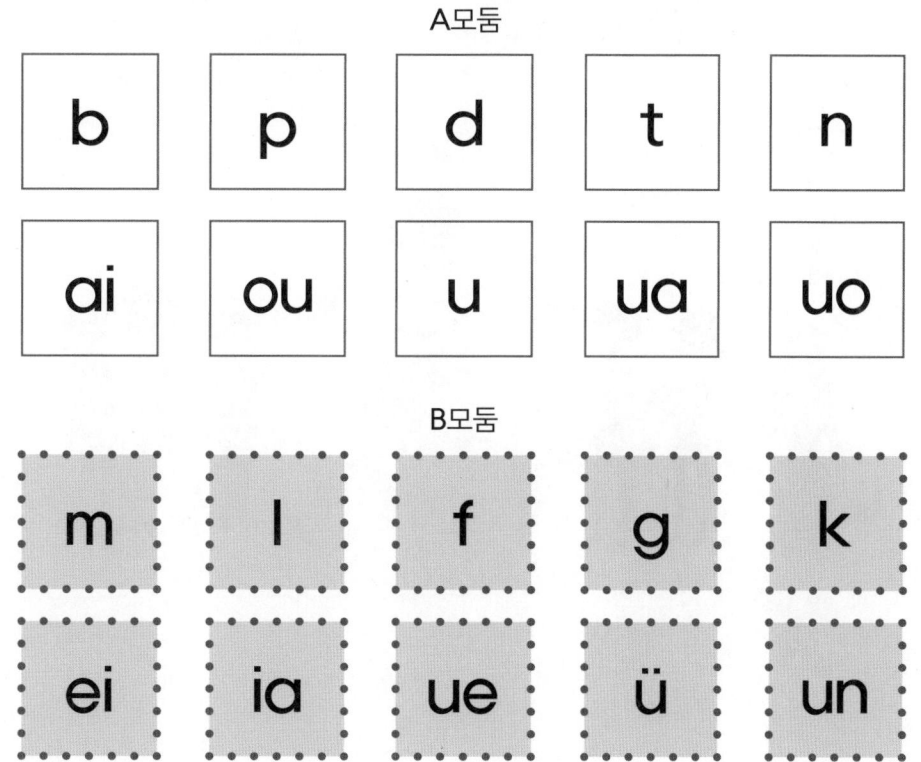

❷ (강을 표시할만한) 긴 줄을 준비한다.

발음편

활동방법

❶ 교사는 줄을 바닥에 놓고 강이라고 설정한 다음 전체 반 학생들을 2모둠으로 나누고 각자 강(줄) 양쪽에 서게 한다. 모든 학생에게 병음카드를 한 장씩 나눠준다.

❷ 교사는 하나의 성모 또는 운모를 발음한다. 그러면 그 병음카드를 가진 학생이 즉시 그 병음을 따라 발음하고 강(줄)을 건너 반대편으로 간다. 만약 발음이 틀리면 원래 장소에 남아야 한다. 교사는 계속해서 성모 또는 운모를 발음하고 모든 학생들에게 충분한 연습이 될 때까지 진행한다. 활동이 끝난 후 강을 건넌 인원수가 많은 모둠이 이긴다.

게시판

❶ 한 모둠에는 성모카드, 다른 한 모둠에는 운모카드를 주어 학생들이 성모와 운모를 구분하는 데 도움이 되도록 할 수 있다.

❷ 이 활동은 성모, 운모, 성조, 음절 또는 한자나 어휘연습에 적용할 수 있다.

5 소리듣고 박수치기 [성모·운모]

활동목적

듣고 반응하는 연습을 통해 성모와 운모를 능숙하게 익힐 수 있다.

참고발음

성모 'j'를 연습하는 예:

'j'를 포함하는 단어와 문장	'j'를 포함하지 않는 단어와 문장
jiérì jǐgè zàijiàn chángjiāng	qìqiú xiàtiān qíguài xǐhuan
Xiànzài jiǔ diǎn.	Qǐng hē kělè.
Zhè shì wǒ jiějie.	Shàngwǔ yǒu zìrán kè.
Tā jiā bú tài yuǎn.	Nǐ xīngqīliù yǒu kòngr ma?
Jīntiān shì tā de shēngrì.	Qǐng gěi wǒ huí ge diànhuà.
Nǐ xǐhuan chángjǐnglù ma?	Wǒ duì yùndòng hěn yǒu xìngqù.

활동방법

❶ 칠판에 성모 'j'를 쓰고, 먼저 생각해둔 음절·단어와 문장을 말한다. 만약 교사가 발음한 음절·단어·문장 중에 'j'가 포함되어 있으면 학생들은 신속하게 박수를 치고, 'j'가 포함되어 있지 않으면 학생들은 박수를 치지 않아야 한다. 이어서 교사는 발음한 음절·단어·문장을 칠판에 쓰고 따라 읽기 연습을 한다.

❷ 교사는 그 외에 연습할 성모와 운모를 칠판에 쓰고 이 방법으로 활동을 계속한다.

게시판

❶ 몇 명의 학생을 대표로 뽑아 교실 앞에서 시합을 진행할 수 있다. 반응이 느린 학생이 순서대로 탈락하게 된다.

❷ 교사는 활동의 난이도를 높일 수 있다. 말하고자 하는 음절·단어·문장에 두 개 또는 두 개 이상 연습하고자 하는 성모와 운모를 포함하면, 학생은 여러 차례 박수를 쳐야한다. 예를 들면 운모 'ai'를 연습할 때, 교사는 아래와 같은 문장을 만들 수 있다.
Māma mǎi (박수) le hěn duō shūcài (박수).

❸ 이 활동은 성모, 운모, 성조와 음절연습에 적용할 수도 있다.

발음편

6 성조카드 [성조]

听 说 개별·모둠·단체

활동목적

듣고 말하기 연습을 통해 음을 듣고 성조를 변별하는 능력을 기를 수 있다.

활동준비

'ˉ / ∨ ＼'가 모두 포함된 성조카드 세트를 준비한다.

★ 카드 세트 = 모둠 수

활동1

4명의 학생을 한 모둠으로 하고 각 모둠에 성조카드를 한 세트씩 나누어 준 다음, 학생마다 성조카드를 한 장씩 가져가게 한다. 교사가 "hàn" 이라고 말하면 제4성 카드를 가진 학생은 신속하게 일어난다. 먼저 맞히는 학생이 속한 모둠이 승리한다.

활동2

예를 들어 교사가 칠판에 'ma'를 적고 '∨'카드를 들면 학생들은 "mǎ"라 발음한다.

활동3

교사는 성조카드를 무작위로 학생들에게 나누어 주고 학생들에게 서로의 카드를 보지 않도록 지도한다. 학생은 차례대로 일어나 본인이 가지고 있는 카드의 성조에 해당하는 음절 하나를 말한다. 예를 들어 제2성 카드를 가진 학생이 "bó"라 말하면 다른 학생들은 그 학생이 가지고 있는 카드의 성조를 알아 맞힌다.

게시판

❶ 활동 시작 전 '제1성, 제2성, 제3성, 제4성'의 중국어 표현방식을 학생들에게 가르친다.

❷ 이어 읽기 연습을 하고자 한다면 다음 3가지 활동을 확장시켜 할 수 있다.
  활동1: 교사가 연속해서 "hán – hǎn"이라 발음하면 제2성과 제3성 성조카드를 가지고 있는 학생이 일어선다.
  활동2: 교사가 칠판에 'ma ∕ ∨ ＼'와 같이 쓰면 학생들은 "má mǎ mà"라 읽는다.
  활동3: 교사가 종이에 '∨ — ∕ ＼'를 적고 학생에게 주면 학생은 성조의 순서에 따라 음절에 대입하여 "lǎ lā lá là"라고 발음한다. 다른 학생들은 듣고 성조를 알아맞힌다.

❸ 경성을 연습할 때에는 백지를 활용한다.

7 성조암호 [성조]

활동목적

듣고 기억하는 연습을 통해 성조를 익힐 수 있다.

활동준비

❶ 숫자를 활용해 성조를 표시한다.
(1, 2, 3, 4, 0은 각각 제1성, 제2성, 제3성, 제4성, 경성을 대신한다.)

❷ 암호 해독지를 제작한다.
1. 8개의 음절을 선정한다.(모든 성조를 포함할 것)
예) dàmén(42), diànshì(44), xīnwén(12), zhùfú(42), kěshì(34), miànzi(40), qīnrén(12), jiějie(30)
2. 표기된 16개 성조의 숫자를 순서대로 4개의 묶음으로 나눈다. 각 묶음은 임의로 특정한 한자를 대표하게 한다.(가급적이면 뜻을 가진 문장으로 구성할 것)
예) '4244, 1242, 3440, 1230'은 각각 '我, 是, 学, 生'을 나타냄.
3. 혼동하기 쉬운 항목을 넣어 '암호 해독지'를 만든다.

❸ 항목을 넣어 '암호 해독지'를 만든다.

4241 好	1144 大	1041 妈	1242 是	2240 回	1233 王
2242 很	4244 我	4044 小	1240 哥	4012 真	3440 学
3342 人	3410 师	2243 老	2030 想	4240 叫	4412 姓
2230 们	1440 家	3441 你	1230 生	1210 弟	4230 不

활동방법

❶ 교사는 '암호 해독지'를 복사하여 학생들에게 배부하거나 칠판에 쓴 뒤, 음절을 읽어주면 학생들은 들은 대로 성조를 숫자로 기록한다. 예를 들어 교사가 "dàmén, diànshì, xīnwén, zhùfú, kěshì, miànzi, qīnrén, jiějie"라 읽으면, 학생들은 '42-44-12-42-34-40-12-30'이라고 기록한다.

❷ 학생들은 '암호 해독지'를 통해 숫자에 해당하는 한자 '4244 我', '1242 是', '3440 学', '1230 生'를 찾아낸 다음 완전한 문장으로 쓰고 읽는다.

게시판

❶ 교사는 전체 학생을 몇 개의 모둠으로 나누고 각 모둠마다 '암호 해독지'를 배부하여 협력하여 암호를 풀게 한다.

❷ 활동의 난이도와 승부욕을 높이기 위해 '암호'를 수수께끼 문제로 설계할 수 있다.

❸ 교사는 활동 전 작은 선물을 준비하여 동기부여를 할 수 있는데 '암호'를 '판다 가면', '중국 매듭' 등 사물명칭으로 하여 활동의 재미를 높일 수 있다.

발음편

8 성조합창 [성조]

활동목적

중국어의 성조를 정확하게 익힐 수 있다.

활동방법

❶ 교사는 학생 한 명에게 펜이나 막대기를 주어 지휘자가 되게 하고, 그 외의 학생들은 일어서게 한다.

❷ '지휘자'는 학생들을 등지고 서서 서로 다른 동작을 이용해 각각의 성조를 표현한다.

제1성 :	제2성 :	제3성 :	제4성 :	경성 :
평평하게 놓기	오른쪽 위를 향해	'V'자 그리기	오른쪽 아래를 향해	가볍게 움직이기

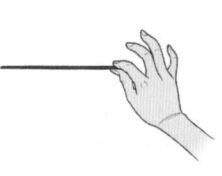 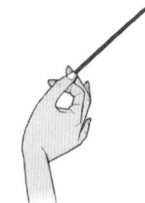  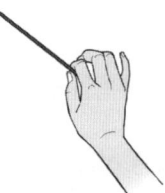 

❸ 예를 들어 지휘자가 'ma'를 발음하고 지휘봉을 움직이면, 다른 학생들은 지휘봉에 따라 각각의 성조를 큰 소리로 발음한다.

❹ 틀리게 발음하는 학생은 자리에 앉는다. 마지막까지 남는 학생은 '성조박사'의 호칭을 얻는다.

게시판

❶ 활동 시작 전 교사는 그림처럼 지휘봉으로 학생들이 4개의 성조와 경성에 익숙해지도록 반복적으로 연습시킨다.

❷ 지휘자는 동작의 속도를 높이는 동시에 신속하게 한어병음을 바꿔 활동의 난이도와 승부욕을 높일 수 있다.

❸ 몸동작으로도 4가지 성조를 연습시킬 수 있다.

제1성   제2성   제3성   제4성

9 성조공장 [성조 표기]

개별·단체

활동목적

성조 표기법을 터득할 수 있다.

활동준비

213쪽 활동지를 복사한다.
★ 복사 분량 = 학생 수

성조 표기법

❶ 성조는 주요 운모(a o e i u ü) 위에 표기해야 한다. 만약 음절에 a가 있으면 a 위에, a가 없으면 o 위에, a와 o가 모두 없으면 e 위에 표기한다.(운모 a가 없으면 o, e 찾기)

❷ a, o, e가 모두 없고 오직 운모 i만 있다면 i 위에, u만 있다면 u 위에 표기한다. 만약 i, u 모두 있다면 뒤에 오는 운모 위에 표기한다.(iu가 나란히 있으면 뒤에 표기)

활동방법

❶ 교사가 학생들에게 활동지를 한 장씩 나누어준 다음 "开始(시작)"라고 말하면 학생들은 활동지의 병음에 성조를 표기한다. 교사가 "停(그만)"이라 외치면 학생들은 즉각 필기도구를 내려놓는다.

❷ 교사는 정확한 답을 칠판에 적고 학생들에게 큰 소리로 활동지의 음절을 읽게 한다. 두 학생이 짝이 되어 채점한다.

게시판

❶ 활동 시작 전 교사는 성조 표기법에 대해 상세하게 설명을 해야 한다.

❷ '보고 쓰기' 대신 '듣고 쓰기'의 방법으로도 활동을 진행할 수 있다.

❸ 교사는 학생 수준에 따라 연습량을 적절하게 조절한다.

발음편

10 꿀벌 꽃가루 채취 [성모·운모 결합]

활동목적

한어병음 읽기 연습을 통해 성모와 운모를 결합할 수 있다.

활동준비

성모카드와 운모카드를 동일한 수량으로 서로 다른 모양으로 제작한다.

★ 성모, 운모카드 수 = 학생 수

꽃 모양의 성모카드

꿀벌 모양의 운모카드

활동방법

❶ 교사는 성모카드를 모두 칠판에 붙인 다음 학생들에게 각각 1장의 운모카드를 나누어 준다.

❷ 학생 1명을 지목하여 운모카드를 가지고 나와 칠판의 성모카드 (예 'l') 1장과 결합하여 읽게 한다.
한어병음을 제대로 읽으면 성모카드를 가지고 갈 수 있지만, 틀리게 읽거나 중국어에 없는 결합일 경우에는 벌칙으로 꿀벌이 되어 날아다니는 흉내를 내야 한다.

❸ 활동을 마친 학생은 임의로 1명을 지목하고 지목된 학생은 칠판 앞에 나와 이 활동을 이어간다.

게시판

❶ 교사는 학급을 2모둠으로 나눠 '꽃가루 채취'를 돌아가며 하여, 어느 모둠의 '꽃가루'가 많은지를 평가함으로써 재미를 더할 수 있다.

❷ 활동의 난이도를 높이기 위해 교사는 학생들에게 성조를 읽고 칠판에 음절을 쓰게 할 수도 있다.

11 물고기 눈알 뽑기 [성모·운모 결합]

활동목적
성모와 ü의 결합규칙 및 정확한 발음을 익힐 수 있다.

활동준비
214쪽의 활동지를 복사한다.
★ 복사 분량 = 학생 수

결합규칙
① ü와 üe로 시작하는 복운모가 단독으로 음절을 이룰 때, y를 더해 yu yue yuan yun으로 쓰고, ü 위 두 점은 생략해야 한다.

② ü와 üe로 시작하는 복운모가 성모 j q x와 결합할 때, ju qu xu로 쓰고, ü 위 두 점은 생략한다.(j q x는 장난꾸러기, '물고기' 눈알을 보면, 당장 뽑아버려요.)

활동방법
① 교사는 학생들에게 활동지를 한 장씩 나눠준다. 학생들에게 정해진 시간 내에 ü 위의 두 점을 없애야 하는 한어병음을 찾아 '물고기 눈'을 뽑고, 그 병음에 동그라미를 치도록 지도한다.

② 교사는 정확한 답을 칠판에 적는다. 학생 두 명이 한 조가 되어 서로 채점한다.

게시판
① 이 활동이 끝나면 교사는 반드시 학생들에게 큰 소리로 한어병음을 읽게 하고, 발음을 교정해 준다.(학생들은 종종 ju qu xu yu 에 있는 ü 발음을 u로 읽는다.)

② 교사는 학생들의 실력에 따라, 활동지에 zü chü xüe와 같이 잘못 표기된 ü 성모·운모 결합을 함께 제시하고 학생들에게 틀린 발음 위에 X표시하게 하여, 학생들이 ü 결합규칙을 잘 익혔는지 정밀히 살핀다.

발음편

12 음절 조합하기
[성모·운모·성조 결합]

모둠·단체

활동목적	활동준비
음절을 전반적으로 이해하고 한어병음을 정확하게 읽을 수 있다.	성모·운모·성조카드를 만든다. ★ 카드 총수 = 학생 수

활동1

교사는 카드를 무작위로 모든 학생들에게 한 장씩 나눠 준다. 예를 들어 교사가 "kě"라고 읽으면, 'k', 'e'와 'ˇ(제3성)' 카드를 가진 학생은 카드를 높이 들어야 하고, 다함께 'kě'를 한 번 읽는다.

활동2

3명의 학생이 한 조를 이뤄, 각각 성모·운모·성조카드 한 장을 뽑아 갖는다. 순서대로 한 음절을 만들고, 이를 높이 들어 반 전체 학생들이 읽게 한다.

게시판

교사는 되도록 음절을 구성할 수 있는 성모·운모와 성조를 골라야 한다. 만일 중국어에 없는 음절이 나올 경우, 상세한 설명은 생략하고 간단하게 읽고 넘어가도 좋다.

13 기차놀이 [성모·운모·성조 결합]

활동목적	활동준비
읽기 연습을 통해 성조를 숙달하고 음절에 대한 전반적인 이해를 도울 수 있다.	성조가 없는 음절이 쓰인 한어병음카드를 몇 개 만든다.

활동1

교사는 'yi'같은 한어병음카드를 한 장 제시한다. 학생은 순서대로 차례차례 'yi'를 4개의 성조로 읽는다. 한 학생이 'yī'를 읽고, 다음 학생이 'yí'를 읽는 방식으로 진행한다. 이 음절이 익숙해지면 교사는 다른 한어병음카드로 바꿔 계속 연습한다.

활동2

교사는 'yi'라는 한어병음카드를 한 장 제시하고, 한 학생을 시켜 이 음절을 'yī yí yǐ yì'처럼 4가지 성조로 읽게 한다. 모든 학생이 다 읽어 본 다음, 교사는 다른 카드로 바꿔 활동을 계속 진행한다.

활동3

교사는 'mo'라고 적힌 한어병음카드 한 장을 제시한 뒤, 한 학생을 시켜 제1성 'mō'로 읽게 한다. 그런 다음 카드를 'ge'로 바꿔 다음 학생에게 제2성 'gé'로 읽게 한다. 이와 같은 방법으로 진행한다.

게시판

❶ 활동의 재미를 더하기 위해서, 교사는 반 전체 학생을 둘로 나누고 각 모둠에게 번갈아가며 음절을 읽게 하면, 어느 모둠이 더 깔끔하고 정확하게 읽는지 평가할 수 있다.

❷ 활동1을 진행할 때, 교사는 임의의 성조로 읽고 학생에게 그 성조에 이어 읽도록 시켜도 된다. 예를 들어 교사가 'yǐ'라고 읽으면, 다음 학생은 'yì'로 읽고, 그 다음 학생은 'yī', 'yí' 라고 읽는 방법으로 진행한다.

14 비밀선물 [성모·운모·성조 결합]

활동목적

두뇌발달 활동을 통해 음절을 전반적으로 정확하게 익힐 수 있다.

활동준비

연습할 음절을 정한다. 예를 들면 '사탕 糖(táng)'처럼 상품으로 할 수 있는 선물 명칭으로 하는 것이 가장 좋다. 이 명칭에 근거해 힌트를 만든다.

- 첫 번째 자모는 'tī'에는 있지만 'dī'에 없다.
- 두 번째 자모는 'bái'와 'páo'에서 모두 찾을 수 있다.
- 세 번째 자모는 'mái'에는 없고, 'mán'에 있다.
- 네 번째 자모는 'hán'에는 없고, 'háng'에 있다.
- 성조는 오직 첫 번째 제시어에서만 찾을 수 없다.

활동방법

❶ 교사는 먼저 아래와 같이 한어병음 몇 세트를 받아쓰도록 시킨다.
　예) tī — dī　bái — páo　mái — mán　hán — háng

❷ 교사는 중국어 또는 우리말로 힌트를 주고 학생은 정확한 음절을 맞힌다. 가장 먼저 맞힌 학생이 '선물'을 받을 수 있다.

게시판

❶ 만약 선물의 명칭이 苹果(사과)와 같은 2음절 또는 다음절어일 때, 교사는 더 많은 한어병음 세트를 받아쓰게 할 수 있다. 그 다음 동일한 힌트규칙을 사용하여 연습을 진행한다.

❷ 이 활동은 한자와 단어연습에도 활용할 수 있다. 학생들에게 몇 세트의 한자 중에 같은 부분 (部件)을 찾게 하거나, 몇 세트의 단어 중에 있는 같은 한자를 찾아내도록 할 수도 있다.

15 소리를 전하는 벽 [음절]

활동목적

소리를 듣고 정확하게 발음하는 능력을 기를 수 있다.

활동준비

교사는 연습할 음절을 선정한다. 예를 들어 'xióngmāo'와 같은 단어를 여러 장의 쪽지에 적은 뒤, 반으로 접어 내용을 보이지 않게 한다.
★ 쪽지 수 = 모둠 수

활동방법

❶ 4~6명의 학생이 한 모둠이 된다. 모든 모둠의 학생은 일렬로 선다. 교사는 쪽지를 각 모둠의 첫 번째 학생에게 나눠준 뒤, "开始(시작)!"라고 외친다. 각 조의 첫 번째 학생은 동시에 쪽지를 펼쳐, 눈으로 읽고 쪽지에 적힌 음절을 기억한다. 그 다음 신속하게 같은 모둠의 뒷사람에게 귓속말로 쪽지의 음절을 전달한다.

❷ 말 전달하기가 끝나면, 각 모둠의 가장 마지막 학생은 앞으로 걸어 나와 들은 내용을 칠판에 적는다. 교사는 정답을 공개하고, 가장 먼저 정확한 음절을 쓴 모둠이 이긴다.

게시판

활동의 난이도와 승부욕을 높이기 위해, 교사는 쪽지 한 장에 음절을 여러 개 쥐어주거나 또는 조별로 음절의 길이는 비슷하지만 내용이 서로 다른 쪽지를 나눠줘도 된다.

발음편

16 폭탄활동 [음절]

활동목적

듣기 · 말하기 · 읽기 연습을 통해 음절에 대한 전반적인 이해도를 높일 수 있다.

활동준비

연습할 음절을 선정하여 약간의 차이가 있는 2세트의 카드를 만든다.
- 카드의 차이점: 한 세트에는 그림이 없고, 다른 한 세트에는 작은 폭탄 그림이 있다.

활동방법

❶ 교사는 먼저 폭탄 그림이 없는 카드를 보여주고, 학생들이 음절을 익숙하게 읽을 수 있도록 지도한다.

❷ 교사는 2세트의 카드를 한데 섞고, 무작위로 카드를 보여준 뒤 읽게 한다. 카드에 폭탄이 없으면 학생은 큰 소리로 그 카드의 음절을 읽으며, 카드에 폭탄이 있으면 침묵한다.

❸ 만약 폭탄카드에서 부주의하게 음절을 읽는 학생이 있으면, 그 학생은 폭탄을 맞게 된다. 교사는 나머지 학생들에게 다 같이 큰소리로 "一、二、三 펑!"을 외치며 걸린 학생을 향하여 폭탄을 던지는 동작을 하도록 지시한다.

게시판

❶ 학생들의 승부욕을 높이기 위하여 카드를 보여주는 속도를 빠르게 할 수 있다.

❷ 교사는 폭탄 그림을 여러 장 준비하여 음절카드를 칠판에 게시한 뒤 양면테이프 등의 접착 물질을 이용해 음절카드에 폭탄 그림을 무작위로 붙여서 사용할 수도 있다. 만약 교사가 폭탄이 없는 카드를 손가락으로 가리키면 학생은 그 음절을 읽고, 교사가 폭탄이 있는 카드를 가리키면 학생은 침묵한다.

❸ 교사는 다른 그림으로 폭탄 그림을 대체할 수 있으며, 다양한 그림으로 지시 내용을 첨가할 수 있다. 예를 들어 😀표시는 크게 읽고, 😐표시는 작은 소리로 읽으며, 😀😀표시는 두 번 읽는다.

❹ 이 활동은 성모와 운모연습에도 활용할 수 있으며, 단어연습에도 응용할 수 있다.

17 녹음기 [음절 이어 읽기]

활동목적

발음을 듣고 따라하는 능력을 기를 수 있다.

활동준비

연습할 음절과 음절을 확장시킨 조합을 선정한다.
예) dà, dàxiàng, dàxiàng bízi, dàxiàng bízi cháng, dàxiàng bízi zhēn cháng, dàxiàng bízi zhēn cháng ya.

활동방법

❶ 교사는 어조나 속도 등을 달리하여 음절과 음절을 확장시킨 조합을 하나하나 말한다. 학생 개별이나 모둠별 또는 단체로 반복해서 따라할 수 있도록 한다. 학생들이 최대한 녹음기처럼 교사의 발음·어조·속도를 따라할 수 있도록 한다.

❷ 학생들이 따라한 뒤에 교사는 언어나 표정 또는 동작으로 즉각적인 반응을 보인다. 학생이 제대로 따라하면 교사는 "非常好(정말 잘했어)"라고 하거나 웃는 표정을 짓거나 엄지손가락을 치켜드는 행동 등을 한다. 만약 학생이 틀리면, 교사는 즉각 "嗯[ěng/en]?(응?)"이라고 하거나 우는 표정을 짓거나 손가락으로 머리를 가리키며 '생각해봐'라는 표시를 한다. 충분히 연습한 후 음절 조합을 바꿔서 활동을 계속 한다.

게시판

❶ 교사는 훈련의 구체적인 목표에 따라서 (예) 쉽게 혼동하는 소리, 경성, 얼화, 성조변화 등) 음절과 확장된 음절 조합을 충분히 연습하게 한다. 연습하는 병음은 의미가 있는 것을 사용해도 되고, 의미가 없는 것을 사용해도 된다.

❷ 연습하려는 병음은 쉬운 것에서 어려운 것으로, 짧은 것에서 긴 것으로 단계적으로 따라할 수 있도록 하며, 동시에 학생들의 수준에 맞춰 수시로 속도를 조절한다.

❸ 이 활동은 단어연습이나, 문장 그리고 단락연습에도 응용할 수 있다.

발음편

18 주머니 속 보물찾기
['一'와 '不'의 성조변화]

读 단체

활동목적

'一'와 '不'의 성조변화 규칙을 익힐 수 있다.

성조변화 규칙과 참고발음

'一、不' + 제4성이 아닌 발음 → 제4성 + 제4성이 아닌 발음
'一、不' + 제4성 → 제2성 + 제4성

一	yì	제1성	tiān 天 jīn 斤 zhōu 周 kē 棵
		제2성	nián 年 rén 人 míng 名 háng 行
		제3성	wǎn 碗 duǒ 朵 xiǎng 想 qǐ 起
	yí	제4성	gè 个 qiè 切 dìng 定 yàng 样
不	bù	제1성	ān 安 chī 吃 hē 喝 shuō 说
		제2성	máng 忙 nán 难 lái 来 néng 能
		제3성	hǎo 好 lěng 冷 zhǔn 准 dǒng 懂
	bú	제4성	qù 去 huì 会 duì 对 rè 热

활동준비

❶ '一'의 성조변화 연습을 예로 들면, '一'과 결합하는 다른 성조의 음절을 선정하고 병음카드를 만든다. 그 외에 몇 장의 백지카드도 준비한다.(병음카드와 백지카드 모두 2세트 준비)

★ 카드의 총수 ≥ 학생 수

❷ 2개의 주머니 또는 대봉투를 준비하고, 각각의 주머니에 병음카드와 백지카드 섞은 것을 한 세트씩 넣는다.(2개의 주머니 속 카드는 완전히 같아야 한다.)

❸ 2세트 모두 '一' 카드를 준비한다. 한 세트는 2장이다.

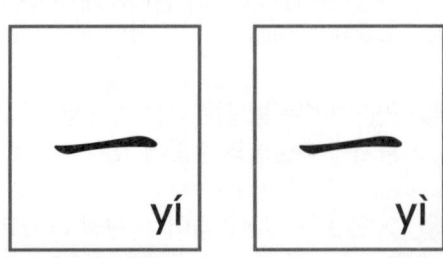

활동방법

❶ 교사는 칠판을 2부분으로 나눈 뒤, 양쪽에 동일하게 2장의 '一'카드를 붙인다.(카드의 밑 부분에 충분한 공간을 남겨서 학생들이 병음카드를 붙일 수 있도록 한다.)

❷ 교사는 학생들을 2모둠으로 나누어 교실 뒤에 2줄로 서게 한 뒤, 모둠별로 주머니 하나씩을 배부한다. 교사가 "开始(시작)"라 말하면, 각 모둠의 모둠원은 차례대로 주머니 속에서 병음카드 한 장씩을 꺼내어 재빨리 칠판 앞으로 뛰어가 발음이 어울리는 '一'밑에 카드를 붙인다. 카드를 붙인 학생은 재빨리 자기 모둠으로 돌아와 다음 차례 학생에게 주머니를 넘긴다. 백지카드를 꺼낸 학생은 칠판 앞으로 뛰어갈 필요 없이 다음 학생에게 주머니를 넘기기만 하면 된다.

❸ 활동이 끝난 뒤, 교사와 학생은 함께 결과를 살피며 잘못된 부분을 가려내고, 올바른 성조변화 조합을 읽어본다. 가장 많은 '보물'(올바른 위치에 붙인 병음카드)을 찾은 조가 우승한다.

게시판

❶ 이 활동을 시작하기 전, 교사는 '一'과 '不'의 성조변화 규칙을 자세하게 설명하고 학생들과 함께 반복해서 연습한다.

❷ 교사는 먼저 '一'의 성조변화를 연습하고, 이후에 같은 방법으로 '不'의 성조변화를 연습한다.

❸ 이 활동은 「동사+빈어(목적어)」 결합이나 「관형어+중심어」 등의 단어 결합 연습에도 쓰일 수 있다.

발음편

19 유레카 [경성·얼화]

 개별·단체

활동목적

경성과 얼화에 익숙해질 수 있다.

참고지식과 발음

경성: 성조가 있는 음절이 본래 성조를 잃어버리고 가볍고 짧게 발음되는 것을 말한다.
현대중국어에서 경성으로 읽는 것은 다음과 같다.
❶ 몇몇 조사나 어기조사 같이 단어 자체가 경성으로만 읽히는 허사
❷ 중첩되는 단어의 두 번째 글자처럼 특수 위치에 있어서 경성으로 읽혀야 하는 글자
❸ '漂亮, 舒服' 등과 같이 종종 경성으로 읽히는 단어 등
그 외에 경성이 되었을 때와 경성이 아닐 때의 뜻과 품사가 달라지는 단어도 있다.

〈참고발음〉

mǎimài — mǎimai	qīzǐ — qīzi	lǎozǐ — lǎozi
dìdào — dìdao	kělè — kěle	dōngxī — dōngxi
xiōngdì — xiōngdi	xīndé — xīnde	jiùshì — jiùshi

얼화: 접미사 '儿'이 독자적으로 음절을 이루지 않고 앞 음절과 결합하면서 앞 음절의 운모를 권설운모가 되게 하는 일종의 특수한 음변 현상으로, 구어(口语)의 느낌을 조금 더 강하게 해준다. 어떤 단어들은 얼화 후에 품사나 단어의 뜻이 구별되지만, 또 어떤 단어들은 얼화가 되어도 얼화가 없는 단어와 큰 의미 차이는 없으며 단지 얼화 후에 작고, 친근하고, 호감이 있거나 가벼움 등의 감정적 색채만을 나타내기도 한다.

〈참고발음〉

báimiàn — báimiànr	gài — gàir	yǎn — yǎnr
huà — huàr	tóu — tóur	jiān — jiānr
wán — wánr	kòng — kòngr	quān — quānr

활동준비

연습할 '경성 / 비경성', '얼화 / 비얼화' 음절을 선정하여 병음카드를 만든다.

활동방법

① 학생들은 둘러 앉아 원을 만들고, 교사가 병음카드를 차례대로 꺼내 보여주면 학생은 한 사람씩 순서대로 카드를 읽는다. 얼화음을 읽는 학생은 얼화를 읽으며 두 손으로 얼굴을 가린 후 갑자기 손을 펴며 놀란 표정을 짓는다. 경성을 읽는 학생은 경성을 읽으며 자신의 이마를 치고 깨달음이 온 듯 한 표정을 짓는다. 비경성과 비얼화의 음절을 읽을 때는 아무 동작도 하지 않는다.

② 발음이 틀리거나 동작과 표정을 잊어버린 학생은 원 중간으로 나와서 벌칙을 수행한다.

얼화를 읽을 때의 동작

경성을 읽을 때의 동작

게시판

이 활동을 시작하기 전, 교사는 학생들과 함께 경성과 얼화음을 많이 연습한다.

한자편

한자편

20 음악에 맞춰 [기본 필획]
　　몸으로 표현하기

활동목적

한자 기본 필획에 대한 흥미를 키우고 익힐 수 있다.

한자의 기본 필획

필획 명칭	横	竖	撇	点	捺	提
필획	一	∣	ノ	丶	㇏	ノ
예	三	十	八	六	人	地

활동준비

교사가 먼저 필획을 표현한 동작(이하 '필획 댄스')을 연습하고 배경음악도 함께 틀어 놓을 수 있다.
(중국 고전 음악도 가능함)

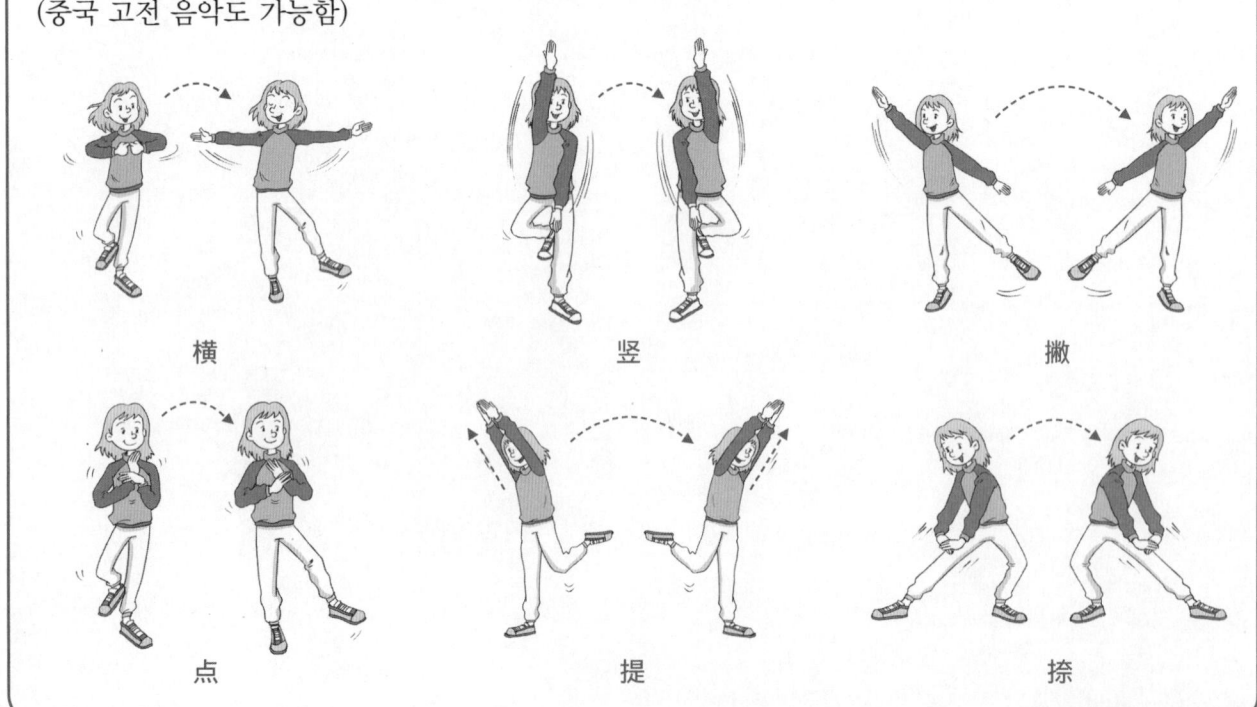

横　　　　　　　　　竖　　　　　　　　　撇

点　　　　　　　　　提　　　　　　　　　捺

활동방법

❶ 활동 시작 전 교사는 먼저 학생들에게 필획 댄스를 가르치는데, 동작을 하면서 필획 명칭도 알려준다. 학생들이 동작을 모두 익히면 몇 명을 지명해 교실 앞으로 나오게 하여, 교사가 '橫、竪、撇、捺、点、提'를 임의로 외치면 학생들에게 상응하는 필획 댄스를 추게 한다. 교사가 음악을 틀면 나머지 앉아 있는 학생들은 두 손으로 책상을 두드려 박자를 맞춘다.

❷ 틀린 학생은 자리로 돌아와 다른 학생들과 같이 음악에 맞춰 책상을 두드려 박자를 맞추고, 교사는 다른 학생을 지명하여 부족한 자리를 채운다.

❸ 활동이 끝난 후, 교사는 '필획 댄스왕'을 선발하고 적당한 상품을 준다.

게시판

❶ 필획 댄스의 박자는 배경음악이나 학생들이 책상을 두드리는 소리와 서로 잘 맞아야 한다.

❷ 교사는 한자 필획의 형태, 배경음악과 동작의 조화, 창의성을 기준으로 학생들을 칭찬한다.

21 깃발언어 맞추기 [파생필획]

활동목적

한자의 파생필획을 익힐 수 있다.

한자의 파생필획

필획 명칭	필획	예	필획 명칭	필획	예
横折	ㄱ	口	竖提	ㄴ	民
横撇	ㄱ	又	竖折	ㄴ	山
横钩	ㄱ	写	竖钩	ㅣ	小
横折钩	ㄱ	月	竖弯	ㄴ	四
横折提	ㄱ	记	竖弯钩	ㄴ	儿
横折弯	ㄴ	朵	竖折撇	ㄴ	专
横折折	ㄴ	凹	竖折折	ㄱ	鼎
横折斜钩	ㄴ	飞	竖折折钩	ㄱ	马
横折弯钩	ㄴ	九	撇点	ㄴ	女
横撇弯钩	ㄱ	队	撇折	ㄴ	么
横折折撇	ㄱ	及	斜钩	ㄴ	我
横折折折钩	ㄱ	乃	弯钩	ㄱ	家
横折折折	ㄱ	凸	卧钩	ㄴ	心

활동준비

① 연습할 파생필획을 정하고, 필획카드를 제작한다.

② 작은 깃발을 준비한다.

활동방법

① 먼저 연습할 파생필획의 명칭을 학생들에게 이해시킨다.

② '기수'가 될 학생을 한 명 지명하고 교실 앞에 서게 한 다음, 나머지 학생들을 2모둠으로 나눈다. 교사는 '기수'에게 몰래 필획카드를 보여주고 앉아 있는 학생들을 등지고 서서 깃발로 카드의 필획을 허공에 쓰게 한다.

③ 2모둠의 학생들은 서로 경쟁하며 답을 말한다. 먼저 정확한 필획의 명칭을 말한 모둠이 1점을 획득한다. 교사는 점수를 기록하고 마지막에 총점이 가장 많은 모둠이 우승한다.

게시판

① 교사는 '기수'에게 깃발로 쓸 때 반드시 천천히 정확하게 쓰도록 주의시킨다. 각각의 동작은 여러 번 반복해서 쓸 수 있다.

② 필획의 중국어 명칭까지 알 필요가 없는 경우에는, 2모둠에서 대표 한 명을 뽑아 '기수'의 동작을 보고 칠판에 필획을 따라 쓰게 하는 방법도 있다.

③ 교사가 필획 명칭을 말하면 대표 학생들이 깃발로 필획을 표현하여 누가 더 빠르고 정확하게 썼는지 경쟁한다.

④ 이 활동은 필획, 부수, 간단한 한자연습에도 활용할 수 있다.

한자편

22 등에 글자 쓰기 [파생필획]

 모둠

활동목적

필획 쓰기 연습을 통해 한자의 파생필획을 익힐 수 있다.

활동준비

연습할 파생필획을 선정하고 필획카드를 제작한 다음 카드의 반을 접어 내용을 숨긴다.

★ 제작 분량 = 모둠 수 × N

활동방법

❶ 4~6명의 학생이 한 모둠이 되어 한 줄로 선다. 교사는 같은 필획이 적힌 카드를 모둠의 가장 뒤에 서 있는 학생들에게 나누어준다. 교사가 "开始(시작)"라고 외치면 가장 뒤에 서 있는 학생들은 카드를 열어 파생필획을 확인하고 손가락으로 앞에 선 학생의 등에 그 필획을 적는다.(주의: 다른 모둠원이 카드의 필획을 보지 못하게 할 것)

❷ 모둠원은 자기 앞 모둠원 등에 필획을 써서 맨 앞 학생에게까지 전달하고, 맨 앞 학생은 전달받은 글자를 칠판에 쓴다. 가장 먼저 정확한 필획을 쓴 모둠이 최종 승리한다.

❸ 카드를 바꿔 다시 진행한다.

게시판

❶ 활동의 난이도와 승부욕을 높이기 위해 간단한 한자를 정하여 각 한자의 획을 분리하고 순서에 따라 연습을 진행하여 점차 완전한 한자를 쓸 수 있도록 한다.

❷ 활동이 한 번씩 끝날 때마다 교사는 각 모둠의 학생들끼리 스스로 순서를 정하게 하여 학생 간에 협동심과 효율을 높일 수 있다.

❸ 이 활동은 필획, 부수, 간단한 한자연습 외에 한어병음 자모연습에도 활용할 수 있다.

23 한자 피라미드 [획수]

활동목적

한자의 필획 구성을 익힐 수 있다.

활동준비

❶ 215쪽을 복사한다.
   ★ 복사 분량 = 모둠 수
❷ 모둠 수에 맞게 가위와 풀을 준비한다.

활동방법

❶ 3~4명의 학생을 한 모둠으로 하고 각 모둠에 활동지, 가위, 풀을 나누어 준다.

❷ 각 모둠은 먼저 활동지 상단의 한자를 하나씩 가위로 오려내고, 각 한자의 획수에 따라 활동지 아래의 빈칸에 풀로 붙인다.(활동규칙: 획수가 같은 한자는 같은 줄에 붙여야 함.)

❸ 완성된 모둠은 손을 들어 표시하고, 교사는 이를 검토한다. 가장 먼저 정확하게 피라미드 형태로 붙인 모둠이 승리한다.

게시판

❶ 피라미드 형태 외에도 소나무, 꽃, 동물 등의 형태로도 만들 수 있다.

❷ 이 활동은 학생들에게 편방이 서로 같은 한자를 같은 줄에 붙이도록 하는 한자 편방 연습에도 활용할 수 있고, 성모·운모·성조 또는 발음이 같은 한자를 같은 줄에 붙이는 발음연습에도 적용할 수 있다.

24 필획 줄 세우기 [필획수]

활동목적

한자의 필획 구성을 익힐 수 있다.

참고한자

1획 : 一·乙
2획 : 二·十·几·人·刀·力·儿·八
3획 : 三·小·大·土·干·口·子·女·门
4획 : 王·木·书·车·水·太·月·心·见
5획 : 四·石·右·目·田·乐·白·只·旧
6획 : 百·忙·老·好·米·有·买·多·会
7획 : 走·来·快·我·花·里·饭·别·但
8획 : 雨·金·空·非·的·鱼·朋·往·现
9획 : 香·面·很·食·重·树·音·将·信
10획 : 高·桌·真·爱·笑·笔·哥·哭·校
11획 : 您·骑·常·黄·做·象·雪·菜·眼
12획 : 椅·就·答·街·寒·富·慌·期·馋

활동준비

한자의 필획수가 중복되지 않는 카드를 여러 묶음 제작한다.

★ 카드 총수 = 학생 수

활동방법

❶ 학급 학생을 몇 개의 모둠으로 나누고 각 모둠마다 똑같은 한자카드 묶음을 나누어 준다. 교사가 "开始(시작)"를 외치고 시간을 재면, 각 모둠의 학생들은 '一'(1획)와 같이 획수가 적은 글자를 가지고 있는 학생이 제일 앞에 서고 '二'(2획)을 가지고 있는 학생은 그 다음에 서는 것처럼 한자의 획수가 적은 글자부터 많은 글자 순서대로 신속하게 줄을 서는 방식으로 진행한다.

❷ 줄을 다 선 모둠이 손을 들어 표시하면 교사는 시간을 기록한다. 각 모둠이 줄을 서면 교사는 완성된 상태를 점검한다. 가장 짧은 시간 내에 정확하게 순서대로 줄을 선 모둠이 1점을 획득한다.

❸ 한자카드를 교체하여 새 활동을 진행한다. 교사는 점수를 기록하고, 마지막에 가장 높은 점수를 획득한 모둠이 승리한다.

게시판

교사가 연습할 한자의 필획수를 "2135786……"과 같이 순서와 상관없이 칠판에 적으면, 각 모둠 학생들이 각자 갖고 있는 한자카드 획수를 센 뒤 칠판에 적힌 획수 순서대로 한 줄로 서는 형태의 활동도 진행할 수 있다.

25 필순퀴즈 [필순]

활동목적

한자 필순의 규칙을 이해한다.

필순규칙과 보기 한자

위에서 아래로(先上后下) : 二·六·奇·高·黄·爸·音

왼쪽에서 오른쪽으로(先左后右) : 你·好·他·请·明·吃·词

삐침(丿) 먼저 파임(乀)은 나중에(先撇后捺) : 人·八·入·大·天·火·会

먼저 둘러싸기(先写包围) : 问·间·同·网·司·风·病

나중에 둘러싸기(后写包围) : 山·画·凶·这·边·远·连

들어가서 문 닫기(先入口后封口) : 四·田·回·图·国·园·圆

좌우대칭 가운데 획 먼저(先中间后两边) : 小·水·办·永·承

점 먼저(先写点) : 门·衣·宝·为·立·方·主

점은 맨 나중에(后写点) : 玉·发·我·太·寸·书·犬

활동준비

216쪽을 복사한다.

★ 복사 분량 = 학생 수 / 2

활동방법

❶ 교사는 먼저 한자 필순의 규칙을 설명하고, 모든 규칙에 해당하는 보기를 2~3개씩 예로 든다.

❷ 학생이 규칙을 모두 이해하면, 2명의 학생을 짝으로 하고 활동지를 한 장씩 배부한다. 학생들은 먼저 활동지에 이름을 쓴 다음, 각 한자의 오른쪽 아래 모서리에 적힌 숫자에 맞게 지정된 필획을 찾아 덧칠한다.

❸ 교사는 활동시간을 정한다(예 10분간). 시간이 다 되면, 각 모둠에게 완성된 활동지를 서로 바꾸게 하고 답을 알려준다. 각 모둠은 서로 평가한다.

답안

头 1	画 2	明 6	区 2
水 1	人 1	我 7	问 6
木 3	风 2	今 3	八 2
田 5	火 2	办 2	音 7
书 4	肚 5	车 3	都 4
红 5	茶 4	林 5	病 6
冷 5	停 3	包 4	鱼 7

게시판

❶ 학생들에게 활동지의 N번째 획과 획수가 같은 글자에 동그라미하는 방법도 있다.

❷ 반 전체를 둘로 나누고, 칠판에 '国 – 3'과 같이 임의로 한자를 쓰고 필획을 지정하여, 두 모둠의 학생들에게 필획의 명칭을 대답하게 하는 방법도 있다.

26 글자와 그림 맞추기
[독체자(独体字)]

读 짝·모둠

활동목적

상형자(象形字)의 그림을 통해, 상용 독체자(独体字)의 조자(造字) 원리를 이해할 수 있다.

참고한자

人	中	口	日	月	山	水	首	干	斗
土	川	田	目	米	木	石	贝	门	户
火	鸟	心	牛	羊	虫	雨	禾	十	豆
电	千	万	车	舟	王	井	儿	丰	步
兵	子	大	马	头	果	云	戈	己	耳
上	牙	下	天	立	见	方	才	手	州
丁	寸	与	母	父	正	夫	用	龙	爪
弓	不	瓜	农	来	串	白	专	文	本
女	片	平	文	衣	鸟	刀	册	皿	井

활동1

활동준비

217~218쪽의 활동지 A와 B를 복사한다.

★ 복사 분량 = 학생 수 / 2

활동방법

▶ 학생 2명을 짝으로 하여 A 활동지와 B 활동지를 모든 팀에게 한 장씩 나눠 준다. 학생들은 먼저 A 활동지에 있는 한자를 하나씩 오려서 B 활동지에 있는 그림 뒷면에 붙인다. 완성한 모둠은 손을 들어 표시하고 교사는 이를 검사한다.

활동2

활동준비

연습할 독체자(独体字)를 선정하고, 한자카드와 그 한자에 해당하는 그림카드를 하나씩 만든다. 한자카드는 2부, 그림카드는 3부씩 준비한다.

★ 카드 총수 ≥ 학생 수

활동방법

▶ ❶ 교사는 모든 그림카드를 칠판에 붙인다. 학생들은 차례로 교사의 손에 있는 한자카드를 한 장씩 뽑고 칠판에서 그 한자에 대응하는 그림카드를 찾는다. 그림카드를 떼어내 손에 쥐고 다시 맨 끝으로 가서 줄을 선다.

❷ 교사의 손에 있는 한자카드를 남김없이 다 뽑으면, 학생들은 자신의 손에 있는 카드를 모두 교사에게 건네고 검사받는다. 한자와 그림 짝을 잘 맞춘 학생에게 상품을 줄 수 있다.

게시판

❶ 교사는 활동을 시작하기 전에 연습할 독체자(独体字)의 글자 형태와 뜻을 간단히 설명하고, 따라 읽기 및 쓰기 연습도 지도한다.

❷ 한자카드와 그림카드의 짝을 만들어 (카드 총수 = 학생 수), 모든 학생들에게 무작위로 나눠주고 정해진 시간 내에 서로의 짝을 찾는 활동을 진행할 수도 있다.

한자편

27 글자찾기 대회
[독체자(独体字)]

활동목적
글자를 찾는 연습을 통해서 독체자(独体字)를 익힐 수 있다.

활동준비
연습할 독체자를 선정하고(8~10개가 적당), 각각 작은 스티커 종이에 적는다.
똑같은 2세트의 한자 스티커를 만든다.

활동방법

❶ 교사는 칠판을 둘로 나누고, 2세트의 한자 스티커를 각각 칠판 양측에 붙인다. 스티커 배열순서는 다르게 한다.

❷ 전체를 2팀으로 나누고, 각 팀에서 학생 한 명씩 칠판 앞으로 나오게 하여 활동을 한다. 교사가 한자 하나를 말하면 두 학생은 칠판에서 신속하게 해당 한자의 스티커를 떼어내며 큰소리로 한 번 읽는다. 가장 먼저 스티커를 찾아 정확하게 한자를 읽은 학생은 칠판 앞에 남고, 그렇지 않은 학생은 자리로 돌아간다.

❸ 교사는 반 전체 학생에게 칠판 앞에 남은 학생을 따라 한자를 큰 소리로 읽게 하고 쓰기 연습(손가락으로 허공에 쓰거나 공책에 써도 됨)을 시킨 다음 스티커를 다시 칠판에 붙이게 한다. 미션을 정확하게 수행한 학생이 속한 모둠은 1점을 획득하고, 한자를 틀리게 쓴 모둠은 점수가 없다.

❹ 칠판 앞의 학생이 자리로 돌아오면, 각 모둠은 다시 학생 한 명을 칠판 앞으로 보내 새롭게 활동을 진행한다. 점수가 가장 높은 모둠이 승리한다.

게시판

❶ 이 활동은 예시와 같이 PPT로도 만들 수 있다.

❷ 합체자(合体字) 및 발음과 단어연습에도 활용할 수 있다.

PPT 예시

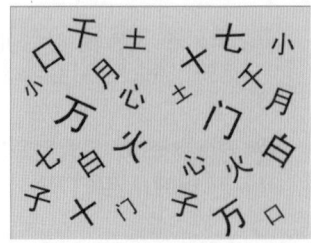

28 신비로운 그림 [합체자(合体字)]

활동목적
독체자(独体字)와 합체자(合体字)를 구분할 수 있다.

활동준비
219쪽을 활동지를 복사한다.
★ 복사 분량 = 학생 수 / 2

활동방법

❶ 2명씩 짝을 지어 활동지를 한 장씩 나눠 갖는다. 각 모둠의 학생들은 활동지의 한자를 보고 한 명은 독체자를, 다른 한 명은 합체자를 찾아 각각 서로 다른 색으로 색칠한다.

❷ 색칠이 끝나면 나타나는 그림이 무엇인지 중국어 또는 우리말로 말하게 한다. 가장 먼저 색칠을 완성하고 정확하게 도안의 명칭을 말한 모둠이 승리한다.

답안

게시판

❶ 활동을 시작하기 전, 교사는 연습할 독체자(独体字)와 합체자(合体字) 자형의 특징을 간단히 설명한다.

❷ 교사는 두 그루의 나무 외에도 상상력을 발휘해 다른 도안을 설계할 수 있다.

❸ 이 활동은 상하구조, 좌우구조, 포위구조 등 서로 다른 구조의 합체자를 구분하는 데 활용할 수 있다.

한자편

29 한자 카드놀이 [합체자(合体字)]

활동목적

합체자(合体字) 구조에 대한 이해력을 높일 수 있다.

참고한자

좌우구조 (左右结构) : 朋·休·你·好·江·河·他·红·绿·妈·姐·快·慢·
校·班·辩·街·做·树·脚

상하구조 (上下结构) : 音·草·学·雪·盆·窗·帘·恋·管·宝·想·亮·圣·
全·爱·器·高·蕊

포위구조 (包围结构) : 国·回·固·团·图 (全包围)
庆·床·压·居·病 (上左包围)
句·可·习·包·勺 (上右包围)
这·建·远·近·赶 (左下包围)
问·向·同·风·周·闲·闭·间 (左上右包围)
区·医·匿 (上左下包围)
凶·画 (左下右包围)

대칭구조 (对称结构) : 半·伞·坐·乘·爽

활동준비

❶ 좌우구조, 상하구조, 포위구조의 한자를 몇 개씩 선정한다. 3가지 구조의 한자 개수를 엇비슷하게 하고, 총 개수는 학생 수와 같게 한다.

❷ 220쪽의 활동지를 복사한다.

★ 복사 분량 = 모둠 수 × 3

활동방법

❶ 연습할 3가지 종류의 한자가 모두 잘 섞이도록 주의해서 칠판에 적는다.

❷ 반 전체를 둘로 나누고 활동지를 3장씩 나눠준다. 활동지의 3가지 그림은 각각 3가지 종류의 한자구조를 의미한다. 각 모둠의 학생들은 먼저 활동지의 한자네모카드를 오려서 책상 위에 둔 다음, 칠판의 한자를 상응하는 네모카드 안에 하나씩 적는다. 모든 네모카드 안에는 한 글자만 쓸 수 있고, 다 쓴 뒤 교사에게 제출하여 검사 받는다.

❸ 교사는 한자네모카드를 걷은 뒤, 순서를 섞어 모두에게 다시 한 장씩 나눠준다. 학생들은 모두 교실 앞쪽에 앉는다. 교사가 한자구조 명칭을 말하거나, 손동작으로 한자의 구조를 표현하면(아래 '한자구조 손동작 그림' 참고할 것), 학생은 자신이 가지고 있는 한자네모카드와 대조해보고 재빨리 일어선다. 반응속도가 빠르지 않거나 틀린 학생은 자리로 돌아가고, 끝까지 남아 있는 학생이 우승한다.

한자구조 손동작 그림

상하구조

좌우구조

포위구조

게시판

활동을 시작하기 전, 교사는 학생들에게 합체자의 구조를 보여주고, 한자구조 손동작이나 한자구조의 명칭을 기억하게 한다.

30 한자 만들기 [部件(한자의 부분)]

활동목적

한자를 분해하고 조합하는 연습을 통해, 부건(部件 : 한자의 부분, 이하 部件)을 이해할 수 있다.

참고한자

한자	河・休・快・地・远・听・请・括・冷・芒・因・袄
분해 후의 부건	氵・亻・忄・土・辶・口・讠・扌・冫・艹・囗・衤 可・木・夬・也・斤・斤・青・舌・令・亡・大・袄・元
새로 조합한 한자	清・活・沫・沐・何・他・情・怜・忙・块・近・远・达・ 味・话・折・抹・芹・因・园

활동방법

❶ 교사는 연습할 합체자(合体字)를 칠판에 적는다. 학생은 두 명씩 짝을 지어 칠판에 적힌 합체자를 분해한 뒤, 분해한 부건으로 새로운 한자를 만들어 공책에 적는다.(부건은 중복 사용 가능)

❷ 완성한 다음, 다른 학생들과 공책을 교환하여 교사가 제공하는 답안을 보고 서로 채점한다. 가장 많은 한자를 만들어 낸 모둠에게는 상을 준다.

게시판

❶ 전체 학생을 두 모둠으로 나눈 뒤, 각 모둠별로 학생들이 돌아가며 칠판에 새로운 글자를 쓰게 할 수 있다.

❷ 학생은 사전을 참고해도 되고, 교사는 학생들의 상황에 따라 학생이 만들어 낸 새 글자에 음을 달아 단어를 만들게 할 수도 있다.

31 부건 합치기 [部件(한자의 부분)]

활동목적

한자를 조합하는 연습을 통해, 부건을 이해할 수 있다.

참고부건

부건	扌・巴・亻・木・氵・五・口・走・干・艹・日・十・门・人・女・且・犭・良・虍・几・灬・子・冫・工・宀
한자	把・休・语・赶・草・闪・柤・狼・虎・学・江

활동준비

한자를 만들 수 있는 부건카드 여러 세트를 제작한다.

★ 카드 세트 수 = 모둠 수

활동방법

❶ 3~4명씩 한 모둠이 된다. 모둠별로 부건카드를 한 세트씩 나눠주면 학생들은 책상 위에 카드를 펼쳐 놓는다.

❷ 교사가 "开始(시작)"라고 외치면 각 모둠의 학생들은 신속하게 부건카드를 사용하여 한자를 조합하고 풀을 이용하여 조합한 한자를 백지에 붙인다. 모든 카드를 남김없이 사용해야 하며, 가장 빠르면서도 완벽하게 완성한 모둠이 우승한다.

게시판

❶ 카드 세트에는 중복되는 부건을 넣을 수 있고, 어떤 모둠이 가장 많은 한자를 만들어 내는지 평가한다.

❷ 한자를 조합한 뒤, 한자의 발음을 적게 하거나 그 한자를 이용하여 새로운 단어를 만들어 내도록 할 수 있다.

❸ 교사는 칠판에 부건을 적거나 부건카드를 붙인 뒤, 모둠별로 가지고 있는 카드 중 교사가 제시한 부건과 결합할 수 있는 것을 찾아 가장 빨리 칠판에 붙이는 모둠이 이기는 활동을 할 수 있다.

한자편

32 협동하여 한자쓰기
[한자쓰기 연습]

활동목적

한자의 자음·자형·필획·필순을 익힐 수 있다.

활동방법

❶ 2명의 학생이 한 모둠이 된다. 칠판을 2단락으로 나누고, 2모둠씩 나와 칠판 양쪽에 서게 한 뒤 분필을 나눠준다.

❷ 교사가 '国'라는 한자를 말하면 양 모둠은 동시에 칠판에 '国'를 적는다. 학생들은 한 번에 한 획씩 그을 수 있고, 같은 모둠원끼리 도와 틀린 부분을 수정한다.

❸ 가장 먼저 한자를 올바르게 적은 모둠이 이긴다. 진 모둠은 자리로 돌아가고 다른 모둠이 나와 이긴 모둠과 대결한다.

게시판

❶ 종이에 '国'를 쓰고 학생들에게 몇 초 동안 보여준 뒤 글씨를 쓰게 하는 '보고 – 쓰기'의 방법으로 '듣고 – 쓰기'를 대신할 수 있다.

❷ 학생들의 수준에 따라 연습하는 한자의 난이도를 조정할 수 있으며, 모둠의 학생 수도 늘릴 수 있다.

❸ 이 활동은 단어연습에도 활용할 수 있다.

33 한자오목 [한자쓰기 연습]

활동목적
학습한 한자를 익히고, 한자쓰기 능력을 기를 수 있다.

활동준비
221쪽을 복사한다.

★ 복사 분량 = 모둠 수

활동방법

① 2명의 학생을 짝으로 하고 활동지를 1장씩 나눠준다. 두 사람은 '剪刀石头布 (가위·바위·보)'나 동전을 던지는 방법으로 누가 첫 번째 글자를 쓸지를 정한다. 그 다음 각자 다른 색깔의 펜을 사용하여 차례로 돌아가며 오목판의 교차점에 글자를 쓴다. 한 번 쓴 글자는 다시 쓸 수 없다.

② 먼저 5개의 글자를 나란히 이은 사람이 이긴다(가로, 세로, 사선 모두 가능). 틀린 글자는 제외한다.

검은 글자가 승리한 경우

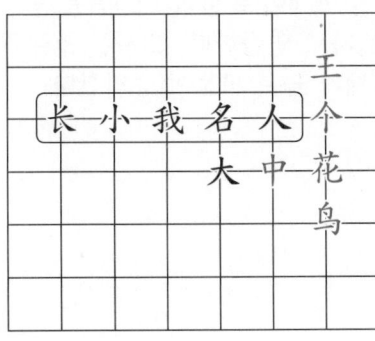

파란 글자가 승리한 경우

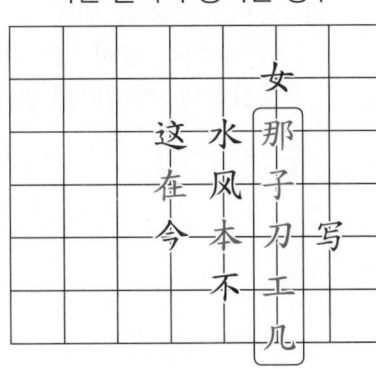

파란 글자가 승리한 경우

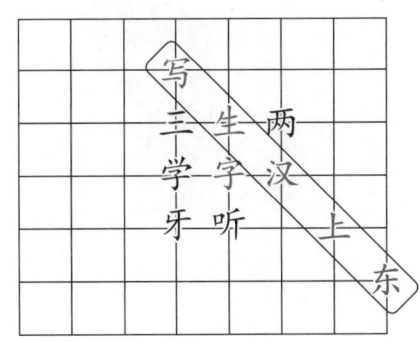

게시판

① 활동을 시작하기 전, 교사는 오목 활동의 규칙을 분명하게 설명해야 한다.

② 칠판에 오목 판을 그리고, 2명의 학생이나 2모둠의 학생을 불러 대항전을 한다.

③ 학생들이 아는 한자가 적다면, 중복 한자를 허용하되 5회 이상 넘지 않는 식으로 활동규칙을 바꿀 수 있다.

④ 학생들이 아는 한자가 비교적 많다면, 한자 옆에 발음을 적게 하여 한자의 발음을 익혔는지도 확인할 수 있다.

34 관찰 활동 [종합연습]

활동목적

활동을 통해 학습한 한자를 복습한다.

활동준비

연습할 한자를 선정하고, 한자카드를 만든다. (카드는 비교적 단단한 재질의 판지로, 크기는 32절지가 가장 좋다.)

활동방법

❶ 전체 학생을 2모둠으로 나누고, 먼저 카드의 뒷면(한자가 없는 면)이 학생을 향하도록 한 뒤, 두 집게손가락으로 카드의 대칭되는 모서리를 잡는다. 카드를 빠르게 2바퀴 회전시키고 카드의 한자가 무엇인지 맞히게 한다.

❷ 카드의 한자를 먼저 알아맞힌 학생이 속한 팀이 1점을 얻는다. 이러한 방식으로 다른 한자도 연습한다. 교사는 점수를 계산하여, 마지막에 점수 합계가 높은 모둠이 승리한다.

게시판

❶ 단단한 재질의 판지가 없다면 일반 종이로 카드를 만들 수 있다.(카드의 크기는 32절지가 적당) 활동 시에는 먼저 카드의 뒷면이 학생을 향하도록 한 뒤, 한 손으로 카드를 들고 빠르게 손목을 돌려서 카드를 회전시키며 카드의 한자가 무엇인지 맞히게 한다.

❷ 관찰한 한자를 하나하나 종이에 적은 뒤, 교사에게 제출하여 채점하는 방법도 있다.

❸ 이 활동은 한자의 필획과 부수를 연습하거나 발음과 단어연습에도 활용할 수 있다.

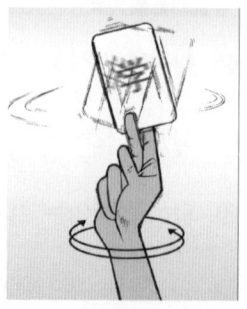

35 문장추리 활동 [종합연습]

활동목적

한자의 뜻을 숙지하고, 한자 조어에 대한 이해력을 높일 수 있다.

활동준비

"明天有汉语考试。"와 같이 연습하고자 하는 문장을 준비한다. 한자 사이마다 일정한 간격을 유지하여 종이에 쓴 다음에 작은 종이를 이용하여 각 한자를 가린다.

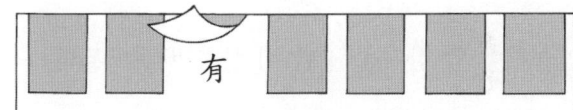

활동방법

❶ 문장이 적힌 종이를 칠판에 붙인다. 문장의 모든 단어의 첫 번째 한자를 힌트로 하고 이 한자를 가린 종이를 떼어낸다. 예를 들면 "明天有汉语考试。"의 힌트는 '明-有-汉-考'이다. 학생은 힌트에 근거해서 전체 문장을 맞추고 큰소리로 말하면 된다.

❷ 문장 연습이 끝나고 다시 진행할 때는 난이도를 높일 수 있도록 한 개의 한자만을 문장의 힌트로 삼아 가린 종이를 떼어낸다.

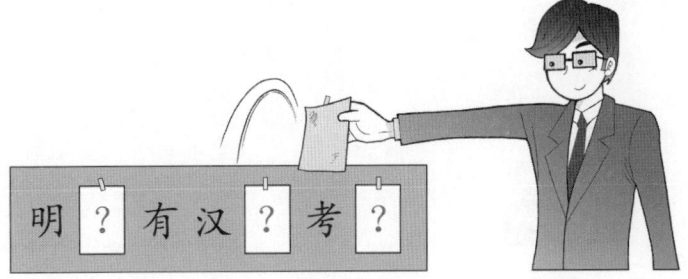

게시판

❶ 이 활동은 2개 또는 2개 이상의 부건(부수)으로 이루어진 합체자를 연습하는 데도 활용할 수 있다.

❷ 교사는 활동도구를 직접 제작할 수도 있으며, 직접 칠판에 힌트가 되는 한자를 쓸 수도 있다.

한자편

36 한자 빨리 기억하기
[종합연습]

听 读 모둠

활동목적

한자를 습득한 상황을 종합적으로 확인한다.

활동준비

연습해야 할 한자를 정한 뒤 한자판을 만든다.

	1	2	3	4	5
1	大	后	这	是	妈
2	水	不	红	雨	国
3	国	看	名	的	在
4	是	会	是	下	边
5	中	子	中	出	坐

활동방법

▶ 3~5명의 학생을 한 모둠으로 하고, 학생들에게 한자판을 보여주면서 질문한다. 각 모둠의 학생들은 빨리 대답해야 한다. 답이 맞으면 1점을 주고 답이 틀리면 1점을 감점한다. 마지막에 총점이 높은 모둠이 이긴다.

질문 예시:
1. 출현 빈도가 가장 많은 한자는 뭘까요? (是)
2. '红'이라는 글자가 있나요? (有)
3. 첫째 줄 첫째 열에 있는 글자는 뭐지요? (大)
4. '中'은 몇 번 나왔나요? (两次)
5. 한자판의 한 가운데 있는 글자는 어떤 글자인가요? (名)

게시판

❶ 처음에는 3×3의 한자판에서 시작해서 점차적으로 한자의 수량을 늘릴 수 있다. 또는 먼저 한자판을 몇 분 간 보여준 후 학생들이 기억하여 대답하는 방법으로 진행하여 난이도를 높일 수 있다.

❷ 문제를 종이에 적은 후 난이도에 따라 점수를 다르게 배정하고, 모둠이 직접 점수별 문제를 선택하도록 하여 활동의 재미를 높일 수 있다.

❸ 이 활동은 한어병음과 어휘연습에도 활용할 수 있다.

37 한자 판별 활동 [종합연습]

활동목적

한자를 습득한 상황을 확인한다.

활동준비

❶ 예시와 같이 한 단락의 대화문을 만든다.

> 1. A : 请问，体育馆怎么走?
> 2. B : 一直走，到第一个路口往右拐。
> 3. A : 离这儿远吗?
> 4. B : 不太远，走路大概需要几分钟吧。

❷ 대화문의 한자와 함께 혼동하기 쉬운 한자(형태가 비슷하거나 발음이 비슷한 한자) 2~3개를 넣어서 한자표를 만든다.

> 1. 清请情·问闷回·休体什·胃膏育·管馆官·怎咋乍·公幺么·足走起
> 2. 一乙衣·真直具·足走起·倒到至·弟递第·一乙衣·个各格·跳路踩·口日田·住往王·右祐佑·另别拐
> 3. 离璃里·文蚊这·运远达·马吗妈
> 4. 还不坏·太大犬·运远达·足走起·路跳踩·太大犬·慨概既·需雪雷·要票耍·几机叽·份分芬·种肿钟·吧巴爸

활동방법

❶ 2명의 학생이 짝이 되어 한자표를 배부한다.

❷ 교사는 대화문을 읽어주거나 대화문을 칠판에 쓴다. 학생들은 한자표를 보고 정확한 한자에 동그라미 표시를 한다.

❸ 완성한 짝은 손을 들어 표시한 후 큰소리로 대화문을 낭독한다.

게시판

❶ 학생에게 대화문을 제공하지 않고 한자표를 근거로 대화 내용을 맞춰보고 2명이 역할극으로 발표하게 할 수도 있다.

❷ 학생의 수준에 맞게 대화(문장, 단락 등)의 구체적 내용을 설계하도록 한다.

38 글자 배열하기 [종합연습]

활동목적

한자를 습득한 상황을 확인한다.

활동준비

❶ 연습할 단락의 글을 선택하여 한 칸에 한 글자씩 넣는다. 한자는 가능한 한 크게 한다.

我	有	一	个	中	国	朋	友	,	她
叫	张	丹	,	她	说	如	果	我	去
北	京	,	她	可	以	给	我	当	导
游	。	我	打	算	放	假	的	时	候
和	哥	哥	一	起	到	北	京	去	旅
游	,	你	想	不	想	去	?		

❷ 표를 여러 부 복사한 뒤 점선을 따라 오려 한자카드를 만든다. 한자와 문장부호의 순서를 섞는다. 세트별로 봉투에 담아둔다.

★ 복사 분량 = 학생 수

활동방법

❶ 2명이 짝이 되어 한자카드를 배부한다.

❷ 교사는 연습할 단락을 칠판에 똑같이 쓴다. 학생은 단락의 문장에 맞게 한자카드를 순서대로 책상 위에 배열하거나 종이 위에 풀로 붙인다.

❸ 완성한 조는 손을 들어 표시하고 큰 소리로 단락을 낭독한다.

게시판

❶ 학생들의 듣고 쓰는 능력을 향상시키기 위해 표 안의 글을 교사가 먼저 천천히 읽어 주고 학생들에게 쓰도록 한 다음, 글자를 찾아 배열을 완성하는 순서로 진행할 수도 있다. 또는 두 학생 중 한 명은 읽고 다른 한 명은 한자를 배열하도록 할 수도 있다.

❷ 활동의 재미와 승부욕을 높이기 위해 교사는 학생들에게 한자 세트 중 한자 하나가 부족하거나 더 많은 구성의 한자카드 세트를 제공하여, 학생이 부족하거나 남는 카드를 찾도록 할 수도 있다.

39 콩 배열하기 [종합연습]

활동목적

활동을 통해 학습한 한자를 연습하도록 한다.

활동준비

❶ 콩 또는 단추를 준비한다.
　　　　　　　★ 콩 갯수 = 모둠 수×50
❷ 큰 사각형이 그려진 백지를 몇 장 준비한다.
　　　　　　　★ 백지 장수 = 모둠 수

활동방법

❶ 3~4명의 학생을 한 모둠으로 하고 모둠마다 백지 1장과 적당한 분량의 콩을 나눠준다.

❷ 예를 들어 교사가 '天'을 말하면 모둠별로 신속하게 종이 위에 콩으로 '天'자 모양을 만들고, 다함께 큰소리로 읽는다.

❸ 먼저 '天'자를 정확하게 만든 모둠이 1점을 얻는다. 이와 같은 방법으로 다른 한자도 연습한다. 총점이 높은 모둠이 이긴다.

게시판

❶ 활동의 공정성을 유지하기 위해 교사는 학생들이 한자를 네모 칸의 크기와 같게 만들도록 해야 한다. 너무 크거나 너무 작아도 부적합하다.

❷ 활동을 쉽게 하는 방법은 교사가 한자를 말한 후 10초 정도 학생들에게 보여주거나 칠판 위에 적은 후 10초 후에 지우고 학생들이 기억에 의존하여 글자를 배열하도록 할 수도 있다.

❸ 이 활동은 한자의 필획이나 부건(부수), 또는 발음이나 어휘(이 경우는 콩을 많이 준비해야 함)에도 활용할 수 있다.

어휘편

어휘편

40 단어 주사위 던지기
[얼굴·신체 부위]

활동목적

읽기 활동을 통해 얼굴 부위와 신체 부위 명칭을 익힐 수 있다.

참고단어

头·额头·眉毛·眼睛·睫毛·脸颊·鼻子·嘴·嘴唇·牙齿·舌头·下巴·耳朵·
脖子·肩膀·胸·肚子·腰·屁股/臀部·胳膊·上臂·下臂·胳膊肘·手·脚·手腕·
手指·腿·大腿·小腿·膝盖·脚趾

활동준비

❶ 판지로 큰 주사위를 1~2개 만든다.

❷ 주사위의 여섯 면에 각각 연습할 단어를 적는다. 모든 면에 한 단어씩만 쓸 수 있다.

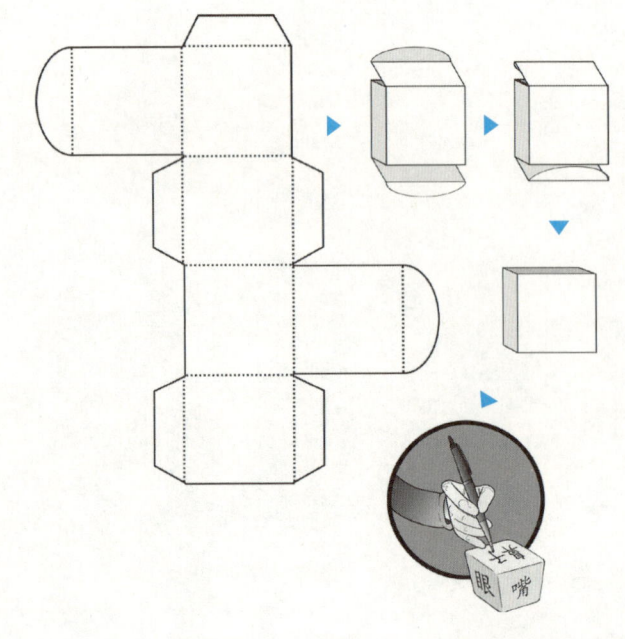

활동방법

❶ 한 학생에게 주사위를 던지게 한다. 주사위가 떨어진 뒤, 윗면이 '手'이면 이 학생은 큰 소리로 "手(손)"라고 외치며 해당 부위를 움직이며 다른 신체 부위는 움직이면 안 된다.(움직일 수 없는 신체 부위는 손으로 가리켜도 된다.)

❷ 동작을 정확히 마친 학생은 제자리로 돌아가 앉는다. 다른 학생으로 교체하여 계속해서 주사위를 던진다. 모든 학생에게는 총 세 번의 기회가 있고 정확하게 할 때까지 하고 끝낸다. 연속해서 세 번 다 틀리면 벌칙으로 간단한 장기자랑을 해야 한다.

게시판

❶ 학생에게 두 개의 주사위를 던져 동시에 두 개의 신체 부위를 움직이게 하여 재미와 승부욕을 높인다.

❷ 이 활동은 단어의 번역과 작문연습에도 활용할 수 있다. 예를 들어 어떤 단어가 나오면 주사위를 던진 학생은 번역을 하거나 이 단어로 문장 만들기를 해야 한다.

❸ 체육활동이나 일상활동 관련 단어를 연습하는 데 활용할 수 있다.

어휘편

41 코 그리기 [얼굴부위·방위사]

활동목적	활동준비
듣고 반응하는 연습을 통해 얼굴 부위와 방향 관련 단어를 익힐 수 있다.	눈가리개를 1개 준비한다.

활동방법

❶ 칠판에 사람 얼굴 윤곽을 그린다. 귀, 눈, 눈썹과 입은 그리고 코는 비워둔다.

❷ 교사는 눈가리개로 학생의 눈을 가린 다음, 그림을 마주한 2미터 지점에 학생을 데려가 세우고 분필을 한 자루 쥐어준다.

❸ 교사가 "开始(시작)"라고 말하면, 해당 학생은 더듬어 앞으로 걸어간다. 칠판 앞까지 걸어갔을 때, 손을 뻗어 코 위치를 찾는다. 이때 학생은 중국어로 친구들에게 물어 도움을 받을 수 있다.
  예 "这是什么?" (이것은 무엇입니까?)
  "这是鼻子吗?" (이것은 코입니까?)
  "鼻子在左边吗?" (코가 왼쪽에 있니?)

다른 학생들은 중국어로 대답해야 하며 그 정보를 이용하여 적당하다고 생각되는 위치에 코를 그린다.

❹ 교사는 학생의 눈가리개를 벗겨주고, 학생 스스로 그린 것이 맞는지 확인하게 한다.

게시판

❶ 지정된 시간 안에 완성하도록 하여 누가 가장 빠르고 정확하게 그리는지 겨루게 할 수 있다.

❷ 학생 둘을 짝이 되게 하여 한 명은 눈을 가리고 다른 한 명은 옆에서 힌트를 줘서 임무를 완성하게 할 수 있다.

❸ 이 활동은 다른 얼굴 부위 또는 신체 부위 그리기에도 활용 가능하다. 예 눈 그리기, 발 그리기 등

42 색깔 맞추기 [과일]

활동목적
단어 연상하여 말하기 연습을 통해 과일 종류를 나타내는 단어를 익힐 수 있다.

활동준비
연습할 단어를 선정하여 단어카드로 만든다.

참고단어
苹果・梨・葡萄・草莓・香蕉・芒果・椰子・西瓜・哈密瓜・橘子・柚子・橙子・荔枝・柠檬・菠萝・菠萝蜜・桃・猕猴桃・樱桃・桂圆・甘蔗・火龙果・番石榴・枇杷・木瓜・榴莲・石榴・杨桃・橄榄・枣・杏・柿子・山楂

활동방법

❶ 학생을 교탁 앞으로 나오게 한 뒤 카드를 1장 뽑게 한다. 다른 학생들은 카드 내용을 볼 수 없도록 한다.

❷ 이 학생은 카드의 단어를 보고 중국어나 우리말로 이 과일의 색과 모양 또는 맛 등에 대해 말한다. 과일 이름은 말할 수 없다. 예를 들어 '西瓜(수박)' 카드를 뽑았다면, "绿色(녹색)", "圆(둥글다)", "甜(달다)", "大(크다)"라고 말할 수 있고 다른 학생들은 힌트에 근거하여 카드에 적힌 과일을 맞춘다.

❸ 앞에 나온 학생은 카드를 내보이며 답을 공개하고 과일 이름을 크게 읽는다.

게시판

❶ 학생들을 2팀으로 나누어, 어느 모둠이 카드의 단어를 먼저 더 많이 맞추는지 경쟁할 수 있다.

❷ 이 활동은 색깔, 동물 종류 등의 단어연습에도 활용할 수 있다.
예 특정 색깔의 사물 말하기, 동물의 특징, 음식, 습성에 대해 말하기 등.

어휘편

43 판다 걸음마 [신체 부위·음료]

활동목적
듣고 반응하는 연습을 통해 신체 부위와 음료 이름 관련 단어를 익힐 수 있다.

활동준비
연습할 단어를 선정하고, 같은 내용의 카드를 2세트 준비한다.(카드 크기는 A3용지가 적당함.)

참고단어

신체 부위	头·左胳膊·右胳膊·左手·右手·左腿·右腿·左脚·右脚
음료	果汁·牛奶·可乐·咖啡·茶·矿泉水·苏打水·啤酒

활동방법

❶ 먼저 학생에게 연습할 신체 부위 관련 단어와 음료 관련 단어를 읽고 익숙해지도록 한다.

❷ 교실 중간에 공간을 비워두고, 양쪽에 5장의 카드를 펼쳐놓는다. 양쪽의 카드 내용과 배열 위치는 일치해야 한다.

❸ 반 전체를 2팀으로 나누고 각 팀에서 학생을 1명씩 뽑아 활동을 진행한다. 예를 들어 교사가 "头 — 牛奶, 左手 — 可乐, 右手 — 果汁, 左脚 — 咖啡, 右脚 — 矿泉水"라고 지시하면, 활동에 참가하는 학생은 판다가 걸음마하는 것처럼 머리는 우유카드 위에, 왼손은 콜라카드 위에 두는 식으로 지정한 신체 부위를 호응하는 카드에 닿게 한다.

❹ 먼저 동작을 완성한 학생이 속한 팀에 1점을 준다. 교사는 점수를 계산하고, 마지막에 점수가 가장 높은 모둠이 이긴다.

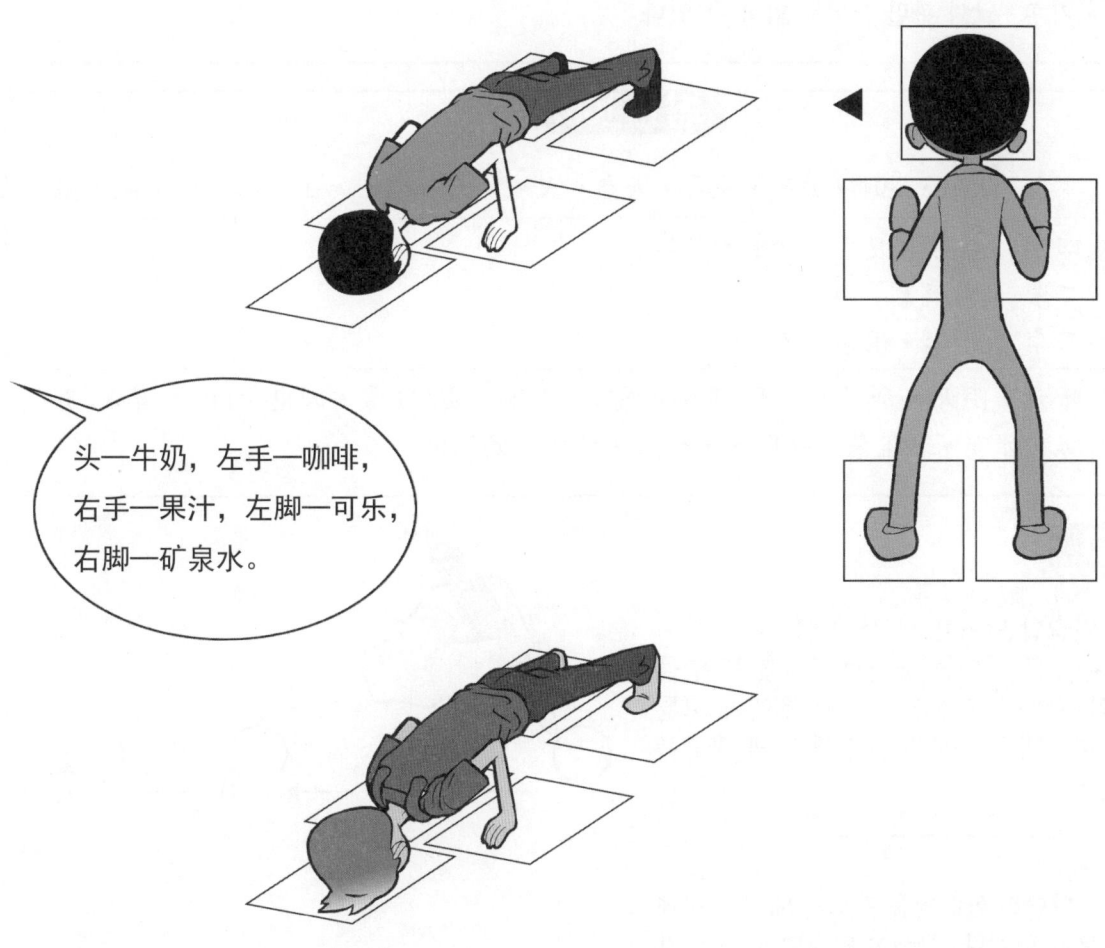

게시판

❶ 이 활동을 준비할 때 학생들의 안전에 주의하도록 한다. 교사는 사전에 미리 테이프로 카드를 바닥에 고정해두어 학생들이 동작할 때 카드가 움직이지 않게 한다.

❷ 상황에 따라 바닥의 카드 수를 2장에서 시작해 점차 늘려가는 방식으로 조절할 수 있다.

❸ 이 활동은 각종 단어를 연습하는 데 활용 가능하다. 수업 분위기 전환용으로 진행한다.

어휘편

44 단두대 [자연·계절·날씨]

 단체

활동목적

자연·계절·기후·날씨 관련 단어를 익힐 수 있다.

참고단어

자연	宇宙·太阳·地球·月亮·星星·天空·大地·云·彩虹·山·江·河·湖·海
계절	四季 : 春季·夏季·秋季·冬季 二季 : 雨季·旱季 三季 : 干季·雨季·凉季
날씨	晴天·阴天·刮风·雨天/下雨·雪天/下雪·雷/打雷·闪电/打闪·雾天/有雾·冰雹·沙尘暴·暴风雨·台风·飓风·龙卷风

활동방법

❶ 칠판에 연습할 단어를 적고(10개를 넘지 않는 것이 좋다), 그 단어들 중에서 하나를 뽑아 몰래/ 살짝 종이에 적는다. 그 다음 칠판에 고른 단어의 한어병음 자모의 개수에 맞게 밑줄을 긋는다.
예) 月亮 → "_____"

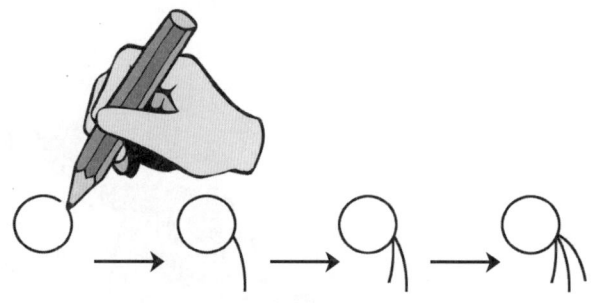

❷ 학생들은 다함께 한어병음 자모의 배열 순서에 따라 자모를 맞힌다. 학생이 맞히면 교사는 자모를 밑줄에 써 넣고, 틀리면 그림을 한 획 그린다(그림 그리는 순서는 오른쪽 참조). 그 다음 학생에게 계속 맞히게 한다. 자모 하나를 맞혀야만 계속 다음 자모를 맞힐 수 있다. 교사가 단두대를 다 그리기 전에 단어를 맞혀야 이기고, 그렇지 않으면 진다.

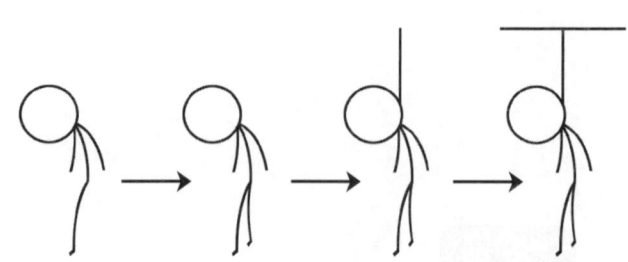

게시판

❶ 반 전체를 두 모둠으로 나눠 어느 모둠이 먼저 단어를 맞히는지 겨룬다. 또는 한 모둠이 문제를 내고 상대 모둠이 문제를 맞히는 방식으로 하고 바꿔서도 진행한다.

❷ 이 활동은 각종 단어연습에도 활용 가능하다.

45 친족호칭 퀴즈 [친족호칭]

활동목적
중국어의 친족호칭을 익힐 수 있다.

활동준비
연습할 단어를 선정하여 단어카드로 만든다.

참고단어
爸爸/父亲・妈妈/母亲・哥哥・弟弟・姐姐・妹妹・老公/丈夫・老婆/妻子・儿子・女儿・爷爷・奶奶・姥姥/外婆・姥爷/外公・孙子・孙女・叔叔・婶婶・姑父・姑姑・舅舅・舅妈・姨夫・姨妈・侄子・侄女・外甥・外甥女

활동방법

❶ 반 전체를 2모둠으로 나눈다. 교사는 단어카드를 하나씩 보여주고, 2모둠의 학생들은 돌아가면서 중국어로 그 뜻을 설명한다.
   예) 爷爷 — 爸爸的爸爸, 舅舅 — 妈妈的哥哥或弟弟, 女儿 — 妈妈生的女孩
      할아버지 : 아버지의 아버지, 삼촌 : 엄마의 오빠나 남동생, 딸 : 엄마가 낳은 여자아이

❷ 대답을 정확하게 한 모둠은 1점을 획득하고, 틀린 모둠은 1점 감점한다. 교사가 점수를 매기고 마지막에 누적된 점수가 높은 모둠이 이긴다.

게시판

❶ 하나의 친족호칭에 대해 여러 가지 해석이 가능할 경우 관계가 정확하기만 하다면 점수를 줄 수 있다.

❷ 교사는 카드를 제시하는 방법 대신 단어를 말하는 방식으로하여 학생에게 임무를 완성하게 할 수 있고, 교사가 친족호칭의 해석을 말하고 학생에게 단어를 말하게 할 수도 있다.
   예) 爸爸的妈妈 : 奶奶 (아버지의 어머니 : 할머니)

어휘편

46 공놀이 [색깔]

활동목적
듣기와 말하기 연습을 통해 색상 명칭을 익힐 수 있다.

활동준비
던지고 받을 수 있는 작은 공을 하나 준비한다.

참고단어
红色·黄色·绿色·蓝色·紫色·白色·
黑色·灰色·米色·橙色·棕色·金色·
银色·粉红色

활동방법

❶ 교사는 먼저 반 학생들의 옷과 물건의 색깔을 살펴본다. 준비가 되면, '红色(빨간색)'처럼 색을 표현하는 단어를 외치며 손에 있던 공을 A학생에게 던져준다.(이 학생은 빨간 옷을 입고 있지 않거나 빨간 장신구를 착용하고 있지 않다.)

❷ A는 사방을 살펴 빨간색 의복과 장신구 또는 물건을 갖고 있는 학생을 찾는다. 예를 들어 B학생이 빨간 치마를 입고 있다면 A학생은 "红色的裙子(빨간색 치마)"라고 외치며 공을 B학생에게 던진다.

❸ B학생은 공을 받는 즉시 "我有红色的裙子。(나는 빨간 치마가 있어요.)" 또는 "我今天穿着红色的裙子。(나는 오늘 빨간 치마를 입었어요.)"와 같이 완전한 문장으로 말해야 한다. 말이 끝나면 교사에게 공을 던져 돌려준다. 교사는 다시 "B有红色的裙子。(B학생은 빨간색 치마가 있다.)" 또는 "B今天穿着红色的裙子。(B학생은 오늘 빨간색 치마를 입었다.)"라고 반복해서 말한다.

❹ 교사는 다른 색의 단어를 외치며 공을 던지고, 활동을 계속 진행한다. 공을 받은 학생이 교실에서 익힌 색의 옷이나 장신구 또는 물건을 찾지 못하면 (예 초록색), "我们不喜欢绿色。(우리는 초록색 안 좋아해요.)" 또는 "我们没有绿色的东西。(우리는 초록색 물건이 없어요.)"라고 외친 뒤 교사에게 공을 던져준다.

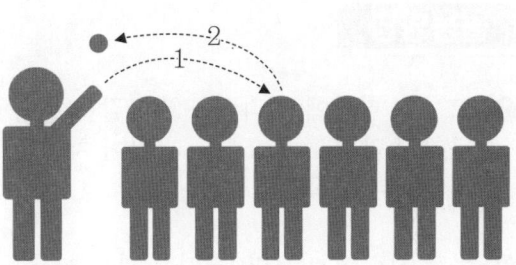

게시판

❶ 학생들이 모두 같은 색의 교복을 입고 있다면, 교사는 학생들에게 흰색 라벨지에 그림붓으로 자기가 좋아하는 색을 칠하게 하거나, 라벨지에 색깔 명칭을 한자로 크게 써서 가슴에 붙이고 다른 친구들이 잘 볼 수 있게 하여 다른 색의 복장과 장신구를 대신한다.

❷ 이 활동은 인칭대사 我, 你, 他, 她 등을 연습할 때도 활용할 수 있고, 방식은 아래와 같다.
 교 사 : (공을 A학생에게 던지며) 你是B吗? (당신은 B입니까?)
 학생A : (공을 받으며) 我不是B, 我是A。(저는 B가 아닙니다, 저는 A입니다.)
 교 사 : 谁是B? (누가 B입니까?)
 학생A : (공을 B학생에게 던져주며) 他是B。(저 사람이 B입니다.)

❸ 교사는 공을 던지고 받는 등 여러 방식으로 학생들과 의사소통을 할 수 있다. 예를 들면 질문을 한 다음 한 학생에게 공을 던지고, 학생은 공을 받고 질문에 대답한다. 이 방법은 수업 시간 중 학생의 주의력 결핍을 막고 집중력 향상에 도움이 된다.

어휘편

47 숫자잇기놀이 [수사]

활동목적

1~100까지의 숫자를 익힐 수 있다.

활동방법

❶ 교사는 칠판에 미리 'N+2'와 같은 활동규칙을 적는다. 교사가 '0'으로 시작숫자를 정하면 학생들은 규칙에 맞게 2, 4, 6……과 같이 차례대로 숫자를 말하게 한다. 한 번에 숫자 하나만 말할 수 있고 빨리 말할수록 좋다.

❷ 틀린 사람이 있으면, 교사는 다른 학생들과 함께 책상을 두드려 표시해서 틀린 학생이 처음부터 다시 세도록 한다.

❸ 'N+2'숫자 잇기를 몇 번 반복한 다음 난이도를 높여, 규칙을 'N+3' 등으로 고친다. 덧셈을 100까지 한 다음, 'N-2'와 같이 100부터 거꾸로 뺄셈을 해도 된다.

게시판

❶ 일정한 산수 기초가 있는 학생에게는 적당히 활동규칙을 조절하여 활동의 승부욕을 높일 수 있다. 예를 들어 0 또는 1부터 차례대로 숫자를 세다가 7이 들어간 숫자나 7의 배수를 만나면 박수를 치거나 동물소리를 내서 통과하는 '7은 세지 않기 활동' 등을 진행한다. 틀린 학생은 벌칙으로 장기자랑을 한 다음 다시 첫 번째 숫자부터 세기 시작한다.

❷ 2시, 2시 반, 3시, 3시 반……과 같은 시간사와 一只老虎、两只老虎、三只老虎……와 같은 수량구에도 활용할 수 있다.

❸ '数青蛙'의 방식으로 진행할 수도 있다. 예를 들어 A학생이 "一只青蛙一张嘴, 两只眼睛四条腿, 扑通一声跳下水(청개구리 한 마리 입은 하나, 눈은 둘, 다리는 넷, 풍덩! 물속으로)"라고 말하면, B학생이 이어서 "两只青蛙两张嘴, 四只眼睛八条腿, 扑通扑通跳下水(청개구리 두 마리 입은 둘, 눈은 넷, 다리는 여덟, 풍덩! 풍덩! 물속으로)"라고 말하는 방식으로 진행한다.

48 인간시계 [시간사]

활동목적

시간에 관한 여러 가지 표현방식을 익힐 수 있다.

참고단어

两点整·两点(零/过)五分·两点一刻·两点半·两点四十分·差一刻三点·差五分三点
2:00 · 2:05 · 2:15 · 2:30 · 2:40 · 2:45 · 2:55

활동방법

❶ 칠판 양쪽에 큰 눈금판을 하나씩 그린다. 반 전체를 두 모둠으로 나누고 각 모둠의 학생 1명을 뽑아 눈금판 앞에 세운다. 학생은 칠판을 등지고 서고, 팔뚝을 시계바늘로 쓴다.

❷ 교사가 "现在九点一刻。(지금은 9시 15분입니다.)"와 같이 시간을 말하면 눈금판 앞에 있는 학생은 자신의 두 팔로 알맞은 각도의 위치를 가리킨다.

❸ 반응이 느리거나 틀린 학생은 자리로 돌아가고, 같은 모둠의 다른 학생으로 바꿔 활동을 진행한다. 교사는 두 모둠에게 각각 점수를 줄 수 있고, 마지막에 점수가 높은 모둠이 이긴다.

게시판

교사는 칠판을 등지고 서서 시간사 단어카드를 보여준다. 반 학생들이 카드 내용을 읽어주고 앞에 나온 학생이 동작을 하게끔 진행하여 반 전체 학생들의 적극성을 불러일으킬 수도 있다.

어휘편

49 그리면서 맞추기 [옷과 장신구]

활동목적
그림 보고 단어 맞히는 연습을 통해 옷과 장신구 관련 단어를 익힐 수 있다.

활동준비
교사는 222쪽의 참고자료를 통해 자주 착용하는 복장이나 장신구를 간단히 그리는 법을 숙지하도록 한다.

참고단어

옷	衬衫·T恤·毛衣·夹克·背心·马甲·外套·裤子·牛仔裤·短裤·运动裤·裙子·短裙·连衣裙·风衣·大衣·棉衣·羽绒服·西装·套装·运动衣·游泳衣
구두와 양말	皮鞋·(帆)布鞋·运动鞋·高跟鞋·靴子·拖鞋·凉鞋·袜子
장신구	帽子·领带·项链·手链·耳环·戒指·眼镜·太阳镜·手套·围巾·头巾

활동방법
반 전체를 두 모둠으로 나눈다. 교사는 칠판에 간단한 그림을 그리는데 한 획을 그릴 때마다 학생들에게 "这是什么?"라고 질문한다. 두 모둠은 서로 경쟁하며 대답하고, 먼저 맞춘 모둠이 1점을 획득한다. 틀리거나 맞추지 못한 조는 점수가 없다. 교사가 점수를 매기고 마지막에 점수가 가장 높은 모둠이 이긴다.

게시판

❶ 교사는 먼저 복장 관련 그림을 준비하여 그림을 몇 개의 조각으로 자른 뒤, 학생들에게 보여주고 그림이 무엇인지 맞추도록 한다.

❷ 이 활동은 생활용품, 과일, 동물, 동작 관련 단어에도 활용할 수 있다.

50 종류별 단어 익히기 [채소]

활동목적
읽기 연습을 통해 채소 명칭을 익힐 수 있다.

활동준비
223쪽을 복사한다.

★ 복사 분량 = 학생 수

참고단어

胡萝卜·萝卜·玉米·莲藕·芋头·竹笋·红薯/地瓜·马铃薯/土豆·白菜·西红柿/番茄·黄瓜·南瓜·苦瓜·冬瓜·西葫芦·丝瓜·生菜·菠菜·卷心菜·芹菜·香菜·油菜·西兰花·豌豆·豆角·豆芽·洋葱·蒜·蒜苗·韭菜·大葱·辣椒·蘑菇·木耳

활동방법

❶ 학생들에게 활동지를 1장씩 나눠 준다. 교사가 "开始(시작)"라 말하면, 학생은 활동지의 그림을 보고 주어진 한어병음으로 단어를 만들어 그림 아래 적는다.

❷ 답을 완성한 학생이 손을 들면, 교사는 답을 검토한다.

게시판
이 활동은 각종 단어연습에 활용할 수 있다.

51 단어 맞히기 활동 [가정용품]

활동목적

가정용품의 명칭을 익힐 수 있다.

참고단어

가구	桌子·椅子·床·沙发·茶几·书柜·衣柜·鞋柜·橱柜·衣帽架·储物柜
가전	电脑·电视·冰箱·洗衣机·空调·吸尘器·微波炉·电饭锅·烤箱·咖啡机·豆浆机·榨汁机·加湿器·饮水机·吹风机
가정용품	被子·枕头·床单·镜子·台灯·闹钟·电话·毛巾·牙刷·牙膏·杯子·香皂·洗发水·洗手液·洗涤剂·洗衣粉

활동준비

❶ 첫 번째 줄은 그림, 두 번째 줄은 한자나 한어병음으로 된 큰 표를 1장 제작한다.
(그림 대신 첫 번째 줄은 한자, 두 번째 줄은 한어병음으로 제작할 수도 있다.)

| táidēng | chuáng | diànshì | zhuōzi | shāfā | yǐzi |

❷ 표의 각 칸들을 숫자가 적힌 종이로 가린다.

| 1 | 2 | 3 | 4 | 5 | 6 |
| 7 | 8 | 9 | 10 | 11 | 12 |

활동방법

▶ 칠판에 표를 붙인 뒤 1명을 지명하여 위 아래 두 열 중 어느 두 칸의 내용이 일치하는지 추측하게 하고, 학생이 말한 숫자의 종이를 빠르게 뗀다. 만약 내용이 일치하면(예시: 학생이 고른 숫자가 '2'와 '12'일 때, 그림이 '의자'이고 한어병음 또한 'yǐzi'로 일치할 경우) 그 학생이 이긴다. 만약 내용이 일치하지 않으면, 교사는 다시 종이를 붙이고 다른 학생을 지명하여 활동을 계속한다. 이러한 방식으로 모든 단어를 맞히게 한다.

게시판

❶ 숫자가 적힌 종이가 떼어질 때 다른 학생들이 그 칸의 내용을 최대한 기억하여 자기 차례가 돌아왔을 때 맞힐 수 있도록 지도한다.

❷ 단어의 수와 표의 크기는 가르치는 상황에 따라 적절히 조절한다.

52 음식천국 [식품]

활동목적

식품 명칭을 익힐 수 있다.

참고단어

주식	米饭・面条・馒头・面包・蛋糕・包子・饺子・比萨饼・汉堡包・热狗・寿司・拌饭・春卷・炒饭・炒面・叉烧包
고기류	鸡肉・烤鸡・鸭肉・烤鸭・牛肉・牛排・猪肉・香肠・培根・羊肉・羊肉串
수산물	鱼・鳗鱼・三文鱼・鲤鱼・虾・螃蟹・牡蛎・扇贝
간식	薯条・薯片・爆米花・巧克力・布丁・饼干・瓜子・花生・栗子・开心果
양념	油・橄榄油・香油・盐・酱油・醋・辣椒・胡椒・姜・葱・蒜・番茄酱

활동준비

❶ 지우개 하나 또는 대체 물품을 준비한다.

❷ A3 크기의 백지 2장을 연결하고 표를 하나 그린다.

		饺子		
米饭	瓜子			
	布丁		面包	
鸡蛋		花生	寿司	

❸ 표 안의 식품을 준비하여 교탁 위에 놓는다.

활동방법

❶ 교사는 표를 바닥에 펼쳐 놓고, 학생들이 표 주위에 둘러서게 한다.

❷ 학생들은 차례로 표 안에 지우개를 던진다. 지우개를 식품 그림 칸 안으로 던진 학생은 해당 식품의 이름을 중국어로 말하고, 한자 칸 안으로 던진 학생은 한자의 한어병음을 칠판에 쓰고 해석하고, 동작 그림 칸 안으로 던진 학생은 그 동작을 따라한다.

❸ 교사는 학생들이 수행한 완성도에 따라 승자를 정하고, 승자는 자신이 이름을 맞힌 식품을 상으로 받는다.

게시판

이 활동은 화초·문구·옷·동작 등의 각종 단어연습에 활용할 수 있다.

어휘편

53 단체의 힘 [동작]

 모둠

활동목적
듣고 반응하는 연습을 통해 동작 단어를 익힐 수 있다.

활동준비
같은 크기의 신문지를 준비한다.
★ 신문지 장수 = 모둠 수

참고단어
走·跑·站·跳·蹲·坐·躺·扭·伸·举·爬·拉·踢·拍·踩·跳舞·抬腿·弯腰·转身·拥抱·抱·握·拿·摸

활동방법

❶ 3~4명의 학생을 한 모둠으로 하고, 각 모둠별로 신문지를 1장씩 나눠준다. 학생들은 모둠별로 신문지 1장에 올라선다.

❷ 교사가 '跳', '走' 등의 단어를 말하면, 학생들은 신속하게 교사가 지시한 동작을 한다.

❸ 신문지 밖으로 밀려나거나 동작이 틀린 학생은 빠지고, 마지막까지 신문지 위에 남아있는 인원이 가장 많은 모둠이 이긴다.

게시판

❶ 활동 시작 전, 교사는 단어를 가르칠 때 동작을 같이 지도하여 연습할 단어에 익숙해지는 동시에 준비운동이 되게 하여 활동 중 과도한 동작으로 다치는 일이 없도록 한다.

❷ 활동의 난이도를 높이고 학생 간의 협동심을 기르기 위해 신문지를 점점 작게 접어 진행할 수 있다.

❸ 만약 신문지를 구하지 못하면 신문지 대신 분필로 바닥에 활동 공간의 범위를 그릴 수 있다. 이 활동은 야외에서 진행할 수도 있다.

❹ 이 활동은 '打篮球(농구하다)、踢足球(축구하다)、游泳(수영하다)' 등의 운동 관련 단어연습에도 활용할 수 있다.

54 동작 스피드 활동
[일상활동]

활동목적
읽기 연습을 통해 동작 단어나 어구를 익힐 수 있다.

참고단어
起床・刷牙・洗脸・照镜子・穿衣服・穿鞋子・戴帽子・背书包・开门・关门・出门・坐公共汽车・骑自行车・上课・看书・看报纸・看黑板・看比赛・擦桌子・擦黑板・打篮球・踢足球・做运动・回家・做饭・吃饭・吃水果・喝水・聊天・洗手・洗碗・洗衣服・擦地・写作业・上网・玩游戏・看电影・看电视・洗澡・睡觉

활동준비
연습할 단어와 어구를 선정하고 단어카드를 만든다.

활동방법
▶ 2명의 학생 A, B가 한 짝이 되어, 교사가 카드를 들면 A는 카드에 적힌 동작을 하고, B는 카드 대신 A의 동작을 보고 단어를 알아맞힌다. 정해진 시간 내에(1분 정도) 가장 많은 단어를 맞힌 짝이 이긴다.

게시판

❶ '동작 보고 단어 맞히기' 대신 학생이 다른 중국어 단어나 문장을 가지고 문제를 설명하는 '설명 듣고 단어 맞히기' 방식도 가능하다.

❷ 2명의 학생이 교실 앞에 나와, 나머지 학생들이 카드를 보고 동작이나 단어를 설명해주면 먼저 단어를 맞히는 학생이 이기는 방식도 가능하다.

❸ 이 활동은 '跑、跳、走、坐' 등의 동작 단어연습이나, '打乒乓球、游泳、跳绳' 등의 운동 관련 단어연습 또는 '高兴、生气、伤心' 등의 감정과 심리동사의 단어연습에도 활용할 수 있다.

❹ 활동의 흥미를 돋우기 위해 교사는 '我有三个苹果', '爷爷喜欢看报纸'등의 간단한 문장을 만들어, 학생들이 동작으로 표현하게 할 수도 있다.

어휘편

55 청개구리 [방위사]

활동목적

듣고 반응하는 연습을 통해 방위사와 방위사 관련 문형을 익힐 수 있다.

참고단어와 문형

前（边）·后（边）·左（边）·右（边）·上（边）·下（边）·东（边）·西（边）·南（边）·北（边）·里（边）·外（边）

向/往……走·向/往……看·向/往……拐·向/往……转·向/往……跑·从……来·在……

활동방법

❶ 4~6명의 학생을 교실 중앙의 빈 공간에 줄 세운다. 교사는 방위사를 써서 먼저 '동쪽을 가리키면 동쪽을 향하는' 연습을 시킨다. 예를 들어 교사가 "向右看。(오른쪽을 쳐다보세요.)"이라 말하면, 학생들은 빠르게 오른쪽을 쳐다본다.

❷ 학생들이 연습한 방위사에 익숙해지면, 교사는 다시 '동쪽을 가리키면 서쪽을 향하는' 연습을 진행한다. 예를 들어 교사가 "向前走。(앞을 향해 가세요.)"라고 말하면, 학생들은 뒤를 향해 가고, "向右拐。(오른쪽으로 도세요.)"라고 말하면, 학생들은 왼쪽으로 돈다.

❸ 도중에 틀린 학생은 탈락하고 끝까지 남은 학생이 이긴다.

게시판

❶ 활동의 난이도를 높이고 학생들의 승부욕을 높이기 위해, 교사는 말을 점점 빨리하거나, "向前走, 向右看。(앞을 향해 가고, 오른쪽을 쳐다보세요.)"처럼 2가지 지시를 한꺼번에 할 수 있다.

❷ 교사는 직접 만든 노래나 찬트를 사용하여 이 활동을 간단한 수업 중 체조 시간으로 만들 수 있다.
예) 向前走, 我们一起向前走……。(앞으로 가요, 우리 다같이 앞으로 가요.)

56 눈 가리고 길 찾기 [방위사]

활동목적	활동준비
듣기와 말하기 반응 연습을 통해 방위사와 방위사 관련 문형을 익힐 수 있다.	눈을 가릴 천을 2장 준비한다.

활동방법

❶ 교사는 먼저 연습할 문형을 칠판에 적는다.
  예) 一直走、往左／右拐、向前／后走、向前／后／左／右一点儿

❷ 전체 학생을 2팀으로 나누고, 각 팀별로 1명씩 교실 앞으로 나와 눈을 가린다.

❸ 교사가 손가락으로 교실 안의 어떤 학생이나 물품을 가리키면, 양 팀의 학생들은 각각 자기팀 선수들이 지목된 학생이나 물품을 찾을 수 있도록 길을 알려준다. 길을 안내할 때는 최대한 교사가 정한 문장을 사용하도록 하되, 지목된 학생의 이름이나 물건 명칭은 말할 수 없다. 각 팀의 선수들은 "往哪儿走?(어디로 가?)" 등으로 질문할 수 있다.

먼저 지목된 학생이나 물품을 만진 선수가 1점을 얻는다. 각 팀에서는 다른 선수를 내보내 계속 활동을 진행하고, 교사는 점수를 집계하여 마지막에 합계 점수가 높은 팀이 이긴다.

게시판

활동의 재미를 더하기 위해, 각 팀의 학생들은 상대 팀 학생인 척 하며 중국어를 사용하여 상대 팀 활동을 방해할 수 있다.

어휘편

57 카드 짝 맞추기 [동물]

 모둠

활동목적

카드 활동을 통해 동물 이름을 익힐 수 있다.

활동준비

연습할 단어를 선정하고, 그림카드와 한자카드 2종류가 포함된 단어카드 몇 세트를 만든다. (그림카드와 한자카드의 내용은 일치해야 한다.) 224쪽 동물카드 참조.

★ 카드 세트 수 = 모둠 수

참고단어

狗・猫・熊猫・兔子・猴子・狮子・老虎・大象・猎豹・狐狸・熊・狼・长颈鹿・猩猩・考拉・鸵鸟・骆驼・梅花鹿・孔雀・企鹅・天鹅・鱼・鲸鱼・海豚・河马・鳄鱼・松鼠・刺猬・乌龟・老鼠・鸡・鸭・猪・牛・马・羊・鸟・麻雀・蜜蜂・蝴蝶・蚂蚁・蜘蛛・蜻蜓

활동방법

❶ 3~4명의 학생을 한 모둠으로 하여, 각 모둠에 카드 한 세트씩을 나눠준다. 각 모둠별로 우선 카드의 정면을 아래로 향하게 하여 책상 위에 놓고, 모둠원들이 돌아가면서 임의로 2장씩 카드를 뒤집는다. 만약 1장이 '판다' 그림카드이고 다른 1장이 '熊猫'로 내용이 일치하는 카드를 뽑으면 학생이 그 카드를 갖고, 두 카드가 일치하지 않으면 카드를 원위치에 돌려놓은 뒤 다음 학생이 계속해서 카드를 뒤집는다.

❷ 책상 위의 카드를 모두 가져간 뒤 가장 많은 카드를 가지고 있는 사람이 이긴다. 각 모둠은 카드를 무작위로 섞어 다시 활동을 진행한다.

게시판

❶ 그림이나 한자 대신 한어병음이나 단어의 한글 뜻을 사용할 수 있다.

❷ 전체 학생 수가 적은 편이면, 커다란 카드 한 세트를 만들어 교실 중간의 빈 공간에 펼쳐 놓고 다 같이 활동을 진행할 수 있다.

❸ 이 활동은 각종 단어연습에 활용할 수 있고, '熊猫-竹子、鸟-虫子、大象-香蕉' 등과 같이 뜻이 서로 관련된 단어연습에도 활용할 수 있다.

어휘편

58 시간 스무고개 [시간·날짜]

활동목적	활동준비
듣고 반응하는 연습을 통해 시간과 날짜 관련 단어를 익힐 수 있다.	작은 백지 여러 장을 준비한다. ★ 종이 장수 = 학생 수

참고단어 및 문형

大前年・前年・去年・今年・明年・后年・大后年・大上个月・上个月・这个月・下个月・大下个月・大上个星期・上个星期・这个星期・下个星期・大下个星期・大前天・前天・昨天・今天・明天・后天・大后天・x 年 x 月 x 日・星期 x・凌晨・早晨・上午・中午・下午・傍晚・晚上・半夜・深夜・现在・刚才

是……吗?・是不是……?・是……还是……?

활동방법

❶ 연습할 단어를 칠판에 적고, 모든 학생에게 백지를 1장씩 나눠준다.

❷ 학생들은 종이 위에 시간이나 날짜를 쓴다. 교사는 무작위로 1명의 학생을 지목하여 교실 앞에 나오게 하고, 다른 학생들은 "是一月还是三月? (1월 아니면 3월이야?)", "是不是二十号? (20일이야?)" 등의 질문을 하는 방식으로 그 학생의 종이에 적힌 내용을 맞힌다. 지목된 학생은 "是." 또는 "不是."로만 답할 수 있다.

❸ 먼저 답을 맞힌 학생이 다시 앞으로 나가 출제자가 되어 활동을 계속한다.

게시판

❶ 교사는 전체 학생을 2팀으로 나눠 경기를 진행하고 어느 팀이 먼저 맞히는지 판정한다.

❷ 학생이 자기 생일을 종이에 적고 다른 학생들이 질문하는 생일 맞히기 활동으로도 활용할 수 있다.

❸ 이 활동은 각종 단어연습으로 활용할 수 있고, 연습 시에 교사는 단어의 범위를 제시해야 한다.

59 단어 뜀뛰기 [학용품]

활동목적
듣고 반응하는 연습을 통해 학용품 관련 단어를 익힐 수 있다.

활동준비
연습할 단어를 선정하여 단어카드를 만든다.

참고단어

铅笔・钢笔・圆珠笔・彩笔・书・课本・练习册・纸・字典・本子・橡皮・剪刀・尺子・胶水・透明胶布・涂改液・削笔刀・圆规・图钉・曲别针・订书器・地图・电脑・鼠标・键盘・优盘

활동방법

❶ 학생들은 하나의 원을 형성하거나 한 줄로 서고, 교사는 모든 학생에게 단어카드를 1장씩 나눠준다.

❷ 교사는 먼저 시범을 보인다. 예를 들어 '剪刀' 카드를 손에 쥐고 옆의 학생이 가지고 있는 카드를 관찰한 다음, (예 尺子) 뛰어오르며 "剪刀跳, 剪刀跳, 剪刀跳完, 尺子跳"라고 말한다. '尺子'를 들고 있는 학생은 이어서 뛰어오르며 "尺子跳, 尺子跳, 尺子跳完, ……跳"라고 말한다. 이와 같이 계속해서 모든 학생들이 연습할 수 있도록 한다.

❸ 학생들이 활동규칙에 익숙해지면 교사는 줄 선 순서가 아닌 무작위로 학생들이 '…跳'를 호명하도록 할 수 있다.

게시판

❶ 활동 진행 중 교사는 수시로 학생들의 카드를 바꾸어 진행할 수 있다.

❷ 학생 수가 많으면 교사는 전체 학생을 몇 모둠으로 나눠서 진행하거나, 각 활동마다 몇 명의 학생을 교실 앞으로 불러내 진행할 수 있다.

❸ 이 활동은 각종 단어연습에 활용 가능하며 '跳' 대신 '蹲、拍(手)、跑' 등의 동사로 바꿔 쓸 수도 있다.

어휘편

60 힙합 단어연습 [교통수단]

활동목적

듣고 말하기 반응 연습을 통해 교통수단 관련 단어를 익힐 수 있다.

참고단어

自行车·汽车·公共汽车·火车·地铁·摩托车·出租车·客车·轻轨·城际列车·卡车·货车·拖拉机·马车·轮船·游艇·帆船·小船·竹筏·飞机·直升机·热气球·宇宙飞船

활동방법

❶ 교사와 학생은 '먼저 박수 두 번 치고 무릎 두 번 치기'처럼 박자와 순서를 정한다. 그 다음에는 박수를 두 번 칠 때 동시에 단어를 말한다. 교사는 칠판에 '交通工具(교통수단)' 등의 연습할 단어의 종류를 적는다.

❷ 교사가 먼저 시범을 보인다. 박수치기 무릎치기를 한 후 박수를 두 번 치면서 '出租车'를 말하고 무릎을 치면서 학생의 이름을 부른다. 지명당한 학생은 같은 박자에 맞춰 '自行车'와 같이 또 다른 교통수단을 말한다. 이와 같은 방법으로 진행하되, 한번 나온 단어는 중복할 수 없으며, 단어를 중복하거나 말하지 못하거나 틀리게 말한 학생은 벌칙을 수행한다.

게시판

❶ 활동 시작 전에 단어복습을 실시할 수 있다.

❷ 박자를 점차적으로 빠르게 하여 활동의 난이도와 승부욕을 높일 수 있다.

❸ 박수 숫자나 동작은 교사가 조정할 수 있다. 어깨를 치거나 팔뚝, 팔꿈치 등을 잡는 동작으로 다양하게 설계하여 활동을 더 흥미롭게 할 수 있다.

❹ 처음 시작할 때는 학생이 앉은 순서대로 단어를 말하게 하고 놀이가 익숙해지면 순서에 상관없이 단어를 말한 학생이 다음 학생을 지명하도록 하는 방법도 가능하다.

❺ 이 활동은 각 종 단어연습에 모두 적용할 수 있다. 또한 같은 한자를 포함하는 단어를 연습하는 데도 적용할 수 있다. 예를 들면 '电'으로 시작하면 '电灯, 电话, 电视机' 또는 '国'자를 단어 끝에 붙게 하는 조합이면 '中国, 美国, 法国' 등으로 진행할 수 있다.

어휘편

61 단어 때리기 활동 [직업]

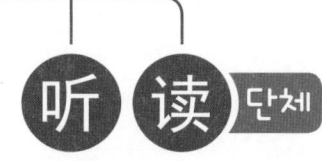

활동목적
듣고 반응하는 연습을 통해 직업 관련 단어를 익힐 수 있다.

활동준비
연습할 단어를 선정하고 작은 단어카드를 만든다.

참고단어
老师·律师·演员·警察·医生/大夫·牙医·护士·作家·农民·司机·导游·法官·记者·教授·总统·教练·经纪人·翻译·歌手·空中小姐·模特·编辑·诗人·主持人·军人·商人·工人·矿工·裁缝·兽医·园丁·保姆·清洁工·门卫·木匠·船长·水手·理发师·摄影师·建筑师·厨师·时装设计师·魔术师·药剂师·按摩师·工程师·牧师·驯兽师·公务员·运动员·服务员·播音员·管理员·推销员·邮递员·飞行员·公司职员·画家·科学家·钢琴家·指挥家·发明家·数学家·舞蹈家·音乐家·银行家·企业家

활동방법

❶ 전체 학생을 2팀으로 나누고 각 팀별로 대표를 선발하여 교실 앞으로 나오게 한다.

❷ 교사가 단어를 말하면 학생들은 신속하게 손이나 채로 단어를 때린다. 먼저 때린 학생이 1점을 획득한다.

❸ 2명의 학생이 4~5개 정도 단어를 진행한 후 대표를 교체하여 계속 진행하고, 누적 점수가 많은 팀이 승리한다.

게시판

❶ 그림이나 한어병음카드로 단어를 대체할 수 있으며, 카드를 바닥에 놓고 학생들이 밟도록 할 수도 있다.

❷ 4~6명을 한 모둠으로 하여 책상 주위에 둘러서게 한 후 단어카드를 책상 위에 펼쳐놓고 교사가 단어를 말하면 학생이 손으로 때려서 맞으면 그 카드를 갖도록 한다. 카드를 가장 많이 모은 학생이 승리하는 방법으로 진행할 수도 있다.

62 글자 찾아 단어 만들기 [건강]

활동목적

글자를 조합하여 단어 만들기 연습을 통해 건강과 관련된 어휘를 익힐 수 있다.

참고단어

咳嗽・发烧・头疼・嗓子疼・眼睛疼・腿疼・胃疼・吃药・打针・生病・感冒・舒服・不舒服・体温・医院・喝水・健康・难受・拉肚子

활동준비

연습할 단어를 선택하여 단어에 포함되는 한자별로 카드를 만든다.

★ 카드 수 = 학생 수

활동방법

❶ 한자카드의 순서를 섞은 후 각 학생에게 1장씩 나눠준다. 또는 미리 카드를 학생들 책상에 놓아두거나 의자 밑에 붙여둘 수도 있다.

❷ 학생들은 자신의 카드를 다른 사람의 카드와 합쳐서 단어를 맞춘 후에 함께 교사에게 가서 큰 소리로 단어를 읽는다. 만약 정확한 답이면 교사는 해당 단어와 학생들의 이름을 칠판에 적어둔다. 이와 같은 방법으로 모든 단어를 다 읽을 때까지 연습한다.

게시판

❶ 이 활동은 단어 결합에도 적용할 수 있다. 동사목적어 결합이라면 (打—篮球、踢—足球、看—报纸、洗—衣服、擦—玻璃), 수량사와 명사 결합인 경우는 (一匹—马、一座—山、一架—飞机、一棵—树、一本—书) 등으로 응용할 수 있다.

❷ 이 활동으로 발음연습도 가능하다. 교사는 카드마다 다른 한어병음 자모를 적고 학생들에게 발음을 결합한 후 정확한 발음으로 읽게 한다.

어휘편

63 의자 빼앗기 [국가·도시]

활동목적

듣고 반응하기 연습을 통해 국가와 도시 명칭을 익힐 수 있다.

참고단어

	국가명	도시명
亚洲	中国	北京·上海·广州·西安·杭州·香港·澳门·台北
	韩国	首尔·釜山
	日本	东京·大阪
	泰国	曼谷
	印度	新德里·孟买
	马来西亚	吉隆城
	菲律宾	马尼拉
欧洲	法国	巴黎
	俄罗斯	莫斯科·圣彼得堡
	德国	柏林·慕尼黑
	瑞士	伯尔尼·日内瓦
	奥地利	维也纳
	瑞典	斯德哥尔摩
	英国	伦敦·曼彻斯特
	意大利	罗马·威尼斯
	西班牙	马德里·巴塞罗那
	荷兰	阿姆斯特丹·鹿特丹
	丹麦	哥本哈根
美洲	加拿大	渥太华·温哥华·多伦多
	美国	纽约·华盛顿·芝加哥
	巴西	巴西利亚·里约热内卢
	墨西哥	墨西哥城
非洲	埃及	开罗
	南非	开普敦
澳洲	澳大利亚	悉尼·墨尔本·堪培拉
	新西兰	惠灵顿

활동준비

❶ 연습할 단어를 선정하고 작은 카드로 만들어 2세트 이상 준비한다.

❷ 충분한 의자와 옷핀(시침핀)을 준비한다.

★ 카드 총수 > 활동 참가 학생 수

★ 의자 수 = 활동 참가 학생 수 -1

활동방법

❶ 의자를 동그랗게 배열한 뒤 학생들을 각각 의자에 앉도록 하고 학생 1명을 원 가운데 서게 한다. 참가하는 학생이 9명이면 8개의 의자를 준비한다.

❷ 교사는 단어카드를 무작위로 학생에게 배부하고 학생은 옷핀(시침핀) 등을 이용하여 카드를 가슴에 부착한다.

❸ 교사가 '德国' 등의 단어를 말하면 그 단어를 부착하고 있는 학생은 신속하게 자리를 교환해야 한다. 가운데 서 있던 학생은 이 기회에 자리를 빼앗아 앉도록 해야 한다.

❹ 반응이 틀렸거나 자리를 차지하지 못한 학생은 벌칙을 수행한 뒤 원 가운데 서서 활동을 계속한다.

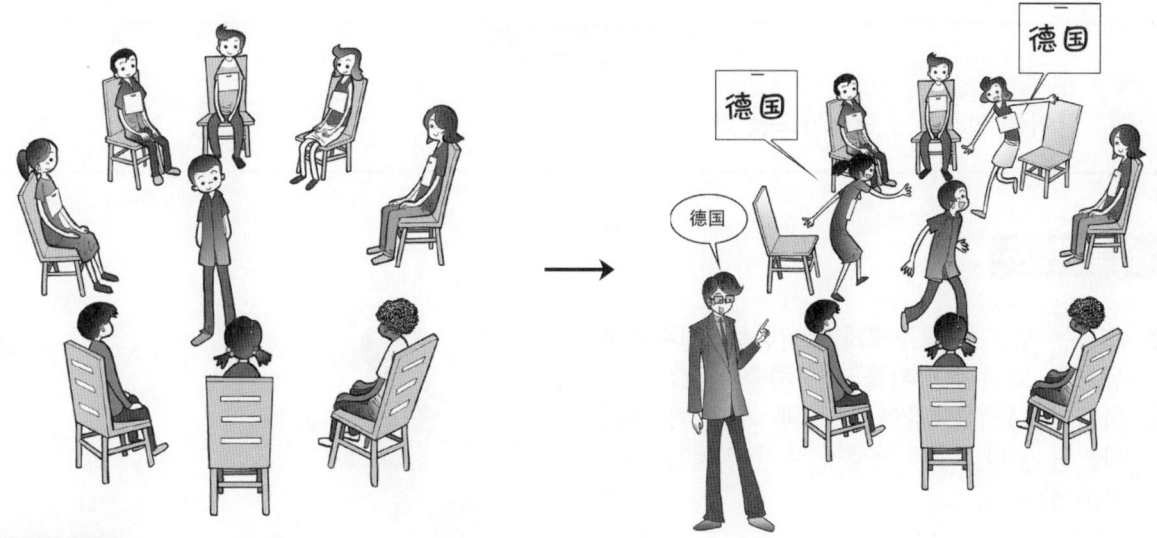

게시판

❶ 흥미를 높이기 위해서 동시에 2개 또는 2개 이상의 단어를 말해도 된다.

❷ 교실 크기에 따라 규모와 인원을 조정하여 진행할 수 있다. 인원이 많으면 여러 모둠으로 나누고 모둠별로 순차적으로 활동을 진행할 수 있다.

❸ 의자 빼앗기 활동은 아래와 같이 진행할 수도 있다.
의자를 원으로 배열하고 참가하는 학생 모두 의자 앞에 둘러서게 한다. 의자의 수량은 참가하는 학생 수보다 1개가 적어야 한다. 교사가 "开始(시작)" 하면 학생들은 의자를 둘러싸고 돌다가 교사가 "停(멈춰)" 하면 재빠르게 의자에 가서 앉는다. 의자를 차지하지 못한 학생은 문제에 대답하거나 벌칙을 수행해야 한다.

어휘편

64 이동하는 장소 [장소·방위사]

활동목적

듣고 반응하기 연습을 통해 장소와 방위사를 익힐 수 있다.

참고단어

火车站・地铁站・公共汽车站・飞机场・工厂・公园・学校・医院・超市・商场・商店・书店・饭店・快餐店・图书馆・银行・邮局・报刊亭・厕所・旅馆・大使馆・电视台・电影院・剧院・动物园・植物园・广场・花园・街道・俱乐部・礼堂・码头・球场・树林・健身房・体育场・体育馆・游乐场・滑雪场

활동준비

연습할 단어를 선정하여 단어카드를 만든다.

활동방법

❶ 교사는 먼저 학생들에게 동서남북, 전후좌우 등으로 교실의 방위를 확정해준다. 그 다음 학생 1명을 선택하여 장소(예 超市)가 적힌 카드를 준다. 다른 학생들은 이 위치를 기준으로 삼는다.

❷ 4~6명의 학생을 선정하여 교실 앞으로 나오게 한 다음 학생들에게 단어카드를 1장씩 나눠준다.

❸ 교사가 "邮局在超市的西边。(우체국은 수퍼마켓 서쪽에 있습니다.)"라고 말하면 우체국 단어카드를 가진 학생은 지시에 따라 수퍼 서쪽으로 걸어가서 나머지 학생들에게 단어카드를 보여주며 교사가 말한 문장 "邮局在超市的西边。(우체국은 수퍼마켓 서쪽에 있습니다.)"을 반복하여 말한다.

어휘편

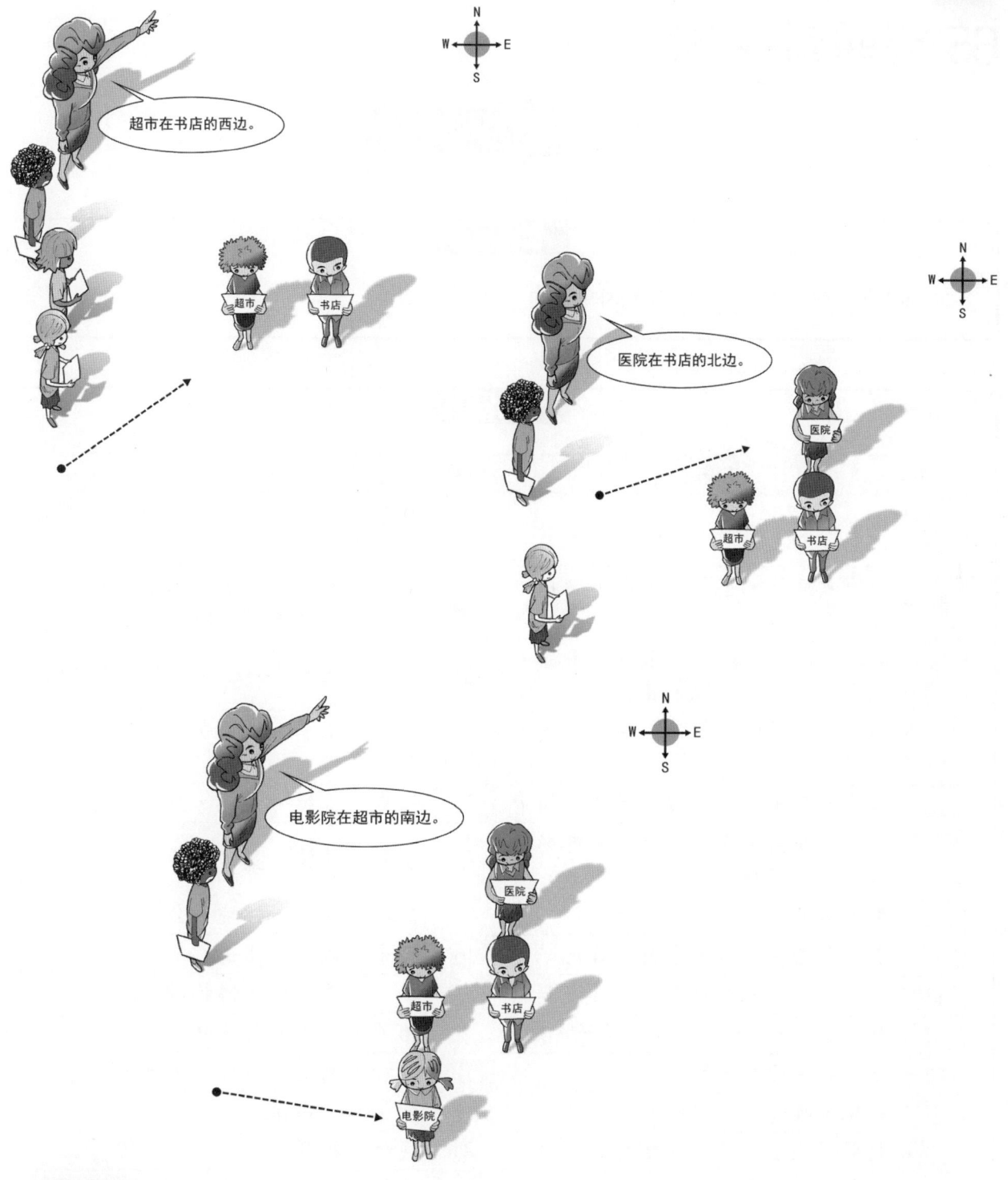

게시판

1. 교사는 "超市在邮局的东边(수퍼마켓은 우체국 동쪽에 있습니다.), 银行在超市的东边(은행은 수퍼마켓 동쪽에 있습니다.), 公园在银行的南边(공원은 은행의 남쪽에 있습니다.), 医院在公园的西边(병원은 공원의 서쪽에 있습니다.), 电影院在医院的西边(영화관은 병원의 서쪽에 있습니다.)" 처럼 문장을 한꺼번에 말하고 카드를 가진 학생들은 문장을 다 들은 후 함께 위치를 찾도록 할 수도 있다.

2. 교사는 듣고 쓰기 방법을 통해 학생들에게 카드를 만들도록 하고 학생들이 자신이 만든 카드를 가지고 활동을 진행하도록 할 수도 있다.

65 택배회사 [양사]

활동목적

듣고 반응하기 연습을 통해 양사와 명사의 결합을 익힐 수 있다.

참고단어

양사	명사	양사	명사
个	苹果·人·明星·家庭·社会	件	衣服·外套·衬衫·T恤衫·事情·礼物
颗	葡萄·豆子·星星·牙齿·纽扣·心	条	鱼·蛇·腿·裤子·裙子·领带·项链·马路·河·短信
根	头发·面条·棍子·木头·手指·香蕉·黄瓜·蜡烛·香肠	张	桌子·纸·弓·照片·电影票·床
只	羊·猴子·鸡·熊猫·猫·老鼠·蚂蚁·手	份	报纸·菜单·计划书·炒饭·水煮鱼·工作
把	椅子·尺子·伞·刀·钥匙·扫帚	块	橡皮·手绢·蛋糕·豆腐·巧克力
场	比赛·演出·晚会·讲座·电影·雪·雨·灾难	副	手套·眼镜·墨镜·耳环
头	牛·猪·狮子·老虎·大象	家	商场·酒店·医院·公司·电影院
本	书·杂志·画册·字典·日记	顶	帽子·蚊帐·帐篷
辆	汽车·马车·自行车·公共汽车	座	山·大楼·桥·博物馆·城市
双	鞋·袜子·手套·眼睛·筷子·翅膀	支	铅笔·牙刷·篮球队
幅	画·字·照片·图片	片	树叶·大海·森林·海滩·草原
台	电视·收音机·电脑	棵	树·草·白菜
串	葡萄·项链·珍珠·钥匙	架	飞机·钢琴
杯	水·咖啡·牛奶·可乐	艘	轮船·军舰·潜水艇
碗	米饭·汤·面条	枚	奖章·铜钱·邮票
部	电话·电影·作品	对	耳环·耳朵·夫妻·双胞胎
位	老师·领导·护士	封	信·邮件
面	国旗·镜子·玻璃	匹	马·布
套	西装·茶具·瓷器	朵	花·云
扇	门·窗户		

활동준비

❶ 수사 및 결합이 가능한 양사와 명사 조합을 몇 개 준비한다. 각 단어를 카드로 만든다. 같은 내용의 카드 몇 세트를 준비한다.

★ 카드 세트 수 = 모둠 수

❷ 자체 제작한 메달을 몇 개 준비한다.(스티커는 그림 부록 257쪽 참조.)

활동방법

❶ 4~6명을 한 조로 조별로 택배회사를 만들고 회사 이름을 정한다. 교사는 조별로 카드 한 세트씩을 배부한다. 교사가 '五只獅子(사자 다섯 마리)'와 같이 수량명사구를 말하면 각 조는 빠르게 관련 있는 카드('五'·'只'·'獅'·'子')를 찾아서 교사에게 배달한다.

❷ 가장 먼저 정확하게 임무를 완료한 택배회사가 메달을 1개 획득한다. 교사는 학생들이 가져온 카드를 다시 모둠별로 나눠주고 계속 게임을 진행한다. 마지막에 가장 많은 메달을 획득한 회사가 승리한다.

게시판

❶ 활동의 흥미를 높이기 위해 교사는 각 모둠에 없는 단어를 말할 수도 있다.

❷ 학생들이 직접 카드를 만들게 하는 방법도 있다. 여학생이 숫자를 적도록 하고 남학생은 교사가 지정한 종류의 명사(한자, 병음, 단어 뜻 또는 그림)를 적도록 한다. 모두 작성한 후 교사에게 제출하면 교사는 학생들이 적어 낸 명사에 근거해 양사카드를 준비한다.

어휘편

66 도둑 잡기 [양사]

说 读 모둠

활동목적

카드 활동을 통해 양사와 명사의 결합을 익힐 수 있다.

활동준비

❶ 225쪽의 활동지를 복사한다. 활동지와 같은 크기의 하드보드지를 준비한다.
   ★ 활동지 복사 분량, 하드보드지 수 = 학생 수 / 2
❷ 모둠별로 가위와 풀을 준비한다.

활동방법

❶ 4명을 한 모둠으로 하고 각 모둠에게 활동지 2장과 하드보드지 2장, 그리고 가위와 풀을 나눠준다. 각 모둠은 우선 활동지를 하드보드지에 붙인 후 가위로 잘라내어 종이카드로 만든다.

❷ 각 모둠은 2세트의 카드를 섞어서 글자가 안 보이게 뒤집어 놓는다. 모둠원은 돌아가면서 카드를 하나씩 집는다. 카드를 다 집었으면 각자 자신이 집은 카드 중에서 결합할 수 있는 명사와 양사를 뽑아 책상 위에 내려 놓는다.

❸ 각 모둠의 학생은 순서대로 옆 학생의 카드를 뽑는다. 만약에 뽑은 카드가 자신이 갖고 있는 명사나 양사와 결합이 가능하면 바로 2장의 카드를 책상 위에 놓으면서 '一张桌子(책상 하나)·一件衣服(옷 한 벌)'처럼 완전한 수량명사구를 말한다. 마지막에 '乌龟' 카드만 남은 두 학생은 거북이를 흉내내거나 벌칙을 수행한다.

게시판

❶ 각 모둠의 인원수는 적절히 조정할 수 있다. 인원이 많으면 교사는 각 모둠에게 활동지를 몇 장 더 제공할 수 있다.

❷ 활동지의 단어 양은 학생들의 수준에 따라 늘리거나 줄일 수 있고, '乌龟'를 다른 단어나 사진으로 대체할 수도 있다.

❸ 이 활동은 관형어와 중심어, 동사와 목적어처럼 각종 어휘의 결합에도 활용할 수 있다.

67 단어 숨바꼭질 [형용사]

활동목적

듣고 읽기 연습을 통해 형용사를 익힐 수 있다.

참고단어

사람을 묘사하는 단어	高・矮・胖・瘦・年轻・老・健康・美丽・漂亮・时髦・丑・高兴・难过・聪明・笨・快乐・伤心・孤独・寂寞・活泼・开朗・可爱・单纯・善良・幽默・勤快・穷・富・有趣・特别・普通
사물을 묘사하는 단어	大・小・长・短・粗・细・轻・重・厚・薄・硬・软・远・近・快・慢・新・旧・冷・热・凉・暖和・甜・宽敞・狭窄・容易・难・穷・富・有趣・特别・普通・安静・吵闹・干净・整齐・脏・乱・漂亮・美丽・时髦

활동준비

❶ 연습할 단어를 선택하여 카드에 적는다.(카드 크기는 A4의 1/4 정도가 적당함.)

❷ 접착용 테이프 약간

활동방법

▶ ❶ 교사는 단어카드 두 세트를 칠판에 붙인다.

❷ 학생 A, B, C 3명을 한 모둠으로 한다. 역할을 정한다. 예를 들어 A가 '健康'라는 단어를 임의로 선택해 말하면 B는 그 단어를 가리키고 '生气'와 같은 또 다른 단어를 말한다. C는 '生气'의 위치를 찾아 "'生气' 在 '健康' 的下边的下边。('生气'는 '健康'의 아래쪽의 아래에 있다.)"라고 완전한 문장을 말한다.

게시판

❶ 교사는 2장의 카드를 겹치게 붙여 학생들이 들추어 찾거나 단어를 알아맞히게 할 수도 있다.

❷ 교사는 여러 장의 카드를 나란히 칠판에 붙인다. 교사가 단어를 말하거나 행동을 지시하면 학생은 해당 단어를 찾아 재빠르게 대답한다.(예) 교사가 "美丽右边的上边(美丽의 오른쪽의 위)"라고 말하면, 학생은 '漂亮'을 찾아 빠르게 읽는다.)

어휘편

68 끼리끼리 줄서기
[유사단어]

활동목적
듣고 반응하기 연습을 통해 학습한 단어를 복습하고 뜻이나 품사에 따라 분류할 수 있다.

활동준비
연습할 단어 종류를 선정하고 단어카드를 만든다.
★ 카드 총수 = 학생 수

참고내용

주제에 따른 분류	家人·颜色·服饰·时间·动物·植物·五官和身体部位·家居用品·学习用品·交通工具·食品·蔬菜·水果·动作·自然·天气·职业·身体部位·国家·城市·处所
품사에 따른 분류	名词·动词·形容词·代词·数词·量词·副词·介词·连词·助词

활동방법

❶ 교사는 무작위로 단어카드를 모든 학생에게 1장씩 나눠준다. 교사가 '苹果'라고 말하면 해당 카드를 갖고 있는 학생은 카드를 들고 단어를 한 번 읽는다.

❷ 모든 학생들이 카드를 한 번씩 다 읽을 때까지 진행한다. 교사가 "开始站队。(줄을 서세요.)"라고 말하면 같은 종류의 카드를 가진 학생들끼리 신속하게 팀을 이뤄 선다.(예를 들면 과일 단어를 갖고 있는 학생들끼리 한 팀을 이루고, 색깔 단어를 갖고 있는 학생끼리 한 팀을 이룬다.) 어느 모둠의 학생들이 빠르게 잘 서는지를 평가한다.

❸ 교사는 카드를 회수한 후, 뒤섞어서 다시 학생들에게 나눠주고 동일한 게임을 반복한다.

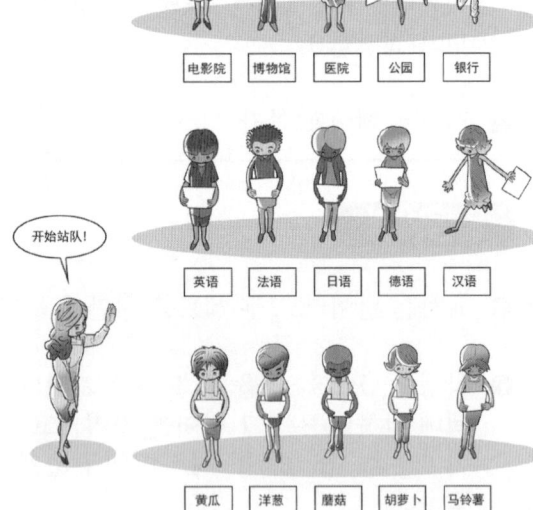

게시판

❶ 활동 시작 전, 교사는 학생들에게 연습할 단어 종류를 숙지시킬 수 있다.

❷ 이 활동은 발음연습에도 활용할 수 있다. 예를 들면 같은 성모, 운모 혹은 성조가 포함된 음절카드를 가진 학생끼리 한 팀을 이루게 한다. 마찬가지로 같은 부수의 한자카드를 가진 학생끼리 한 팀을 이루게 하여 한자연습을 할 수도 있다.

69 단어 가감법 [단어훈련]

활동목적
듣고 읽는 연습을 통해 단어를 익힐 수 있다

활동준비
연습할 단어를 선정하고 간단한 단어카드를 제작한다.

활동방법

❶ 학생들에게 단어카드를 보여주고 익숙해질 때까지 읽게 한 후 칠판에 'N+1'이라는 게임규칙을 적는다. 즉 학생들은 교사가 읽은 수보다 단어를 한 번 더 읽어야 한다.

❷ 전체 학생을 두 팀으로 나누고 돌아가면서 시합에 참여하도록 한다. 교사는 칠판에 '正'자로 점수를 기록한다. 시합을 시작하면 교사는 한 모둠에 한 장의 단어카드를 보여주면서 '漂亮、漂亮、漂亮'을 빠르게 3회 읽는다.

❸ 지목된 팀은 다함께 단어를 N+1회 말한다. 즉 '漂亮、漂亮、漂亮、漂亮'이라고 4회 반복한다. 반응이 맞으면 교사는 '正'자획을 추가해주고, 반응이 틀리면 '正'자 획을 추가하지 않는다. 마지막에 '正'자를 가장 많이 획득한 조가 승리한다.

게시판

❶ 2개의 모둠 또는 여러 개의 모둠이 한 모둠씩 이어서 읽도록 게임을 진행할 수도 있다. 예를 들어 교사가 단어를 한 번 말하면, A모둠은 2회, B모둠은 3회 말하는 방식으로 진행한다.

❷ 활동 진행 상황에 따라 단어를 읽는 속도를 조정할 후 있다. 또한 N+2, N-1, N-2 등으로 활동규칙을 바꿀 수 있다.

어휘편

70 성조를 크게 작게 [단어연습]

활동목적

듣고 반응하는 연습을 통해 학습한 단어를 연습할 수 있다.

활동방법

❶ 반 전체 학생을 두 팀으로 나누고 활동규칙을 알려준다. 즉 교사가 단어를 큰 소리로 말하면 학생들은 작은 소리로 따라 말하고, 교사가 작은 소리로 말하면 학생들은 큰 소리로 따라 말한다.

❷ 각 팀의 기본 점수는 20점으로 하고 정확하게 대답한 팀에는 1점을 주고, 틀리게 대답한 팀은 1점 감점한다. 교사가 점수를 매겨 마지막에 가장 높은 점수를 얻은 팀이 승리한다.

게시판

❶ 교사가 소리없이 입모양으로만 단어를 말하면, 학생들이 단어를 추측하고 큰 소리로 대답하는 방식으로도 진행할 수 있다.

❷ 흥미를 유발하기 위해 점수계산 방법을 빌딩이나 아이스크림 쌓기 등의 모양으로 다양화 할 수 있다.
　㈎ 한 팀이 틀릴 경우, 다른 팀의 빌딩을 한 층 더 쌓아올리거나 아이스크림을 한 스쿱 더 올릴 수 있음

❸ 이 활동은 각종 단어 및 간단한 문형연습에도 활용할 수 있다.

71 단어 횡단보도 [단어활동]

활동목적	활동준비
읽기 활동을 통해 학습한 단어를 복습할 수 있다.	❶ 연습할 단어를 선정하고, 크기가 큰 단어카드를 제작한다.(학생이 밟고 서 있을 수 있을 정도의 크기) ❷ 칭찬용 빨간 깃발을 몇 개 준비한다.

활동방법

❶ 교실 중간을 활동구역으로 비워둔다. 교사는 단어카드의 앞면이 위를 향하게 하여, '횡단보도'처럼 두 줄로 바닥에 배열한다.

❷ 반 전체 학생을 두 팀으로 나눈 뒤 각각 '횡단보도' 양쪽 끝에 서게 한다. 각 팀은 매번 1명씩 횡단보도를 건널 수 있는데 밟은 카드에 적힌 단어를 읽어야만 건너갈 수 있다.

❸ 단어를 못 읽거나 잘못 발음할 경우, 그 학생은 출발점으로 돌아와 맨 끝에 서서 다음 차례를 기다려야 한다. '횡단보도'의 모든 카드를 맞춰 횡단보도를 건넜다가 돌아오면 상으로 빨간 깃발 1개를 획득할 수 있다. 정해진 시간 내에 '횡단보도'를 건넌 학생 수가 가장 많은 팀이 승리한다.

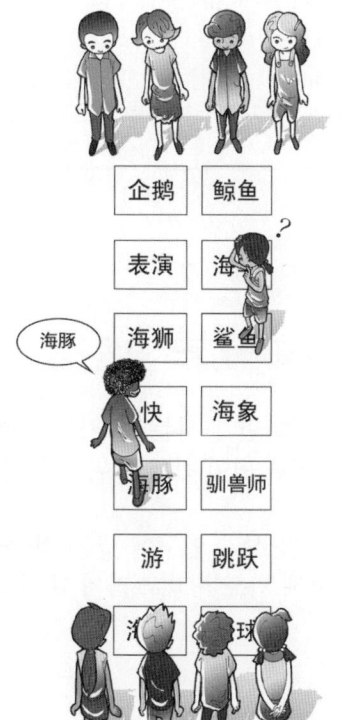
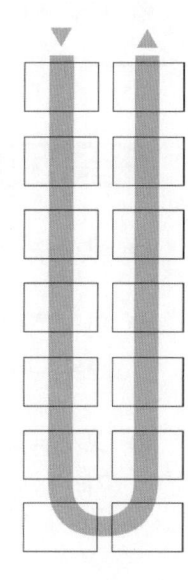

게시판

❶ 단어 대신 한어병음, 그림, 뜻을 사용할 수도 있다.

❷ 활동 중간에 교사는 수시로 카드를 바꾸거나 카드의 순서를 조정할 수 있다.

❸ 재미를 더하기 위해 학생들의 수준에 따라 카드 수를 늘리거나 줄일 수 있고 카드를 원형, 물결 등의 형태로 배열할 수도 있다.

어휘편

72 단어 대변신 [단어활동]

활동목적

활동을 통해 배운 단어를 복습할 수 있다.

활동준비

❶ 연습할 단어를 선정하고 단어카드를 제작한다. 가급적이면 두꺼운 재질의 종이를 사용하고 카드 사이즈는 너무 크게 만들지 않는다. 카드 앞면에는 그림이나 뜻을, 뒷면에는 그에 해당하는 한어병음이나 한자를 적는다.

❷ 다음 페이지의 구체적인 제작 순서를 참고하여 '요술상자'를 만든다.

활동방법

❶ 교사는 단어카드의 그림이나 뜻을 보여주고 학생들에게 단어를 차례로 읽게 한다.

❷ 만약 학생이 틀리게 말하면 교사는 그 카드를 학생에게 준다.
[주의] 그림 혹은 뜻이 적힌 면이 반드시 위로 향하게 하여 학생이 뒷면의 내용을 보지 못하게 해야 한다.

❸ 교사는 학생에게 카드를 상자 입구에 넣는 것을 보여준다. 잠시 후 상자의 출구로 한어병음 혹은 한자가 적힌 면이 위를 향해 카드가 미끄러져 내려오면, 학생은 단어를 읽고 교사는 발음을 교정해준다.

게시판

❶ 이 활동은 비교적 어린 중국어 학습자에게 적합하다.

❷ 교사는 상상력과 창의력을 발휘하여 상자를 여러 가지 다른 형태로 설계함으로써 학생들의 관심을 유도할 수 있다. 도안은 226~229쪽을 참고한다.

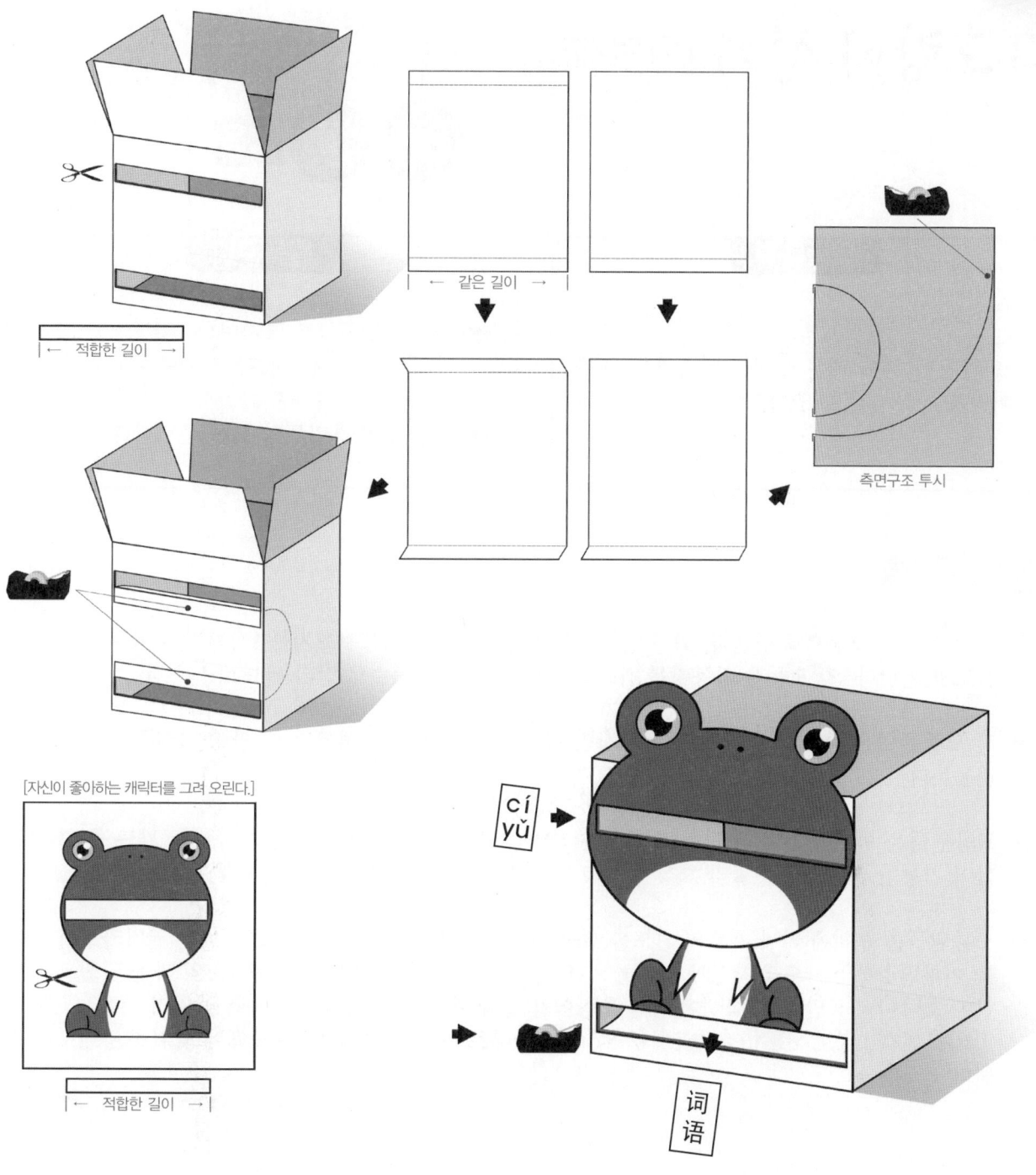

1. 그림과 같이 빈 상자의 어두운 부분을 잘라내어 입구와 출구를 만든다.

2. 종이 2장을 준비하여 점선을 따라 접는다.

3. 2장 중 1장의 한 쪽 끝을 '입구' 아래 방향에 붙이고, 다른 한 쪽 끝을 '출구' 위 방향에 붙여 상자 안쪽이 곡선이 되게 한다.

4. 다른 1장의 한쪽 끝을 '출구' 아래 방향에 붙이고, 다른 한 쪽 끝을 상자의 맞은편 내벽 윗부분에 붙인다.

5. 상자 출입구에 귀여운 도안을 붙인다.

어휘편

73 호랑이 잡기 [단어게임]

활동목적

카드 활동을 통해 배운 단어를 복습하고 한자 조어법을 강화시킬 수 있다.

활동준비

❶ 230쪽 활동지를 복사한다. 활동지와 크기가 같거나 더 큰 하드보드지를 준비한다.
　★ 활동지 복사 분량, 하드보드지 수 = 학생 수
❷ 모둠 수만큼 가위와 풀을 준비한다.

활동방법

❶ 3~4명을 한 모둠으로 나눈다. 교사는 학생들에게 활동지와 하드보드지를 1장씩 나누어주고, 가위와 풀도 배분한다. 각 모둠은 활동지를 하드보드지에 붙인 뒤 가위로 잘라 카드로 만든다.

❷ 각 모둠은 호랑이 카드를 찾아 그 중 1장만 빼내 나머지 카드와 섞어 카드 면이 아래를 향하도록 내려놓는다.

❸ 모둠원들은 번갈아 가며 카드를 1장씩 가져간다. 카드를 다 나눠가졌으면 갖고 있는 카드 중 단어 조합이 가능한 글자카드를 골라 책상에 놓고 큰 소리로 읽는다. 예 唱歌, 弹钢琴

❸ 모둠원들은 순서에 따라 서로의 카드를 뽑을 수 있다. 만약 뽑은 카드와 갖고 있는 글자카드가 단어를 이루면 2장의 카드를 책상에 내려놓으면서 큰 소리로 읽는다. 모든 글자카드의 짝을 맞췄으면 손안에 호랑이 카드만 남은 학생이 잡힌 호랑이가 된다. 나머지 모둠원들은 손뼉을 치며 "一二三四五, 上山打老虎, 老虎一害怕, 变成小老鼠" 노래를 부르고, 잡힌 '호랑이'는 노래에 맞춰 호랑이 흉내를 낸다.

게시판

❶ 교사는 학생들에게 빈 격자무늬 활동지를 배부한 다음 연습할 단어를 알려주고 학생들 스스로 한자카드를 제작하도록 할 수 있다.

❷ 활동 시작 전, 교사는 학생들에게 익숙한 멜로디나 구령을 활용하여 '호랑이 노래'를 가르친다.

74 눈치활동 [단어활동]

활동목적

단어 기억 활동을 통해 배운 단어를 복습할 수 있다.

활동준비

연습할 단어를 선정하고 단어카드를 제작한다. 카드 한 세트 당 8~10개의 단어가 적당하다.

★ 카드 세트 수 = 모둠 수

활동방법

❶ 4~6명의 학생을 한 모둠으로 나누고 각 모둠마다 모둠장을 1명씩 뽑는다. 교사는 각 모둠마다 카드 한 세트를 배분한다.

❷ 모둠장이 먼저 모둠원들에게 단어카드를 하나씩 보여주면, 모둠원들은 신속하게 단어를 기억한다. 그런 다음 모둠장이 한 학생을 지명하여 임의로 카드의 단어 중 하나를 말하게 한다. 학생이 예를 들어 '美术'라고 말하면 모둠장은 카드를 다시 섞어 앞면이 아래로 향하도록 책상 위에 쌓아 올린다. 모둠장이 카드를 1장씩 뒤집는데 만약 뒤집은 카드가 '美术'가 아니면 카드 앞면이 아래를 향하도록 쌓아 올린 카드의 가장 밑에 다시 넣고, 뒤집은 카드가 '美术'일 경우 모든 모둠원들은 재빨리 손으로 카드를 짚는다. 가장 빨리 카드에 손이 닿은 학생이 그 카드를 가져간다.

❸ 게임이 끝나면 모둠장은 카드를 섞은 뒤, 학생을 바꾸고 다른 단어를 말하며 게임을 반복한다. 활동 종료 후 카드를 가장 많이 획득한 학생이 승리한다.

게시판

이 활동은 한어병음 및 한자연습에도 활용할 수 있다.

75 빙고 [단어활동]

활동목적
듣고 쓰기 혹은 읽고 쓰기 활동을 통해 배운 단어를 복습할 수 있다.

활동준비
도표를 참고하여 활동지를 준비하고 복사한다.
★ 복사 분량 = 학생 수

활동지 예시

활동방법

❶ 학생들에게 활동지를 1장씩 나누어준다. 교사가 25개의 단어를 순차적으로 말하면, 학생은 활동지 빈칸에 단어를 무작위로 적는다.

❷ 교사가 위의 25개 단어를 순서에 상관없이 말하면, 학생은 교사가 불러준 단어에 X표시를 한다. 가로나 세로 혹은 대각선으로 5개 칸에 모두 X가 있으면 한 줄을 그을 수 있다. 9개의 선을 다 그은 학생은 손을 들고 빙고를 외친다. 교사는 점검 후 맞으면 학생에게 상을 준다.

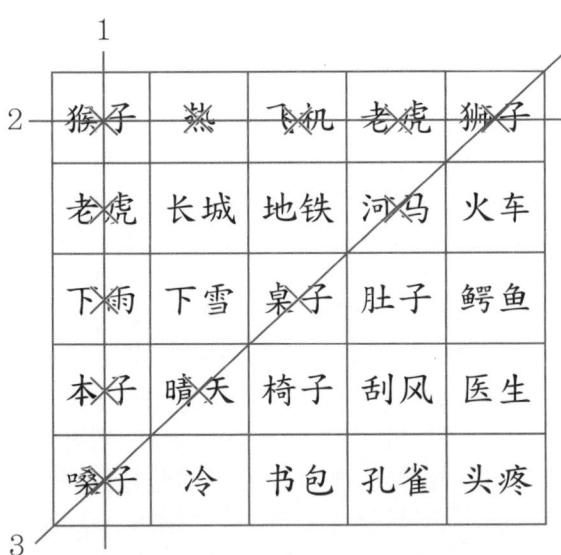

게시판

❶ 이 활동은 2명이 한 조가 되어 진행해도 좋다.

❷ 교사는 활동규칙을 융통성 있게 조정할 수 있다.
예) 6개 선을 먼저 그으면 승리, 또는 9개 선을 먼저 그은 동시에 선 2개가 교차하면 승리 등

❸ 교사는 '듣기―쓰기' 방식을 '읽기―쓰기' 방식으로 바꿀 수 있다. 즉 교사가 연습할 25개의 단어를 칠판에 쓰면 학생들이 이 단어들을 무작위로 빈칸에 베껴 적는다. 그런 다음 단어를 듣고 선을 긋는다.

76 단어 끝말잇기 [단어활동]

활동목적

단어 끝말잇기 활동을 통해 배운 단어를 복습할 수 있다.

활동방법

❶ 반 전체 학생을 두 팀으로 나눈다. 교사는 칠판에 글자 하나를 적는다. 예 小

❷ 양 팀의 학생들은 단어 끝말잇기를 한다.
예 "小——小吃 (A팀) ——吃饭 (B팀) ——饭店 (A팀)……"
교사는 양 팀 학생들이 말한 단어를 칠판에 적는다. 정확한 단어를 가장 많이 연결한 팀이 승리한다.

게시판

❶ 이 활동은 일정 수준의 어휘량을 갖춘 학생들에게 적용할 수 있으며, 교사는 학생이 말할 단어에 대해 예측 가능해야 한다. 난이도를 낮추기 위해 학생들이 사전을 검색하거나, '学汉语', '打电话'등과 같이 구를 말하는 것을 허용해도 된다.

❷ 반 전체 학생을 여러 모둠으로 나눠 진행할 수도 있다. 교사가 한 단어를 제시하면 각 모둠은 단어 끝말잇기를 실시하며 단어를 종이에 적는다. 정해진 시간 내에 정확한 단어를 가장 많이 연결한 모둠이 승리한다. 아니면 각 모둠에게 단어를 직접 선택한 후 끝말잇기를 통해 어느 모둠이 가장 많은 단어를 연결할 수 있는지 보는 방법도 있다.

❸ 이 활동은 문형연습에도 활용할 수 있다. 교사가 먼저 '我'라고 같이 한 단어를 말하면 학생들은 앞 단어에 새 단어를 연결해 '我—要—吃—两—个—苹果'와 같이 문장을 완성하도록 한다.

77 빈칸 채우기 [동사·목적어 결합]

활동목적

빈칸 채우기 활동을 통해 동사와 명사로 구성된 동사–목적어 결합을 익힐 수 있다.

참고단어

吃—米饭·包子·饺子·面条·面包·葡萄·饼干·水果·零食·蔬菜·肉·糖
喝—饮料·牛奶·果汁·啤酒·白酒·凉水·热水·可乐·豆浆·咖啡·粥·茶
穿—衣服·裤子·裙子·袜子·皮鞋·西装·短裤·背心·睡衣·毛衣·T恤衫
戴—领带·帽子·手表·项链·耳环·戒指·手套·围巾·眼镜·假发·耳机
坐—汽车·校车·马车·地铁·火车·缆车·飞机·椅子·地板·沙发·座位
打—电话·针·伞·鼓·车·招呼·毛衣·雪仗·篮球·排球·乒乓球·羽毛球
看—电影·电视·比赛·话剧·演出·报纸·杂志·书·病·医生·朋友

활동준비

❶ 그림 예시를 참고하여 활동지를 준비 및 복사한다.

	*		*	
*				*
		吃		
*				*
	*		*	

❷ 주사위 몇 개를 준비한다.

★ 활동지 복사 분량 / 주사위 수 = 학생 수 / 2

활동방법

❶ 2명씩 짝을 지어 모둠으로 만든다. 교사는 각 모둠에 활동지 1장과 주사위 1개를 나누어준다. 2명의 모둠원은 번갈아 주사위를 던지고 큰 수가 나온 학생이 빈칸에 구를 이루는 글자를 쓴다.

[규칙] '吃'와 같은 줄에 있는 빈칸에는 '吃'와 결합할 수 있는 글자만 쓸 수 있고, '吃'와 다른 줄의 빈칸에는 '吃'와 결합할 수 없는 글자만 쓸 수 있다.(자세한 내용은 그림 예시를 참고할 것)

[주의] 구역 표시를 위해 서로 다른 색깔의 필기구를 사용해야 하고, 같은 글자를 중복할 수 없다.

❷ 빈칸이 모두 채워지면 각 모둠의 학생들은 교사에게 검사를 받는다. 교사는 가장 빨리 잘 적은 모둠에게 상을 수여한다.

糖	*电脑	火锅	*可乐	鱼
*学校	午肉	汉堡	西红柿	*头发
草莓	面包	吃	苹果	包子
*爸爸	蛋糕	香蕉	西瓜	*红茶
饺子	*午奶	西兰花	*手机	三明治

어휘편

78 단어 범퍼카
[관형어+중심어 결합]

听 读 단체

활동목적

단어 짝짓기 연습을 통해 관형어와 중심어로 구성된 결합을 익힐 수 있다.

참고단어

'的'를 쓰지 않는 경우	好朋友・新手机・旧衣服・大耳朵・长头发・很多人・木头椅子・汉语老师・中国地图・小事
'的'를 쓰는 경우	老师的书包・爸爸的生日・好吃的饼干・好喝的绿茶・红色的钱包・漂亮的裙子・可爱的小狗・热闹的商场・干净的街道・整齐的房间・安静的教室・重要的日子・高高的个子・大大的眼睛・桌子上的书

활동준비

❶ 연습할 관형어와 중심어 단어를 선정하고(선정할 때 관형어와 중심어가 1:1로 결합될 수 있도록 양쪽 단어수를 일치시킬 것), 각각 간단한 단어카드로 구분하여 제작한다.(교사는 '的'를 적지 않고 학생들에게 스스로 '的'가 필요한지 아닌지 결정하게 할 수 있음.)

★ 카드 총수 = 학생 수

❷ 부록을 참고하여 상으로 줄 스티커를 몇 장 준비한다.(스티커는 그림 부록 258쪽 참조.)

106 게임중국어

활동방법

① 모든 학생들에게 단어카드를 1장씩 배부한다. 교사가 "开始(시작)"라 외치면 학생들은 자리에서 일어나 본인 카드의 글자와 서로 결합이 가능한 글자를 찾는다. 예를 들어 '好吃'와 '饼干' 단어카드를 가진 두 학생은 짝이 될 수 있다.

[주의] 모든 학생들은 1명의 학생과만 짝을 지을 수 있다.

② 짝짓기에 성공한 두 학생은 교사 앞에서 결합한 구를 함께 읽는다. 교사는 검사 후 카드를 건네받고, 상으로 학생의 얼굴이나 팔, 옷 등에 스티커를 붙여준다. 결합되는 단어를 찾지 못했거나 틀린 학생은 상을 받을 수 없다.

③ 교사는 카드 순서를 흐트러뜨린 후 학생들에게 나누어 주고 게임을 다시 진행한다. 누가 가장 많은 스티커를 모았는지 확인한다.

게시판

활동은 동사 – 목적어 결합, 명사 – 양사 결합과 같이 각종 단어 결합 연습뿐만 아니라 형용사술어구 등의 문형연습에도 활용할 수 있다.

어휘편

79 단어 최강전 [단어복습]

활동목적

읽기 연습을 통해 배운 단어를 복습할 수 있다.

활동준비

연습할 단어를 선정하고 단어카드를 제작한다. 난이도에 따라 단어를 상·중·하 3등급으로 나누고, 카드 뒷면에 1점·2점·3점이라 표시한다.

| 同学 | 1 | 睡觉 | 2 | 决定 | 3 |

앞면　　뒷면　　앞면　　뒷면　　앞면　　뒷면

활동방법

❶ 교사는 단어카드를 점수가 적힌 면이 보이도록 칠판에 붙인다.

❷ 반 전체 학생을 두 팀으로 나누고, 1명씩 번갈아 가며 게임에 참여한다. 게임에 참여하는 학생은 칠판의 단어카드를 1장 고른 뒤 카드를 뒤집어 단어를 읽는다. 맞게 읽은 팀은 해당하는 점수를 획득하게 되고, 틀리게 읽거나 읽지 못한 팀은 해당하는 점수를 잃게 된다. 각 팀의 시작 점수는 20점으로, 교사가 점수를 집계하여 가장 높은 점수를 얻은 팀이 승리한다.

게시판

❶ 교사는 서로 다른 내용의 카드 2세트를 준비하여 반 전체 학생을 두 팀으로 나눈 뒤 각 팀에 한 세트씩 배분한다. 각 팀은 번갈아 가며 팀원을 보내 상대 팀원 손 안에 있는 각기 다른 점수의 카드를 골라 읽고, 교사는 점수를 집계한다.

❷ 카드 앞면에 그림을 그리거나 뜻을 적고 학생들에게 제시된 내용에 따라 단어를 맞히게 할 수도 있다.

❸ 이 활동은 발음·한자·문장연습에도 활용할 수 있다.

80 빠르게 암기하기 [단어복습]

활동목적
암기 활동을 통해 배운 단어를 복습할 수 있다

활동준비
연습할 단어를 선정하고(각 모둠별로 6~10개가 적당), 단어카드를 제작한다.

활동방법

❶ 교사는 단어카드를 일일이 보여주며 모든 단어를 따라 읽게 한다.

❷ 교사는 무작위로 1장 혹은 여러 장의 단어카드를 임의로 뽑아 카드의 단어를 학생들이 보지 못하게 한 뒤, 남아 있는 카드를 다시 따라 읽게 한다(상황에 따라 1~3회 정도). 학생들은 기억을 되살려 없어진 단어를 노트에 적는다.

❸ 교사는 빼놓은 카드를 보여주어 답을 공개한다. 학생들은 2명씩 짝이 되어 서로 확인한다.

❹ 교사는 단어카드의 순서를 섞고 다른 단어카드를 몇 장 빼놓은 다음 반복해서 진행한다.

게시판

❶ 이 활동은 슬라이드로도 제작할 수 있다.

모든 단어 공개

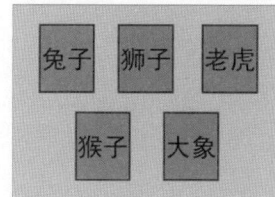
빼놓은 카드

빼놓은 카드

❷ 이 활동은 발음, 한자, 간단한 문장 유형 연습에도 활용할 수 있다.

문법편

81 룰렛활동 ['是'자문]

활동목적

❶ 룰렛 활동을 통해 '是'자문의 긍정형과 부정형을 익힐 수 있다.

❷ 특정 단어를 암기하고 읽는 능력을 기른다.

활동준비

❶ 아래 설명과 그림을 참고하여 룰렛을 제작한다.
   1. 판지 1장을 준비하여(크면 클수록 좋음.) 원형으로 자르고 가운데에 작은 구멍을 하나 뚫는다. 원형의 판지를 8~16칸 정도로 나눈다.
   2. 연습할 단어를 작은 종이에 적고, 룰렛 칸 안에 하나씩 붙인다.
   3. 아래 그림을 참고하여 폐종이 상자를 잘라 룰렛 받침대를 만든다. 마주 보고 있는 두 삼각형의 윗 부분에 각각 작은 구멍을 뚫고, 삼각형 한 쪽에는 구멍 위로 바늘 모양을 만든다.
   4. 안 쓰는 연필대를 '나사'로 사용하여(연필 대신 다른 막대기를 사용해도 됨.) 룰렛에 끼워 받침대에 고정시킨다. 받침대 양쪽의 두 삼각형을 모은다.

❷ 연습할 단어에 해당하는 그림이나 물건을 상품으로 준비한다.

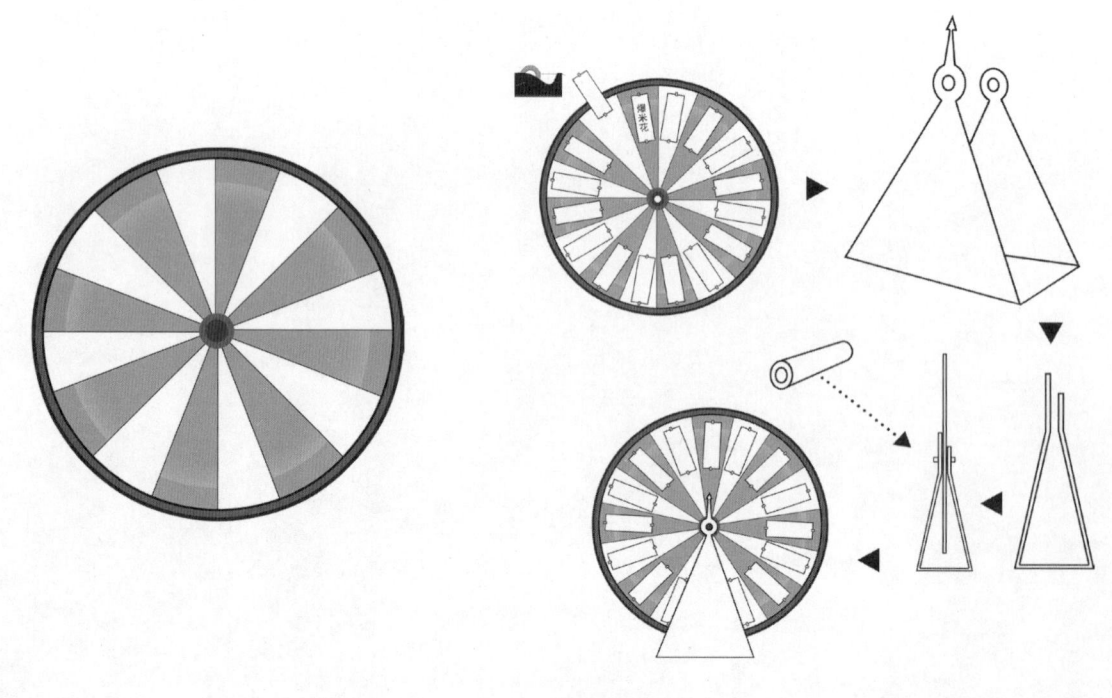

활동방법

❶ 룰렛을 교탁 위에 놓거나 칠판에 걸어놓고, 학생 1명을 지목하여 룰렛 앞으로 나오게 한다. 먼저 "我想要爆米花。(나는 팝콘을 원해요.)"처럼 자신이 원하는 물건이 무엇인지를 말하고 룰렛을 돌리게 한다.

❷ 만약 '薯片(감자칩)' 칸에 룰렛 바늘이 멈추면, 학생은 다같이 "那不是爆米花, 那是薯片。(그것은 팝콘이 아니고 감자칩이야.)"라고 외친다. '爆米花(팝콘)' 칸에 바늘이 멈추면 학생은 다같이 "那是爆米花。恭喜你!(그것은 팝콘이야. 축하해!)"라고 외치고, 룰렛을 돌린 학생은 '팝콘' 그림 또는 실제 팝콘을 상품으로 받는다.

게시판

❶ 활동의 흥미를 높이기 위해, 룰렛을 다르게 분할하거나 룰렛판의 다른 부분에 단어를 마음대로 붙여서 사용할 수 있다. 단어 이외에 "读一段绕口令。(잰말놀이 문장을 읽으시오.)", "唱一句中文歌。(중국어 노래를 부르시오.)", "模仿一个动物的动作。(어떤 동물의 동작을 흉내내시오.)" 등의 명령어를 적어 넣을 수도 있다.

❷ 이 활동은 "我喜欢/想要……" 등의 기타 문형연습에도 활용할 수 있다.

문법편

82 눈 가리고 사람 알아맞히기 ['是'자문]

활동목적

사람 알아맞히기 활동을 통해 '是'자문을 익힐 수 있다.

활동준비

눈가리개 하나를 준비한다.

활동방법

❶ 학생 1명을 지목하여 교실 앞쪽으로 나오게 한 뒤 눈가리개로 눈을 가린다.(이하, 술래) 나머지 학생들은 차례로 1명씩 앞으로 나와 다른 학생의 목소리를 흉내내며 "我是李明。(나는 李明이야.)"와 같이 '是'자를 이용해 자기소개를 한다.

❷ 술래는 목소리를 참고하여 "对, 你是李明。(맞아, 너는 李明이야.)" 또는 "不对, 你不是李明, 你是张强。(아니야, 너는 李明이 아니고 张强이야.)"와 같이 자기소개를 한 사람이 누구인지 알아맞힌다.

❸ 술래에게는 사람을 알아맞히는 기회가 총 3회 주어지고, 맞히면 걸린 사람과 술래를 바꿔 활동을 계속 한다. 만약 3회 안에 사람을 맞히지 못하면 중국어로 자기소개를 하거나 장기를 보여준다.

게시판

❶ 활동 시작 전, 학생들이 활동규칙을 빨리 이해할 수 있도록 교사가 직접 시범을 보일 수 있다.

❷ "눈 가리고 사람 찾기" 활동은 이렇게 진행할 수도 있다.
A학생의 눈을 가리고, B학생을 지목하여 일어나게 한다. A는 "他是男生吗?(그는 남학생입니까?)" 등의 3~5가지의 질문을 통하여 B가 누구인지 알아맞힌다. 이 때 전체 학생은 "是(네)" 또는 "不是(아니오)"라고만 대답할 수 있다.

83 그림 기억하기 ['是'자문]

활동목적

그림 보고 말하기와 문장 듣고 그림 그리기를 통해 '有'자문과 방위사 및 명사, 양사 결합을 익힐 수 있다.

활동준비

❶ 231쪽의 활동지를 확대 복사한다.

❷ 모둠 수에 맞춰 그림을 그릴 백지를 몇 장 준비한다.

활동방법

❶ 교사는 확대 복사한 활동지를 교탁 위에 놓는다. 2명이 짝이 되어 각 모둠에 백지 1장씩을 가진다. 모둠별로 1명 '기억하는 사람(서술자)'이 되고, 다른 1명은 '화가'가 된다.

❷ '화가'는 몸을 돌리거나 책상에 엎드려서 교사를 볼 수 없도록 한다. 교사는 1~2분 정도의 시간동안 '기억하는 사람(서술자)'에게 활동지를 보여준다.

❸ 교사가 활동지를 수거하면 '화가'는 몸을 바로 하고 '기억하는 사람(서술자)'은 "桌子的前边有三把椅子。(책상의 앞에 의자 3개가 있어.)"처럼 중국어를 사용하여 같은 모둠의 '화가'에게 활동지의 장면을 묘사한다. '화가'는 들은 문장을 바탕으로 백지에 그림을 그린다. 그림이 완성되면 그림 위에 모둠원의 이름을 적는다.

❹ 각 모둠의 그림이 완성되면 교사는 학생들의 작품을 칠판 네 모서리에 붙이고 가운데에 원본 그림을 붙여서 어떤 모둠의 그림이 원본에 가장 가까운지 평가한다.

게시판

❶ 활동지를 확대 복사할 수 없는 경우, 활동지 여러 장을 복사한 뒤 교탁 위에 놓고 각 모둠의 '기억하는 사람(서술자)'들이 교탁 앞으로 나와 활동지를 볼 수 있게 한다.

❷ 학생 수가 많으면 여러 명을 한 모둠으로 하여, 1명은 '화가'가 되고, 다른 모둠원들은 모두 '기억하는 사람(서술자)'이 되어 활동지의 장면을 같이 묘사할 수도 있다.

❸ 이 활동은 각종 문형 또는 단어연습에 활용할 수 있으며, 적합한 그림을 선택하거나 제작하는 것이 중요하다.

문법편

84 신호등 [긍정문·부정문]

활동목적

문장 만들기 연습을 통해 긍정문과 부정문을 익힐 수 있다.

참고문형

有—没有	我有一本汉语词典。	我没有汉语词典。
是—不是	我是高中生。	我不是高中生。
동사—不/没+동사	我喜欢蓝色。	我不喜欢蓝色。
	我去过上海。	我没去过上海。
형용사—不+형용사	这本书很厚。	这本书不厚。

활동준비

2장의 판지를 준비하여 빨간색과 초록색 팻말을 각각 1개씩 제작한다.

활동방법

❶ 교사는 빨간색과 초록색의 팻말을 학생들에게 보여주며 초록색은 긍정문을, 빨간색은 부정문을 의미한다고 알려준다. 교사가 먼저 시범을 보이는데, 초록색을 들고 "我是老师。(나는 선생님이야.)", 빨간색을 들고 "我不是老师。(나는 선생님이 아니야.)"라고 말한다.

❷ 활동이 시작되면 교사가 학생 한 명 앞으로 걸어가 먼저 '有、汉语书(있다, 중국어 책)'와 같은 제시어를 준 뒤 팻말을 보여주면 학생은 빠르게 문장을 말한다. 만약 교사가 초록색 팻말을 보여주면 학생은 "我有汉语书。(나는 중국어 책이 있어요.)"라고 말하고, 빨간색 팻말을 보여주면 "我没有汉语书。(나는 중국어 책이 없어요.)"라고 말한다.

❸ 학생들이 전체적으로 수준이 높아 활동을 쉽게 할 수 있으면, 교사는 '有'같은 제시어 하나만 주고 학생들이 문장을 만들 수 있도록 할 수 있다.

게시판

❶ 의문문을 의미하는 노란색 팻말을 추가 제작하여, 제시어에 따라 학생들이 의문문을 말하도록 할 수 있다.

❷ 이 활동은 각종 문형의 긍정, 부정 및 의문형식 연습에 활용할 수 있다.

85 보드게임 [의문문]

활동목적

보드게임을 통해 각종 의문문을 익힐 수 있다.

활동준비

❶ 232쪽 활동지를 복사한다.

❷ 주사위 몇 개를 준비한다.
★ 활동지 복사 분량, 주사위 수 = 모둠 수

❸ 두 가지 색깔의 바둑돌 몇 알(지우개나 자석 등의 물품으로 대체할 수 있음.)을 준비한다.
★ 바둑알 총수 = 학생 수

활동방법

❶ 3~4명을 한 모둠으로 하고 각 모둠에 활동지 1장, 주사위 1개, 색이 다른 바둑돌 몇 알을 나눠준다. 학생들은 각자 하나의 바둑돌을 1알씩 골라 활동판 '开始(시작)'점에 놓은 뒤, 돌아가며 주사위를 굴려 주사위 숫자만큼 칸을 옮긴다. 그 칸에 해당하는 문제에 답하고, 칸이 지시하는 대로 따른다. '胜利(승리)' 칸에 가장 먼저 도착한 학생이 승리한다.

❷ 활동의 마지막 칸에 가까워지면, 던진 주사위 수가 남은 칸보다 많아질 수 있다.(예 3칸 남았는데, 주사위는 5가 나오는 상황) 이때는 승리로 간주할 수도 있고, 남은 주사위 수만큼 뒤로 돌아가게 하여 남은 칸과 주사위의 수가 일치할 때까지 진행할 수도 있다.

게시판

❶ 본 교재에 첨부된 활동지를 사용하거나 큰 사이즈의 활동지를 자체 제작해 칠판에 붙이고, 전체 학생을 여러 모둠으로 나눈 뒤 각 모둠에서 학생 1명씩을 차례대로 뽑아 게임에 참가하게 할 수 있다.

❷ 교사는 상상력과 창의력을 발휘해 활동지의 그림을 미로·해저·놀이공원 등의 다양한 모양으로 설계할 수 있으며, 지식과 지능을 요하는 문제를 적절히 늘릴 수도 있다.

❸ 이 활동은 발음·한자·단어 및 각종 문형연습에 활용할 수 있다.

문법편

86 돌차기 놀이 [의문문]

활동목적

전통 돌차기 놀이를 통해 긍정문과 부정문을 익힐 수 있다.

참고내용

是非의문문	他是学生吗? 我们周末去游泳，好/可以/行吗?	现在老师已经休息了吧?	
特指의문문(지칭)	这是谁的铅笔? 他去哪儿了? 老师什么时候回国? 你的身体怎么样?	你是哪国人? 他今年几岁? 我的手机呢? 长城有多长?	哪本书是你的? 你们班有多少个学生? 你的狗怎么了?
正反의문문(정반)	你有没有宠物? 你去不去上海?	这种电脑好不好? 你是不是生病了?	汉语难不难?
选择의문문(선택)	你是喝茶，还是喝咖啡?	你是走着去，还是骑车去?	

활동준비

연습할 의문문 형식을 바탕으로 24가지 질문을 만들고 숫자를 붙인다.

1 你是高中生吗?	2 你是美国人吗?	3 你今年多大了?
4 中国的首都是不是上海?	5 你会打篮球吗?	6 你的汉语老师叫什么名字?
7 你有宠物吗?	8 你家有几口人?	9 你属什么?
10 星期几有汉语课?	11 中国有多少个民族?	12 在中国，一年有几个季节?
13 今天的天气怎么样?	14 中国在你们国家的东边还是西边? 南边还是北边?	15 圣诞节是不是12月24号?
16 一只青蛙有几条腿?	17 熊猫是什么颜色的?	18 长城是哪国的?
19 金字塔在埃及还是在罗马?	20 现在几点?	21 中国有什么名胜古迹?（至少说出三个）
22 你喜欢什么中国菜?	23 你家的电话号码是多少?	24 你喜欢喝可乐还是喝茶?

활동방법

① 교실 중간의 빈 공간에 분필로 5X5칸의 숫자표를 그린다. 각 칸은 적어도 학생 1명이 서 있을 수 있는 크기여야 한다.

② 전체 학생을 두 팀으로 나누고, 각각 2줄로 서게 한다. 먼저 한 팀의 학생 1명을 ♣ 칸 안에 서게 한 뒤, 교사는 미리 준비한 문제 중 하나를 골라 질문한다. 예를 들어 교사가 "第五格, 你会打篮球吗?(5번째 칸, 너 농구할 줄 아니?)"라는 질문을 한다면, 해당 학생은 곧바로 5번째 칸으로 이동해 실제 상황을 바탕으로 "会。(할 줄 알아요.)"나 "不会。(할 줄 몰라요.)"로 대답한 뒤 다시 ♣ 칸으로 돌아온다. 칸 이동 동작과 대답이 모두 정확한 학생이 속한 모둠은 1점을 얻고, 그렇지 못한 경우 점수를 얻지 못한다.

③ 모둠 별로 돌아가며 활동을 진행하고, 점수를 많이 얻은 모둠이 승리한다.

1	2	3	4	5
6	7	8	9	10
11	12	♣	13	14
15	16	17	18	19
20	21	22	23	24

게시판

① 학생이 넘어지지 않도록 특별히 안전에 주의해야 한다.

② 각 모둠에서 학생 1명씩을 지목하여 두 사람 모두 ♣ 칸에 서게 한 뒤, 먼저 지정한 칸으로 이동해 답을 맞힌 학생에게 점수를 줄 수 있다. 만약 지정한 칸으로 이동했지만 답이 틀릴 경우 다른 학생에게 기회가 넘어간다.

③ 교사가 표 안에 단어를 적은 뒤 "你是老师吗?(너는 선생님이니?)"와 같은 문장을 말하면, 학생은 어순에 맞게 순서대로 칸을 이동하면서 해당 칸의 단어를 소리 내어 읽고, 마지막에 ♣ 칸으로 돌아오는 활동을 할 수도 있다.

法国	我	美国	人	英国
南京	你	呢	他/她	上海
中国	吗	♣	吧	什么
德国	泰国	是	老师	西安
北京	地方	不是	哪国	日本

문법편

87 문형 훌라후프 [비교문]

활동목적

듣고 반응하는 연습을 통해 비교문의 기본 용법을 익힐 수 있다.

참고문장

A 跟 B (不) 一样 + (형용사 또는 동사구)	我的性格跟他的性格一样。 我的爱好跟玛丽的不一样。 我的电脑和哥哥的电脑一样新。
A 比 B + 형용사/ 동사 A 没有 B + 형용사/ 동사	哥哥比我高。 可乐比牛奶便宜。 兔子比乌龟跑得快。 上海没有北京冷。 我没有她会跳舞。
A 比 B + 형용사 + 수량/得多/多了 A 比 B + 更 + 형용사	这本书比那本书厚一点儿。 北京比上海冷多了。 姚明比乔丹更高。

활동준비

❶ 'A 比 B + 형용사' 형식을 예로 들면, '比'글자, 연습할 명사 A 종류, 명사 B 종류, 형용사를 분리하여 단어카드를 만든다. 명사 A, 명사 B, 형용사의 단어 개수는 같게 한다.

❷ 훌라후프 3개를 준비한다.

활동방법

❶ 단어카드 '比'를 바닥에 놓고 카드의 왼쪽에는 훌라후프 하나를, 카드의 오른쪽에는 훌라후프 2개를 놓는다.

❷ 전체 학생이 원을 만들어 서고, 교사는 모든 학생에게 1장 또는 여러 장의 단어카드를 나눠준다. 교사가 "爸爸比妈妈高。(아빠는 엄마보다 크다.)"와 같은 문장을 말하면, '爸爸', '妈妈', '高' 카드를 들고 있는 학생은 각 단어가 들어갈 훌라후프 안에 서서 교사가 말한 문장을 따라 읽는다. 가장 먼저 훌라후프로 들어가 문장을 맞게 따라 읽은 학생이 승리한다. 틀렸거나 반응이 느린 학생에게는 3개의 훌라후프 안을 들어갔다 나오며 문장을 반복해서 읽게 한다.

❸ 모든 학생에게 연습이 돌아갈 때까지 게임을 계속 진행한다.

게시판

❶ 활동 중 교체용 단어카드는 받아쓰기 방식으로 학생에게 직접 제작하게 할 수 있다.

❷ 훌라후프가 없으면 끈을 이용해 바닥에 큰 동그라미를 만들거나 분필로 원을 그려도 된다.

❸ 같은 단어카드를 여러 장 제작해서 각기 다른 학생들에게 나눠주고, 어떤 학생의 반응이 더 빠르고 정확한지 평가할 수 있다.

❹ 교사는 학생 1명을 지목해 '比' 카드를 들고 해당 위치에 서게 한 뒤 틀린 학생이 생기면 교체할 수 있다.

❺ 이 활동은 각종 문형의 교체 연습에 활용할 수 있다.

문법편

88 암묵적 파트너 [연동문]

활동목적

문장 만들기 연습을 통해 연동문을 익힐 수 있다.

참고문장

我去饭店吃饭。
弟弟跑去开门。
哥哥去机场接朋友。
我们去操场踢足球。
我走过去跟他握手。
他出去送客人。

我来图书馆看书。
爸爸穿上大衣出去了。
我收到男朋友的信高兴极了。
他骑自行车去学校。
我打电话叫他来。
我花了半个小时上网。

활동방법

❶ 교사는 먼저 연습할 연동문 몇 개를 받아쓰게 한다. 모든 연동문은 "我去饭店―――。(나는 식당에 간다.)"와 같이 앞부분의 동사나 동사구만 들려주고 뒷부분은 말하지 않는다.

❷ 받아쓰기가 끝나면, "我去饭店吃饭。(나는 식당에 밥을 먹으러 간다.)"나 "我去饭店找朋友。(나는 친구를 찾으러 식당에 간다.)" 등과 같이 학생 스스로 모든 문장에 두 번째 동사나 동사구를 보충해 문장을 완성하게 한다.

❸ 문장 완성 후 학생들은 교실 안을 마음대로 돌아다니며 다른 학생들은 어떤 내용을 보충했는지, 누가 자기와 같은 문장을 적었는지 살펴본다. 같은 문장을 가장 많이 적은 학생이 '암묵적 파트너'가 된다.

❹ 모든 학생은 '암묵적 파트너'를 찾아야 하고, 두 사람은 교사에게 적은 문장을 같이 제출한다. 교사는 검사 후 각 팀 학생들의 이름과 겹치는 문장 수를 칠판에 적고 마지막에 '최고의 암묵적 파트너 상'을 수여한다.

게시판

❶ 활동의 흥미를 높이기 위해, 교사는 최대한 학생들의 상상력이 발휘될 수 있는 문장을 골라야 한다.

❷ 이 활동은 각종 복문연습에도 활용할 수 있다.

89 사이먼 가라사대 [동사중첩]

활동목적

듣고 반응하는 연습을 통해 동사중첩을 익힐 수 있다.

참고 결합구조

拍拍手・摸摸脚・踢踢腿・点点头・挥挥手・打打球・扭扭腰・抬抬胳膊・张张嘴・跑跑步・看看书

활동방법

❶ 교사는 학생들을 데리고 동작을 하면서 연습할 동사중첩 구조를 익히도록 한다.

❷ 매번 4~6명의 학생을 교실 앞으로 나오게 한 다음 교사가 명령을 내린다. 만약 명령 중 '西蒙说(사이먼이 가라사대)'라는 문장이 있으면 학생들은 그에 상응하는 행동을 해야 하고, '西蒙说(사이먼이 가라사대)'라는 문장이 없으면 움직이면 안 된다. 예를 들어 교사가 "西蒙说, 拍拍手。(사이먼이 가라사대 손뼉을 치세요.)"라고 하면 학생들은 손뼉을 치는 동작을 해야 하고, "拍拍手。(손뼉을 치세요.)"라고 하면 학생들은 움직이지 않아야 한다.

❸ 잘못 반응한 학생은 탈락하고 마지막까지 남은 학생이 승자가 된다. 교사는 다른 팀 학생을 교실 앞으로 나오게 하고, 게임을 반복 진행한다.

게시판

❶ 학생들이 활동규칙을 숙지했으면 교사는 학생 대표를 뽑아 지시문을 말하도록 해도 된다. '西蒙(사이먼)' 대신에 학생의 이름으로 바꾸어 말할 수 있다.

❷ 교실 공간을 넓게 확보한 후 모둠별 활동이 아니라 반 전체 학생이 게임에 참여하도록 할 수도 있다.

❸ 이 활동은 방향보어, 명령문, 把'자문 등 각종 동작 단어 및 동작의 의미를 포함하는 문장연습에 활용할 수 있다.

문법편

90 위치 맞히기 [방위를 표현하는 문형]

활동목적

방위를 추측하는 게임을 통해 방위를 표현하는 문형을 익힐 수 있다.

활동준비

종이상자, 과일사탕(또는 다른 먹을거리) 그리고 판지(또는 큰 손수건)를 준비한다.

활동방법

❶ 학생들에게 종이상자와 사탕을 보여주고 판지로 상자를 가린 뒤, 상자의 위쪽·아래쪽·왼쪽·오른쪽·안쪽 등 아무 위치에나 사탕을 놓는다. 그리고 학생들에게 "水果糖在哪里?(사탕이 어디에 있나요?)"라고 묻는다.

❷ "糖在盒子的上边/下边/左边/右边/里边。(사탕은 상자 위쪽/ 아래쪽/ 왼쪽/ 오른쪽/ 안쪽에 있어요.)"처럼 학생들은 돌아가면서 사탕의 위치를 설명한다. 만약 맞히지 못했으면 다음 학생으로 교체해 활동을 계속 진행하고, 알아맞혔으면 판지를 치워 사탕의 위치를 학생들에게 보여주고 맞힌 학생에게 사탕을 상으로 준다. 그런 다음 이 학생에게 교사 대신 사탕을 놓고 질문을 하게 한다. 교사는 판지로 상자를 가리는 역할을 하면서 게임을 이어나간다.

게시판

❶ 반 전체 학생을 여러 모둠으로 나눠 손들고 빨리 대답하는 방식으로 진행할 수 있다. 20점을 기본으로 시작하여 맞히면 득점, 틀리면 감점하고 마지막에 쌓인 점수가 많은 모둠이 승리한다.

❷ 2~3개의 색이 다르거나 크기가 다른 종이상자를 동시에 이용하여 학생에게 사탕과 종이상자의 위치 관계를 추측해보도록 할 수 있다. 또는 2~3종류의 식품을 동시에 사용하여 학생에게 이들 식품과 종이상자의 위치 관계를 추측해보도록 함으로써 게임의 승부욕과 흥미를 높일 수 있다.

❸ 이 게임은 물체의 색깔·형태·크기를 맞히거나 숫자나 단어를 맞히는 데도 활용할 수 있다. 예를 들면 교사가 먼저 단어카드 한 세트를 보여준 후 무작위로 1장을 뽑아 판지 뒤에 숨긴 다음 학생에게 카드 내용을 알아맞히도록 한다.

91 방 정리 [방위를 표현하는 문형]

활동목적

그림 보고 말하기 활동을 통해 방위를 표현하는 문형을 익힐 수 있다.

활동준비

❶ 233쪽~235쪽을 참고하여 활동지 A, B, C를 준비한다.

❷ 접착용 테이프를 준비한다.

활동방법

❶ 교사는 활동지 A를 참고하여 칠판에 방안의 책장·침대·소파·책상 및 의자의 위치를 대략적으로 그린다.

❷ 활동지 B의 그림들을 오린 후 그 중 1장을 한 학생에게 주고, 학생을 칠판을 마주보고 서게 한다. 교사는 나머지 학생들에게 확대 복사된 활동지 C(완벽하게 정리된 방 그림)를 보여준다. 칠판 앞에 선 학생이 자신이 갖고 있는 그림에 근거해 "照相机在哪里?(카메라는 어디에 있니?)"라고 질문하면, 나머지 학생들은 활동지 C 그림에 근거하여 대답한다. 칠판 앞에 선 학생은 가지고 있는 그림들을 칠판에 그림의 맞는 위치에 붙인 다음 제자리로 돌아온다.

❸ 학생을 교체하여 위 단계를 활동지 B의 작은 그림을 모두 칠판 위에 붙일 때까지 진행한다. 교사는 활동지 C를 칠판에 붙이고 학생들에게 두 그림의 물건의 위치를 대조하여 이야기하도록 한다.

게시판

❶ 교사는 사전에 참고문형을 먼저 칠판에 적어놓고 학생들이 완전한 문장을 말하도록 유도할 수 있다.

❷ 활동지 2세트를 복사하여 칠판에 방 2개를 그린 후 반 전체 학생을 2팀으로 나눠 시합을 진행할 수도 있다. 어느 모둠이 최단시간 내에 완벽하게 복원하는지 평가한다.

❸ 정원·교실·식당 등 다른 장소를 설계한 게임을 통해 학생들이 다른 종류의 단어를 익히도록 할 수 있다.

문법편

92 이웃 찾기 [방위를 표현하는 문형]

활동목적

묻고 답하기 연습을 통해 장소를 나타내는 표현을 익힐 수 있다.

활동준비

236쪽 활동지를 복사한다.

★ 복사 분량 = 학생 수 / 8

활동방법

① 복사한 활동지의 그림을 오린 다음 2~3명의 학생이 같은 그림을 가질 수 있도록 학생들 수에 맞게 그림을 몇 세트 고른다.

② 학생들은 그림을 1장씩 갖고, 다른 학생들을 찾아다니면서 문답을 진행한다.(상대방에게 자신의 그림을 보여줘서는 안 됨.) 지정된 문형을 사용하여 자신이 있는 곳의 위치를 묘사하고, 대화를 통하여 신속하게 자기와 같은 곳에 사는 이웃을 찾아내야 한다. 즉 자신과 같은 그림을 가진 학생을 찾는다. 예를 들어 학생 A가 "你住在哪里?(너 어디 사니?)"라고 물으면, 학생 B는 "我住在电影院旁边, 前边有一个停车场。(나는 영화관 옆에 살아, 앞에는 주차장이 있어.)"이라고 대답한다.

③ 가장 먼저 이웃을 찾은 학생에게는 상을 주고, 정해진 시간 내에 이웃을 찾지 못한 학생은 벌칙을 받는다.

④ 활동이 끝나면 교사는 그림을 회수해 섞은 후 다시 나눠주고 새롭게 활동을 진행한다.

게시판

① 활동의 난이도와 승부욕을 높이기 위해 학생들이 정해진 시간 내에 그림 속 내용을 암기한 뒤, 그림을 보지 않고 문답만으로 이웃을 찾도록 할 수도 있다.

② 이 활동은 주택 내 각 방의 위치, 방 안 배치, 농장, 정원 등 다른 장소나 장면을 묘사하는 연습에도 활용할 수 있다.

93 약속시간 [시간부사어]

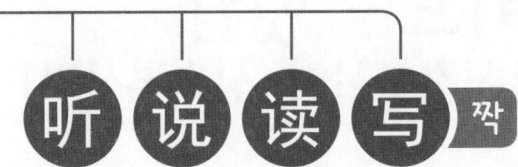

활동목적

대화 연습을 통해 시간부사어를 익힐 수 있다.

활동준비

237쪽 활동지를 복사한다.

★ 복사 분량 = 학생 수 / 2

활동방법

❶ 각 활동지의 표 A와 표 B를 오린다. 두 명의 학생을 짝으로 하고 표 A와 표 B를 각각 나눠준다.

❷ 학생들은 서로 상대방의 표를 보지 않고 대화를 통해 각자의 표를 채운다. 만약 한 학생이 "我们什么时候打太极拳?(우리 태극권 언제 할래?)"라고 물으면, 나머지 학생은 "우리 화요일 오전에 하자."라고 대답한다.

❸ 자신의 표를 다 채우고 나면 2장을 함께 놓고 내용이 일치하는지를 검토한다. 교사는 최종 검사를 통해 어느 모둠이 빠르고 정확하게 완성했는지를 평가한다.

게시판

❶ 미리 연습해야 할 문형이나 대화를 칠판에 적어 학생들이 참고하도록 할 수 있다.

❷ 이 활동은 구매, 음식 주문, 물건 찾기, 방 구하기, 여행일기 등 다른 문형 및 주제연습에도 활용할 수 있다. 교사는 활동지를 구매목록, 차림표, 엽서, 광고, 포스터 등의 형식으로 디자인할 수도 있다.

문법편

94 카드말 잇기
[시간부사어·장소부사어]

활동목적
문장 만들기 연습을 통해 시간부사어와 장소부사어의 문장 내 위치와 배열순서를 익힐 수 있다.

활동준비
4개의 종이상자와 종이 몇 장을 필요한 만큼 준비한다.

활동방법

❶ 학생들을 각각 시간·이름·장소·동작의 4개 모둠으로 나눈다.

❷ 모든 학생들에게 백지 1장씩을 나눠준다. 시간 모둠의 학생들은 각각 '星期五晚上(금요일 저녁)'과 같이 종이에 임의의 시간을 적는다. 이름 모둠의 학생들은 백지에 '小米'와 같이 반 친구 이름을 마음대로 적는다. 장소 모둠의 학생들은 '在饭店里(식당에서)'와 같이 무작위로 전치사구(在+장소+上 / 下 / 里 / 外)를 적는다. 동작 모둠의 학생들은 '游泳(수영하다)'와 같이 동사나 동작을 나타내는 구를 자유롭게 적는다.

❸ 모든 모둠이 ❷의 내용을 다 작성하면 교사는 모둠별로 종이를 회수하여, 차례대로 4개의 종이상자에 넣는다. 다음에는 반 전체 학생 중 4명을 무작위로 선발해 상자 안에서 종이를 1장씩 뽑도록 한 뒤 전체 학생들에게 읽어주게 한다. 이런 연습 방식을 통해 "星期五晚上小米在饭店里游泳。(일요일 저녁 小米는 식당에서 수영을 한다.)"와 같이 논리적이지는 않지만 재미있는 문장이 만들어질 수도 있다.

게시판

❶ 활동을 시작하기 전에 교사는 먼저 "부사어+주어+장소부사어+술어(동사 또는 동사-목적어)" 구조로 이루어진 예문을 준 뒤, 예문 중 각 부분을 떼어 놓고 4개 조에게 메모 작성에 필요한 요구사항을 설명해야 한다.

❷ 반 학생 수가 적을 경우 교사는 모든 학생들에게 시간·이름(해당 반 학생에 국한되지 않음)·장소·동작에 관한 메모 4장을 적도록 한 다음 종류 별로 회수해서 상자 4곳에 넣는 방법도 있다.

❸ 게임의 난이도와 흥미를 높이기 위해 만들어진 문장을 학생들이 번역하게 하는 것도 가능하다.

❹ '比'자문, '把'자문 등의 문형연습에도 활용할 수 있다.

95 같은 것 찾기
['是……的' 강조 구문]

활동목적
그림을 보고 말하기와 문장 쓰기 활동을 통해 강조를 나타내는 '是……的'구문을 익힐 수 있다.

활동준비
활동지 238쪽을 복사한다.

★ 복사 분량 = 학생 수 / 2

참고문장

시간 강조	我是六点半起床的。	张老师是昨天到的。
방식 강조	我是坐飞机来的。	他是走着去的动物园。
장소 강조	这件衣服是在北京买的。	这本书是从图书馆借的。
목적 강조	我是来学习汉语的。	我是来旅游的。
대상 강조	我是和哥哥一起去的。	我是和家人一起看的这部电影。
동작주체 강조	这个菜是妈妈做的。	是谁开的窗户?
도구 강조	这个字是用毛笔写的。	这些鲜花是用飞机运来的。
원인 강조	她肚子疼是喝冷水喝的。	他睡不着是想家想的。

활동방법

❶ 활동지의 표 A와 표 B를 오린다. 학생 2명이 짝이 되어 표 A, B를 각각 나눠 갖는다.

❷ 학생들은 서로 상대방의 표를 보지 않고 교대로 '我是……的'문형을 이용하여 "我是七点吃早饭的。(나는 7시에 아침밥을 먹는다.)"와 같이 자신이 갖고 있는 표 안의 일과 시간을 묘사한다. 두 사람의 일과 시간이 일치할 경우, 표 아래쪽에 문장을 함께 작성한다. 예를 들면 "我们都是七点吃早饭的。(우리는 모두 7시에 아침밥을 먹는다.)" 이와 같은 방법으로 표 아래쪽에 6개의 문장을 모두 작성할 때까지 진행한다.

게시판

❶ 게임의 난이도와 승부욕을 높이기 위해 표 하나에 일과 내용, 시간, 장소 등 2개 이상의 요소를 제시할 수 있다.

❷ 이 활동은 같은 장소·나이·무게·가격·날짜 찾기와 같은 다른 문형이나 주제에도 활용할 수 있다.

96 그림 보고 말하기
['着'의 용법]

활동목적

그림 보고 말하기를 통해 '着'의 용법을 익힐 수 있다.

활동준비

❶ 239쪽 활동지를 복사한다.
　　　　　　　　　　★ 복사 분량 = 모둠 수
❷ 활동지를 확대 복사하고 윗 부분의 그림 4장을 오려낸다.

활동방법

❶ 활동 시작 전, 교사는 학생들에게 활동지 내용과 관련된 '着'로 구성된 문장들을 읽게 한다.

❷ 4명의 학생을 한 모둠으로 하고, 각 모둠에 활동지를 1장씩 배부한다. 각 모둠은 이야기 줄거리에 따라 활동지의 그림 4장을 순서대로 배열하고 번호를 매기고나서 가위로 오린 뒤 모둠원에게 1장씩 나누어 준다.

❸ 모든 모둠원들은 받은 그림 뒷면에 '着'를 활용해 그림을 묘사하는 문장을 1~4개 적는다.

❹ 교사는 확대 복사한 4장의 그림을 섞고 자석이나 접착용 테이프로 칠판에 붙인다. 각 모둠은 번갈아 가며 칠판 앞으로 나와 그림을 순서에 맞게 배열하고, 각 모둠원들은 순서에 따라 손가락으로 그림을 가리키면서 본인이 적은 문장을 읽는다.

❺ 각 모둠의 말하기가 끝나면 교사는 전체 학생에게 그림을 보여주며 바른 문장을 발표한다. 학급 학생들과 함께 우승팀을 선정하여 '이야기꾼(스토리텔러)' 상을 수여한다.

게시판

❶ 교사는 4장의 그림을 칠판에 붙인 다음 전체 학생들을 두 팀으로 나눈다. 교사가 문장을 말하면 각 모둠에서 한 명씩 나와 칠판에 붙어 있는 그림 중 해당하는 그림을 손바닥으로 친다. 맞으면 1점을 얻고, 틀리면 점수를 얻지 못한다. 마지막에 점수가 가장 높은 모둠이 승리한다.

❷ 이 활동은 비교문 · '把'자문 등의 문형연습뿐만 아니라 각종 보어 연습에도 활용할 수 있다. 교사가 사전에 적합한 그림을 선정하거나 제작하는 것이 매우 중요하다.

참고답안

1. 运动场上的看台上来了一个男孩儿，他戴着帽子，穿着T恤、牛仔裤和运动鞋，背着一个书包，手里拿着一袋零食。
2. 一个爸爸领着女儿也来看比赛。女孩儿穿着裙子，一只手拿着一个棒棒糖，另一只手也拿着一袋零食。女孩儿的爸爸戴着眼镜和手表，穿着T恤、短裤和运动鞋，拎着一个包。
3. 比赛开始了。女孩儿拿着零食袋，一边喝着饮料一边看着比赛。女孩儿的爸爸拿着望远镜，看到运动场上的运动员正在抢球。男孩儿一边听着MP3一边看着比赛，右手握着拳，激动地欢呼着，不小心从女孩儿的袋子里拿了零食。
4. 女孩儿回到家，发现包里的零食都没了，哭着跟爸爸说零食没了。爸爸拿着眼镜，摸着头，觉得很奇怪。男孩儿回到家，发现自己的零食还在。(교사는 4번 그림으로 학생들이 '着'를 사용하여 여자아이의 집 안에 있는 물건들을 묘사하도록 할 수도 있다. 예) 女孩儿家里的墙上挂着一幅画，柜子上面放着两个玩具和一盆花，柜子里面放着水壶、老虎玩具，几本书和一个汽车模型。)

문법편

97 제자리 앉기 ['了1'의 용법]

활동목적

테스트를 통해 동태조사 '了'의 기본용법을 익힐 수 있다.

참고문장

동작의 완료	我买了三张电影票。 我忘了他的名字。 这本书我看了三遍。	我已经通知了大家。 她睡了一个小时。 我在北京只住了三个月。
예정 또는 가정 동작의 완료	等张老师来了，你问问她。 你要是累了就休息一会儿。	我要看完了这个电视节目再睡觉。 你吃了饭再去吧！

활동준비

240쪽 활동지를 복사한다.

★ 복사 분량 = 학생 수

활동방법

▶ 학생들에게 활동지를 1장씩 나누어주고, 문장에서 '了'가 들어갈 바른 위치를 찾아 한국어로 해석하게 한다. 그런 다음 2명의 학생이 짝이 되어 서로의 활동지를 대조하여 검사하게 한다. 교사는 돌아가며 검사를 실시하고 상황에 따라 개별 지도를 해준다.

답안

1. 我早上吃饭了。
2. 他是老师了。
3. 太漂亮了。
4. 爸爸前天去中国旅游了。
5. 天气冷了。
6. 现在我会说汉语了。
7. 我买了一本汉语书。
8. 明天我下了课就去看电影。
9. 今天妈妈胖了许多。
10. 哥哥快要结婚了。
11. 朋友把他送到医院了。
12. 火车慢慢地进了车站。
13. 我在中国住了五年。
14. 我喜欢吃中国菜了。
15. 弟弟吃了三碗饭。

게시판

이 활동은 중국어 테스트에서 자주 쓰이는 문제 유형으로 거의 모든 문형에 적용된다.

98 이상한 메아리
['了2'의 용법]

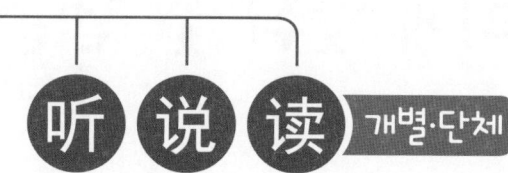

활동목적

듣고 말하기 연습을 통해 어기조사 '了'의 용법을 익힐 수 있다.

참고내용

哭—哭了・累—累了・胖—胖了・瘦—瘦了・困—困了・老—老了・冷—冷了・下雨—下雨了・生病—生病了・上课—上课了・有钱—有钱了・想家—想家了・脸红—脸红了・花开—花开了・天黑—天黑了・病好—病好了・我饿—我饿了・别吃—别吃了・别说话—别说话了・该吃饭—该吃饭了・春天—春天了・会说汉语—会说汉语了・头发白—头发白了・学了三年—学了三年了

활동준비

연습할 내용을 각각 메모지에 적는데 '了'를 쓰지 않도록 주의한다.

활동방법

❶ 교사는 메모지를 들고 교실을 돌아다닌다. 무작위로 학생 1명을 골라 외치는 사람으로 지정한다. 지정된 학생은 교사 손에서 메모지 1장을 뽑아 3~5초간 자세히 본 다음, 두 손을 입가에 대고 산 정상에서 소리 지르듯 메모지에 적힌 글자를 큰 소리로 읽는다.
예) 我—饿—

❷ 지정된 학생이 큰 소리로 글자를 외치면 교사는 같은 자세와 속도로 "杰—克—"와 같이 한 학생의 이름을 부르고, 호명된 학생은 똑같은 자세와 속도로 대답한다. 단, 앞서 말한 내용에 '了'를 정확한 위치에 넣고 외쳐야 한다.
예) 我—饿—了

❸ 교사가 완전한 문장을 중복해서 외치면, 반 전체 학생들은 다 같이 큰 소리로 대답한다. 모든 학생들이 익힐 때까지 연습한다.

게시판

활동 시작 전, 교사는 단시간 내에 학생들이 직관적으로 게임규칙을 이해할 수 있도록 칠판에 사람이 산 정상에 올라 소리치는 모습을 그림으로 그리거나 직접 시범을 보일 수 있다.

문법편

99 북소리에 맞춰 꽃 전달하기
[조사 '过']

활동목적

전통놀이인 '북소리에 맞춰 꽃 전달하기'를 통해 '동사+过' 구문을 익힐 수 있다.

참고단어

吃・去・看・听・学・说・做・用・买 | 过

활동준비

❶ 연습할 단어(동사 혹은 명사 위주)를 선정해 단어카드로 제작한다.

❷ 작은북(컵, 접시 등의 물품으로 대체 가능) 1개, 젓가락(펜으로 대체 가능) 1개를 준비한다. 이 물건들을 구하지 못할 경우 경쾌한 중국 전통음악을 준비해도 좋다.

❸ 빨간 꽃 한 송이나 봉제 완구 1개를 준비한다.

활동방법

❶ 반 전체 학생이 둥글게 둘러앉는다. 교사는 빨간 꽃을 한 학생에게 준 다음 학생들을 등지고 북을 치거나 음악을 틀어준다. 학생들은 빠른 속도로 꽃을 옆 사람에게 전달한다.

❷ 교사가 갑자기 북 치기를 멈추거나 음악을 정지시키면, 꽃을 손에 쥐고 있는 학생은 교사 손에서 단어카드 1장을 뽑아 큰 소리로 카드 속 단어를 읽는다. 그런 다음 해당하는 단어와 '过'를 사용해 문장을 만든다. 예를 들어 뽑은 카드에 '吃(먹다)' 혹은 '中国菜(중국요리)'가 적혀 있으면 "我吃过中国菜.(나는 중국요리를 먹어본 적이 있다.)"라고 말하면 된다.

❸ 문장이 맞았을 경우 교사는 북소리에 맞춰 꽃 전달하기 게임을 이어서 진행하고, 문장이 틀렸으면 카드를 뽑은 학생은 벌칙을 받는다.

> **게시판**
>
> ❶ 교사는 맞게 대답한 학생이 북을 치게 할 수도 있다.
>
> ❷ 이 활동은 '84 신호등' 활동과 결합해 진행할 수 있는데, 학생들이 팻말을 보고 '过'를 사용하여 긍정문 혹은 부정문으로 말하게 할 수도 있다.
>
> ❸ 이 활동은 각종 단어와 문형연습뿐만 아니라 교실 분위기를 환기시킬 때 종종 활용할 수 있다.

문법편

100 원격 조종 로봇 [방향보어]

활동목적

듣고 말하기 연습을 통해 방향보어의 용법을 익힐 수 있다.

방향보어 구조

단순 방향보어	来・去・上・下・进・出・回・过・起・开・到
복합 방향보어	上来・上去・下来・下去・进来・进去・出来・出去・过来・过去・回来・回去・起来・开来・开去・到……来・到……去

활동방법

❶ 활동 시작 전, 교사는 먼저 학생들에게 연습할 방향보어 문장을 숙독시킨다.

❷ 4~6명의 학생을 한 모둠으로 나눈 다음, 각 모둠마다 원격 조종자 역할을 맡을 학생 1명을 뽑고, 나머지는 로봇 역할을 담당한다. 각 모둠 학생들은 번갈아가며 교실 가운데에서 연기를 펼친다. 교사는 바닥에 분필로 사각형 몇 개 그리고, '로봇' 역할을 맡은 학생들을 사각형 안에 세운다.

❸ '원격 조정자'가 "走出来(걸어나와), 跑回去(뛰어서 돌아가), 跳起来(뛰어올라), 蹲下去(쪼그려 앉아), 走过来(걸어와), 走过去(걸어가)" 등의 지령을 내리면 같은 모둠의 '로봇'들은 재빨리 해당 동작을 취한다(가급적이면 진짜 로봇 흉내를 내는 것이 좋음). 동작이 틀린 학생은 퇴장시킨다. 교사는 시간을 측정하는데, 정해진 횟수만큼의 동작을 수행하고 모둠원이 가장 많이 남아 있는 팀이 승리한다.

게시판

교사는 모둠별로 표현이 가장 뛰어난 학생들을 뽑아 사각형 안에 세운 뒤 동일한 명령을 내려 동작을 취하게 할 수 있다. 게임 결과에 따라 '최고의 로봇'을 선발한다.

101 스피드 퀴즈 [정도보어]

활동목적

스피드 퀴즈를 통해 정도보어를 익힐 수 있다.

정도보어 구조

'得'를 사용하지 않은 정도보어	极·透·死·坏·多·远	高兴极了·坏透了·急死了·气坏了·好多了·差远了
'得'를 사용한 정도보어	很·慌·多·不得了·要死·要命·不行	多得很·饿得慌·强得多·热得不得了·累得要死·晕得要命·疼得不行

활동준비

❶ 241쪽 활동지를 확대 복사한다.

❷ 확대 복사한 활동지를 하드보드지에 붙인다.

❸ 호루라기(혹은 방울) 4개와 상품 몇 가지를 준비한다.

활동방법

❶ 활동 시작 전, 교사는 먼저 연습할 정도보어 문장을 숙독시킨다.

❷ 교사는 학생 1명을 뽑아 점수를 기록하게 하고, 자리 상황에 따라 반 전체 학생을 4개 모둠으로 나눈 뒤 각 모둠마다 호루라기를 1개씩 나눠준다.

❸ 교사가 활동지를 하나씩 보여주면, 학생들은 그림을 보고 정도보어를 사용해 그림의 내용을 묘사한다. 모둠별로 상의를 마친 후 호루라기를 불거나 방울을 흔들어 재빨리 대답한다. 각 모둠별 기본점수는 100점이다. 묘사가 정확하면 10점을 획득하고, 묘사가 틀리면 10점을 감점 당하며 다른 모둠에게 말할 기회가 주어진다. 점수를 매겨 최종적으로 획득한 점수가 가장 높은 모둠이 우승을 차지하고 상도 받는다

게시판

이 활동은 수량보어·방향보어 등의 연습에도 활용할 수 있다.

문법편

102 쌍황 : 뚱뚱한 판다
[가능보어]

听 说 读 짝·단체

활동목적

*쌍황을 통해 가능보어를 익힐 수 있다.

*쌍황 : [명사][예술] '曲艺(설창 문예)'의 일종.
한 사람은 무대에서 동작을 맡고, 다른 한 사람은 뒤에 숨어서 무대 연기자의 동작에 맞추어 대사와 노래를 한다.

가능보어 구조

긍정형	（动词）得 + 补语	听得懂・做得完・看得见・买得到・学得会
	（动词）得了	吃得了・喝得了・去得了・做得了・走得了
부정형	（动词）不 + 补语	听不懂・做不完・看不见・买不到・学不会
	（动词）不了	吃不了・喝不了・去不了・做不了・走不了

참고 시나리오

1 熊猫胖胖吃苹果，好吃好吃，一个苹果吃得了。
2 熊猫胖胖喝可乐，好喝好喝，一瓶可乐喝得了。
3 熊猫胖胖学写字，有趣有趣，写字不难学得会。
4 熊猫胖胖想睡觉，真困真困，站着也能睡得着。
5 熊猫胖胖写作业，快写快写，半个小时写得完。
6 熊猫胖胖背单词，一个两个，单词都能记得住。
7 熊猫胖胖吃西瓜，西瓜太大，吃不了，吃不了。
8 熊猫胖胖吃竹子，竹子太少，吃不饱，吃不饱。
9 熊猫胖胖洗衣服，衣服太多，洗不完，洗不完。
10 熊猫胖胖去商店，糖果卖光，买不到，买不到。
11 熊猫胖胖听京剧，咿咿呀呀，听不懂，听不懂。
12 熊猫胖胖搬石头，石头太重，背不动，背不动。
13 熊猫胖胖想看书，天黑天黑，看不清，看不清。

*학생들 수준에 따라 이 중 일부 문장을 발췌하여 연출할 수도 있다.

활동준비

❶ 연습할 문장을 각각 메모지에 적은 다음 종이상자 안에 넣는다.

❷ 쌍황에 쓸 큰 옷 한 벌을 준비한다.

❸ 사탕, 과자 등 간식을 상으로 준비한다.

활동방법

❶ 활동 시작 전, 먼저 학생들에게 연습할 문장을 숙독시킨다.

❷ 2명의 학생이 한 팀이 되어 '쌍황 콤비'를 이룬다. 각 모둠 학생들은 번갈아가며 교실 앞에 나와 공연을 한다. 한 학생은 앞에 서서 소매에 팔을 넣지 않은 채 옷을 몸에 걸치고, 또 다른 학생은 뒤에 숨어서 두 팔을 소매 안으로 뻗는데, 최대한 앞으로 뻗어 마치 앞에 있는 학생의 팔인 것처럼 보이게 한다. 이것이 쌍황의 기본자세이다.

❸ 교사는 카드가 담긴 종이상자를 들고 교실을 돌아다니다가, 무작위로 학생을 골라 상자에서 메모지 1장을 뽑게 한다. 메모지를 뽑은 학생이 큰 소리로 적힌 글자를 읽으면 교실 앞에 있는 '쌍황 콤비'는 문장 내용대로 쌍황을 연출한다. 뒤에 서 있는 학생은 문장을 반복하면서 두 팔로 동작을 취해야 하고, 앞에 서 있는 학생은 그에 어울리는 표정을 지어야 한다.

熊猫胖胖想看书，天黑天黑，看不清，看不清。

게시판

❶ 쌍황 공연 동영상을 준비해 활동 시작 전 학생들에게 보여줌으로써 쌍황형식에 대한 이해를 도울 수 있다.

❷ 이 활동은 표정, 동작과 관련된 단어나 문형연습에도 활용할 수 있다.

103 OX퀴즈 [존재문]

활동목적

듣고 반응하는 연습을 통해 '着'용법을 익힐 수 있다.

참고문장

墙上挂着中国地图。
电视旁边摆着一个花瓶。
教室门口站着一个人。

桌子上放着一本词典。
老师手里拿着一个包。
椅子上坐着两个老人。

활동방법

❶ 교사는 반 전체를 두 모둠으로 나누고, 교실을 돌아다니다 무작위로 한 학생 앞에 선 뒤 "墙上挂着中国地图。(벽에 중국지도가 걸려 있다.)"와 같은 존재문 문장 하나를 말한다. 이때 만약 교사가 말한 문장이 실제 상황에 부합하면, 즉 교실 벽에 정말로 중국지도가 걸려 있다면 그 학생은 이어서 "我的桌子上放着一本书。(내 책상에는 책이 한 권 놓여 있다.)"와 같이 실제 상황에 맞는 또 다른 존재문 문장을 말해야 한다. 만약 교사가 말한 문장이 실제 상황과 부합하지 않으면, 학생도 실제 상황에 부합하지 않는 존재문 한 문장을 말해야 한다.

❷ 반응이 정확한 학생이 속한 모둠은 1점을 얻는다. 점수를 매겨 마지막에 누계 점수가 가장 높은 모둠이 승리한다.

게시판

❶ 활동을 시작하기 전, 교사는 책상이나 교탁 위에 물건을 진열하거나 벽이나 칠판에 물건을 걸어두는 등 임의로 교실을 세팅할 수 있다.

❷ 교사는 활동규칙을 조절하여 난이도를 낮출 수 있다. 예 교사가 말한 문장이 실제 상황과 일치하면 학생들은 그 문장을 따라하고, 교사가 말한 문장이 실제 상황과 다르면 침묵한다.

❸ 이 활동은 다양한 문형연습에도 활용할 수 있다.

104 꿈나라 ['被'자문]

활동목적

장면 묘사를 통해 간단한 '被'자문을 익힐 수 있다.

활동준비

242쪽 활동지를 복사한다.

★ 복사 분량 = 학생 수

참고문장

被感动了。	被雷声惊醒了。
被吓坏了。	被关起来了。
被老师批评了。	衣服被弄脏了。
被狗咬了。	书被借走了。
被抓住了。	钱包被小偷偷走了。
被人骗了。	杯子被摔碎了。
被车撞伤了。	自行车被骑走了。
被大雨淋了。	布娃娃被抢走了。

활동방법

❶ 교사는 모든 학생에게 활동지를 1장씩 나눠준다. 학생들은 그림을 보고, 그 가운데 자신이 꿈에서 본 적이 있는 사물들을 찾아낸 뒤, 사전을 찾거나 선생님께 질문하는 방식을 통해 그 사물들의 중국어 명칭을 적는다. 만약 꿈에 봤던 다른 사물이 있다면 활동지의 빈 공간에 그릴 수 있다.

❷ 학생은 자신이 선택한 사물 아래쪽에 '被'자문을 사용해 자신이 꿈에서 체험한 것을 묘사한다. 교사는 교실을 돌아다니며 개별적으로 지도한다.

❸ 교사는 학생들과 함께 활동 작품을 주제 벽보로 만든다. 만약 상황이 된다면 꿈속의 광경이 비슷한 학생끼리 한 팀이 되어 '꿈나라'를 주제로 연극을 하게 할 수도 있다.

게시판

이 활동은 어느 정도 중국어 기초실력이 있는 중급수준의 학생들에게 적용한다.

문법편

105 깃털편지 ['把'자문]

활동목적

깃털편지를 전달하는 게임을 통해, '把'자문의 기본 용법을 익힐 수 있다.

참고문장

把门/窗户打开/关上。
把你的书放在老师的桌子上。
把老师的衣服挂在墙上。
把作业交给老师。

把书放到书包里。
把你的桌子擦干净。
把你的椅子搬到教室外面。
把朋友的铅笔放到书包里。

把粉笔拿起来。
把你的手放在口袋里。
把灯打开。
把同桌的课本摆到桌子上。

활동준비

연습할 문장을 선택하여 깃털편지로 만든다.
1. A4 크기의 흰 종이를 8등분해 자른 뒤, 매 조각의 정 중앙에 '把'자문의 문장을 적는다.
2. 종이를 다시 3등분 하여 접고 스카치 테이프로 가장자리를 밀봉한 뒤, 깃털그림을 그려 깃털편지로 만든다.

★ 깃털편지의 수 = 학생 수 / 2

把你的桌子擦干净

鸡毛信

만약 깃털 소품이 없다면, 종이에 그리고 오려서 대체해도 된다.

활동방법

❶ 교사는 모든 편지에 학생(수신인)의 이름을 적고, 편지를 각각 다른 학생(발신인)들에게 준다.

❷ 교사가 "开始(시작)"라고 말하면 발신인은 재빨리 편지를 수신인의 손에 건네고, 수신인은 편지를 뜯어 편지 속 문장을 묵독한 뒤 다시 봉합해 발신인에게 돌려준다. 단, 발신인이 편지 내용을 보게 해서는 안 된다.

❸ 수신인은 문장에 적힌대로 동작을 하고, 발신인은 상대방의 동작에 근거해 문장을 추측하여 편지봉투 뒷면에 적는다. 아울러 자신의 이름을 쓴 다음 편지를 교사에게 건넨다.

❹ 교사는 편지를 펼쳐 편지 내부와 편지봉투 뒷면의 두 문장을 대조한다. 어법이 정확하고 내용이 기본적으로 일치하면 발신인과 수신인 두 학생 모두 작은 보상을 받고, 두 문장이 일치하지 않으면 교사는 수신인 학생을 교실 앞으로 불러 다시 한 번 동작을 시키고, 반 전체 학생들이 같이 문장을 맞힌다.

게시판

❶ 이 활동은 동작과 관련된 다른 문형을 연습하는 데에도 활용할 수 있다.
  예) 방향보어, 연동문 등

❷ 활동을 진행하면서 교사는 교실을 돌아다니면서 수시로 지도해야 한다.

106 눈덩이 굴리기 게임
[복합관형어]

활동목적

눈덩이 굴리기 게임을 통해 복합관형어를 익힐 수 있다.

복합관형어의 순서

소유격 관형어	시간· 장소구	지시 대명사 및 수량구	동사·동사구	형용사구	的을 쓰지 않는 성질· 속성을 나타내는 형용사 및 명사	명사
爸爸的		一位			中国	朋友
张老师	昨天		做的	好吃的		饺子
哥哥的		那件	新买的		皮	大衣
	在椅子上坐着的	一位		六十多岁的	老	先生
		那个	戴着大眼镜的	高个子的	男	同学

활동방법

❶ 교사는 미리 복합관형어로 쓸 수 있는 "(인칭대명사) 我、你、他, (국가명) 中国, (인물) 朋友、姐姐, (형용사) 新、旧、老、大"등의 단어 종류 및 예문을 칠판 맨 위쪽에 적는다.

❷ 교사는 반 전체를 2팀으로 나누고, 모든 팀에게 각각 다른 색의 분필을 나눠준다. 칠판 양쪽에 각각 작은 원을 그리고 그 안에 '我'라고 쓴다. 이것은 첫 번째 눈덩이를 나타낸다.

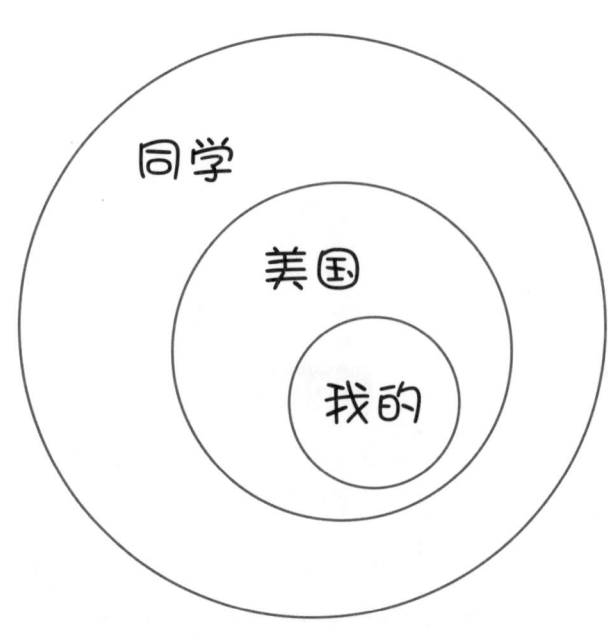

❶ 두 팀의 학생들은 돌아가면서 팀원을 칠판 앞으로 보내 '눈덩이'를 굴리게 한다. 방법은 먼저 그린 '눈덩이'의 바깥부분에 더 큰 원을 그리고, 먼저 그린 눈덩이' 속의 단어를 관형어로 삼아 '我妈妈(우리 엄마)', '我妈妈的朋友(우리 엄마의 친구)', '我妈妈的中国朋友(우리 엄마의 중국친구)'처럼 새로운 구로 확장하는 것이다. 모든 팀은 나와서 한 번씩만 '눈덩이'를 굴릴 수 있고, 두 팀 모두 더 이상 새로운 관형어를 적어내지 못하게 됐을 때 게임은 종료된다.

❷ 교사는 두 팀이 적은 구가 정확한지 대조 검사한다. 틀렸으면 점수를 얻을 수 없다. 만약 두 팀 모두 맞게 썼다면 '눈덩이'가 더 큰 팀이 1점을 얻는다.

❸ 교사는 단어를 바꿔 새롭게 활동을 시작한다. 교사가 점수를 매겨 마지막에 누계 점수가 가장 높은 팀이 승리한다.

게시판

❶ 교사는 먼저 '鞋(신발)'같은 피수식어를 제시하여 학생들에게 '눈덩이 굴리기' 방식으로 복합 관형어를 적게 할 수도 있다.
예) 妈妈 昨天 在超市 花了80元 给我 买的 那双鞋。(엄마가 어제 슈퍼에서 80원 주고 사주신 그 신발.)

❷ '눈덩이'를 모두 굴린 후 교사는 각 팀 학생들에게 굴려 만들어낸 수식구조를 활용하여 작문을 하거나 짧은 이야기를 만들도록 요구할 수 있다.

107 사고력 미니테스트 [복문]

활동목적

짝 맞추기 게임을 통해 복문의 기본 형식을 익힐 수 있다.

참고문장

병렬 관계	……, 也…… ……, 还…… 既/又……, 又…… 一边……, 一边……	他会说德语, 还会说意大利语。 妈妈既会做中国菜, 又会做法国菜。 她一边运动, 一边听音乐。
선택 관계	是……, 还是…… (或者)……, 或者…… 要么……, 要么…… 不是……, 就是……	你是在北京长大的, 还是在上海长大的? 他可能是高中生, 或者是大学生。 每天下班后, 他要么去酒吧,要么去网吧。 她不是在咖啡馆, 就是在图书馆。
인과 관계	(因为)……, 所以…… 由于……, …… ……, 因此…… 既然……, 就……	他不会说汉语, 所以听不懂我说的话。 由于天气不好, 他坐的飞机要一个小时后才到。 天太晚了, 因此他们决定明天再走。 既然妈妈不喜欢这件衣服, 就别买了。
가정 관계	如果/要是……, 就……	要是明天天气不好, 我们就不去长城了。
전환 관계	(虽然)……, 但是/可是/不过…… 尽管……, 还是……	虽然这次考试很难, 但是大家考得不错。 尽管妈妈不同意, 她还是决定一个人去北京。
점진 관계	不但/不仅……, 而且……	这个菜不但好看, 而且好吃。
조건 관계	只有……才 只要……就 不管/无论……也/都……	只有多练习, 才能学好汉语。 只要天气好, 我们就去打球。 不管下多大的雨, 我们都要去看她。
계승 관계	先……, 然后/再/接着……	我先去和朋友吃饭, 再去超市买东西。
목적 관계	为了……, ……	为了学习汉语, 他在中国住了一年。

활동준비

연습할 복문을 선정하고, 모든 복문의 앞 뒤 문장 2개를 각각 다른 메모지에 적는다. 같은 내용이 중복해서 나올 수 있다.(연결어를 쓰지 않도록 주의할 것!)

활동방법

❶ 교사는 사용 가능한 연결어를 칠판에 적은 뒤 모든 학생에게 메모지를 1장씩 나눠주고 학생들에게 순서에 따라 큰소리로 자신의 메모지에 적혀 있는 문장을 읽게 한다. 이때 다른 학생들은 잘 듣고 앞으로 진행될 활동에 대비한다.

❷ 모든 학생이 다 읽고 나면 첫 번째 학생부터 다시 낭독을 시작하고, 다른 학생들은 들으면서 자신의 문장과 짝이 되는 단문을 찾는다. 자신의 문장과 짝이 될 수 있는 문장을 들은 학생은 바로 손을 들고 큰소리로 "找到了!(찾았다!)"라고 외친다.

❸ 교사는 두 문장을 함께 놓고, 손을 든 학생을 시켜 연결어를 활용해 복문으로 만든 뒤 읽게 한다. 만약 두 문장의 논리 관계가 맞고 연결어의 사용이 정확하다면 교사는 해당 학생의 메모지를 걷는다. 답이 틀렸을 경우 교사는 손을 든 학생에게 다시 새로운 메모지를 주고 게임을 계속 진행한다.

❹ 활동이 끝난 후 손에 메모지가 가장 많이 남아 있는 학생은 벌칙으로 장기자랑을 해야 한다.

게시판

이 활동은 특정 복문의 유형 연습에 사용할 수도 있고, 몇 가지 복문 유형의 종합연습이나 시험에도 활용 가능하다.

문법편

108 의자 법관 [종합연습]

활동목적

듣고 반응하는 연습을 통해 배운 문장을 복습할 수 있다.

활동준비

❶ 교사는 미리 바른 문장과 잘못된 문장을 몇 개씩 생각해 둔다.
[바른 문장] 中国的国旗上有红色和黄色。
(중국의 국기에는 빨간색과 노란색이 있다.)
[잘못된 문장] 中国的首都是上海。
(중국의 수도는 상하이이다.)

❷ 의자 2개를 준비하고 의자 뒷면에 각각 '对(O)'와 '错(X)' 표시를 붙여둔다.

활동방법

❶ 교사는 의자 2개를 교실 앞쪽에 배열해 놓고 반 전체를 두 팀으로 나눈다. 각 팀에서 한 번에 1명씩 활동에 참여할 수 있는데, 의자와의 거리가 동일한 위치에 선다.

❷ 만약 교사가 말한 문장이 "中国的国旗上有红色和黄色。(중국의 국기에는 빨간색과 노란색이 있다.)"와 같은 바른 문장이라면, 활동에 참여하는 학생은 신속하게 '对(○)' 의자에 앉고 교사가 말한 문장을 반복한다. 교사가 말한 문장이 "中国的首都是上海。(중국의 수도는 상하이이다.)"와 같이 잘못된 문장이라면 학생은 재빨리 '错(X)' 의자에 앉으며 "中国的首都是北京。(중국의 수도는 베이징이다.)"와 같이 바른 문장으로 고쳐 말한다.

❸ 가장 먼저 정확한 반응을 한 학생이 속한 팀이 1점을 얻는다. 두 팀은 동시에 다른 팀원으로 교체해 교실 앞으로 보내고, 교사는 모든 학생에게 연습이 돌아갈 때까지 새로운 문장을 말한다. 교사가 점수를 매겨 마지막에 누계 점수가 가장 높은 팀이 승리한다.

게시판

① 게임의 재미를 높이기 위해 교사는 단어카드, 그림, 동작 또는 장면 등을 보조적으로 활용할 수 있다. 예를 들어 교사가 책을 펴는 동작을 하면서 "我把书打开了。(나는 책을 폈다.)"라고 말하면 학생은 '对' 의자에 앉아야 하고 만약 교사가 책을 펴는 동작을 하면서 "我把书合上了。(나는 책을 덮었다.)"라고 말하면 학생은 '错' 의자에 앉아야 한다.

② 이 활동은 발음, 한자, 단어연습에도 활용할 수 있다. 예를 들어 교사가 '苹果(사과)' 단어카드를 들어 올리면서 '苹果(사과)'라고 말하면 학생은 '对' 의자에 앉아야 하고, 교사가 '苹果(사과)' 단어카드를 들어 올리면서 '香蕉(바나나)'라고 말하면 학생은 '错' 의자에 앉아야 한다.

문법편

109 카드 뒤집어 문장 만들기
[문형복습]

说 단체

활동목적

문장 만들기 연습을 통해 배운 문형을 복습할 수 있다.

활동준비

연습해야 할 단어 또는 문형을 각각 카드로 만들어 난이도에 따라 몇 개의 레벨로 나눈 뒤 카드 뒷면에 상응하는 숫자를 기록한다.
예 1~5 : 낮은 숫자부터 높은 숫자의 5단계 레벨을 나타낸다.

참고단어 및 구조

단어	非常・已经・立刻・马上・正在・刚才・常常・总是・赶快・一直・一起・一定・互相・必须・从来・当然・终于・果然・究竟・千万・差点儿・差不多・有点儿・一点儿・越来越
구조	对……(没)有兴趣・该……了・太……了・挺……的・从……到……・一……就……・越……越……・连……也/都……・一点儿……也/都……・从……起・当……时・对……来说

활동방법

❶ 교사는 칠판에 카드를 뒤집어 붙이고, 반 전체를 두 팀으로 나눈다. 각 팀은 순서에 따라 대표를 1명씩 칠판 앞으로 보내 다른 숫자의 카드를 선택한다.

❷ 각 팀의 대표는 선택한 카드를 뒤집고, 카드에 적힌 단어나 문형을 활용해 문장을 만든다. 만약 문장이 정확하면 교사는 그 팀에게 해당하는 숫자의 점수를 주고 틀리면 해당 점수를 뺀다.

❸ 각 팀의 시작 점수는 모두 20점이며, 교사가 점수를 기록하고 마지막에 합산하여 가장 높은 팀이 승리한다.

게시판

❶ 이 활동은 '카드 뒤집어 묻고 답하기' 또는 '카드 뒤집어 번역하기' 등의 형식으로 약간의 변화를 줘 설계할 수도 있다.

❷ 교사는 활동의 난이도와 학생들의 승부욕을 높이기 위해 카드 1장에 단어 2개를 쓴 뒤 학생에게 두 단어를 활용한 문장을 만들게 한다. 예를 들어 '如果―马上' 카드를 뽑은 학생은 두 단어를 활용해 "你如果感觉不舒服, 就马上去看医生。"라고 작문한다.

문장편

문장편

110 다 함께 알아맞히기 [소개]

활동목적

듣고 읽는 연습을 통해 자기소개에 자주 쓰이는 문장을 익힐 수 있다.

활동준비

❶ 큰 종이상자를 준비한다.

❷ 학생 수에 따라 백지를 적당히 준비한다.

활동방법

❶ 모든 학생들에게 백지를 1장씩 나눠주면 학생들은 출생년월일, 가족구성원, 취미, 좋아하는 동물(또는 색깔·과일·영화 등)과 같이 가능한 한 많은 개인정보를 적고 백지 오른쪽 하단에 자신의 이름을 적어 '자기소개서'를 만든다.

❷ 학생들은 차례로 교실 앞으로 나가 큰소리로 자신이 적은 개인정보를 낭독하고, 낭독을 마치면 '자기소개서'를 몇 번 접어 교탁 위에 있는 종이상자에 넣는다.

❸ 교사는 학생 1명을 지목해 상자에서 무작위로 1장을 뽑아 큰소리로 문장을 읽게 한다. 다른 학생들은 들으면서 누구의 정보인지 추측하고 손을 들어 재빨리 대답한다. 교사는 소개서에 적힌 이름과 대조하고, 정답을 맞힌 학생은 그 자기소개서를 획득한다.

❹ 모든 학생에게 연습이 돌아갈 때까지 학생을 바꿔가며 게임을 진행한다. 게임이 끝난 후 가장 많은 자기소개서를 얻은 학생이 승리한다.

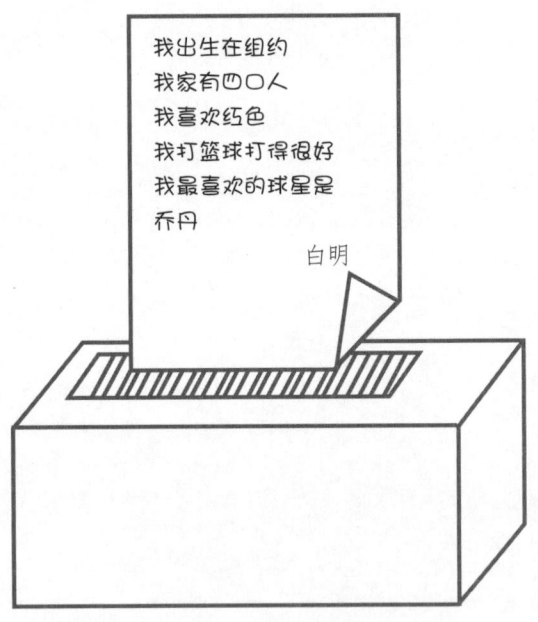

게시판

이 활동은 자신이 좋아하는 스타·아이돌·국가·도시·명승고적·영화·소설 등을 소개하는 데에도 활용할 수 있다.

111 슈퍼마켓 구매왕
[물건 사기]

활동목적

물건 사기 게임을 통해 구매에 필요한 중국어 의사소통 능력을 키울 수 있다.

활동준비

243~244쪽을 참고하여 활동지 A, B를 복사한다.

★ A, B 복사 분량 = 학생 수 / 4

활동방법

❶ 4명을 한 모둠으로 하고 모둠장을 선발한다. 교사는 각 모둠에게 활동지 A와 B를 1장씩 나눠준다. 학생들은 활동지의 구매목록과 물품 가격표를 각각 1장씩 나눠 갖는다.

❷ 각 모둠장이 표에 적힌 물건에 대해 "苹果多少钱一斤?(사과는 한 근에 얼마인가요?)"와 같이 질문하면, 모둠장을 포함한 모둠원들은 차례대로 "物美超市的苹果五块钱一斤。(우메이마트의 사과는 한 근에 5위안이에요.)"라고 대답해야 한다. 다 같이 비교해본 후 각자의 물품표에서 해당 물품이 가장 저렴한 마트 이름과 물품 가격을 적는다. 표가 다 채워지면 각자 구매한 물건 값의 총액을 계산한다.

❸ 모둠장은 자기 모둠원 4명의 총액을 더해 다른 모둠과 비교한다. 총액이 가장 낮은 모둠이 승리한다. (최저 총액이 142.44위안이 되어야 한다.)

게시판

전체 반 학생을 4개의 '마트 모둠'과 몇 개의 '구매 모둠'으로 나누고 구매 모둠 학생들에게 각각의 마트에 가서 가격을 물어보도록 할 수도 있다.

문장편

112 구매의 달인 [물건 사기]

활동목적

시장 거래 게임을 통해 물건을 사고 값을 흥정하는 데 필요한 의사소통 능력을 키울 수 있다.

참고문장

구매자	판매자
你有热狗吗?	有, 你要几个?
我想买一斤苹果。	热狗卖完了。
可乐多少钱一瓶?	(可乐)五块钱一瓶。
有没有黑色的T恤衫?	好的, 请稍等。
一共多少钱?	对不起, 不能便宜。
能不能便宜点儿?	最低一百块钱。
	你有零钱吗?

활동준비

245~247쪽의 활동지 A, B, C를 복사한다

★ A 복사 분량 = 학생 수 / 8
★ B 복사 분량 = 학생 수 / 2
★ C 복사 분량 = 학생 수

활동방법

❶ 복사한 활동지 A와 B의 구매목록과 물품카드를 오린 뒤 모든 학생에게 구매목록 1장, 물품카드 몇 장과 활동지 C를 1장씩 나눠준다. 주의할 점은 동일한 학생이 가진 구매리스트와 물품가격표의 내용은 가능한 한 달라야 한다.

❷ 교사는 참고할 문형을 칠판에 적고, 학생들은 활동지 C의 가짜 화폐를 오린다.

❸ 학생들은 교실을 자유롭게 돌아다니면서 서로 질문을 통해 자신의 구매목록에 있는 물품을 찾아서 구매한다. 교사가 칠판에 제시해준 참고 문형을 최대한 사용한다.

❹ 구매목록에 있는 물건들을 모두 구매한 학생들은 교사에게 검사를 받는다. 가장 먼저 구매목록에 있는 물건을 모두 구매한 학생이 '구매의 달인'으로 선정된다.

❺ 교사는 구매목록과 물품카드를 전부 회수한 뒤 다시 학생들에게 나눠주고 활동을 반복한다.

게시판

❶ 물품 가격의 할인 폭을 학생들이 자유롭게 정하도록 함으로써 가격을 흥정하는 방법을 연습시킬 수 있다.

❷ 가짜 지폐를 더 많이 복사해 반에 '잔돈 교환소'를 1~2곳 개설한 뒤 학생 몇 명을 선발해 필요 시 잔돈을 제공하는 환전소를 맡길 수 있다.

113 식당놀이 [음식 주문하기]

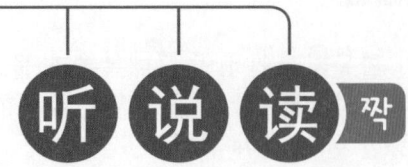

활동목적

가상 음식 주문하기를 통해 음식 주문에 필요한 의사소통 능력을 키울 수 있다.

참고문장

종업원	손님
请问，你们几位？	我们三位。
这边请。	这儿有什么特色菜？
这是菜单。	我先看看菜单。
您好，您要吃点儿什么？	水煮鱼多少钱一份？
我们这儿最有名的是北京烤鸭。	我要一份炒饭。
您能吃辣吗？	就点这些。
你们还要什么？	别放味精。
好的，请稍等。	服务员，买单。
一共一百二十快。	

활동준비

❶ 248~249쪽 활동지 A, B를 복사한다.

❷ 주사위를 필요한 만큼 준비한다. ★ 활동지 복사 분량, 주사위 수 = 학생 수 / 2

❸ 2가지 색의 바둑돌을 필요한 만큼 준비한다.(지우개, 화이트보드 자석 등으로 대체 가능)
 ★ 바둑돌 수 = 학생 수

활동방법

❶ 2명의 학생이 짝이 되어 활동지 A, B 각각 1장, 주사위 1개, 바둑돌 2알씩을 갖는다. 학생들은 활동지 A에 있는 메뉴판 2개를 오린 뒤 각각 1장씩 갖는다.

❷ 학생 A, B는 각자의 바둑돌을 '开始(출발점)'에 놓은 뒤 차례대로 주사위를 던져 주사위 숫자대로 칸을 이동한다. 학생 A가 어떤 칸에 도착하면 학생 B는 종업원 역할을 하며 "您好, 您要吃什么?(안녕하세요, 뭐 드시겠어요?)"라고 묻는다. 만약 해당 칸의 요리명이 A의 메뉴판에 없으면, A는 "稍等, 我先看看菜单。(잠시만요, 먼저 메뉴판 좀 보고요.)"라고 한다. 요리명이 A의 메뉴판에 있으면 A는 "我点一份……(格里的菜名), ……(格里的菜名) 多少钱?……(칸 안의 요리명) 1인분 주세요. ……(칸 안의 요리명) 얼마예요?"라고 한다. 그리고 본인이 갖고 있는 메뉴판의 해당 요리 칸에 체크 표시를 한다.

❸ 가장 먼저 메뉴판의 모든 요리를 주문한 학생이 승리한다.

게시판

커다란 요리 바둑판을 만들어 칠판에 걸어두고 반 전체 학생을 2조로 나눈 뒤 각 조에서 대표 1명씩을 선발해 교실 앞에 나와 게임을 진행할 수도 있다.

문장편

114 음성 사서함 [전화 걸기]

활동목적

음성 메시지 남기기 연습을 통해 전화를 걸고 받는 데 필요한 의사소통 능력을 키울 수 있다.

참고문장

전화 걸기	전화 받기
喂，你好，我找一下迈克。	我就是。
请问迈克在家吗?	你是哪位?
让迈克接个电话, 好吗?	好的, 请稍等。
麻烦你转告他，星期六的活动取消了。	他出去了，你找他有什么事?
让他回来后给我回个电话, 好吗?	你放心，等他回来我一定转告他。
我的电话号码是…	他的电话号码是多少?

활동준비

❶ 250쪽 활동지를 여러 장 복사한다.

❷ 종이상자 2개를 준비한다.

❸ 복사한 활동지의 메시지 쪽지를 오려 한 상자에 넣은 뒤, 반 학생의 이름을 각각 다른 쪽지들에 적어 또 다른 상자에 넣는다.

활동방법

❶ 2명의 학생이 짝이 되어, 돌아가면서 교실 앞에 나와 역할극을 진행한다. 학생 A가 2개의 상자 안에서 이름(예 杰克)이 적힌 쪽지와 메시지 쪽지를 각각 1장씩 뽑은 다음 메시지 쪽지의 내용에 맞게 뽑은 이름의 학생(예 杰克)에게 전화를 건다. 만약 뽑힌 학생이 자리에 없으면, 다른 모둠원 B가 전화를 받아 杰克를 대신해 전화 메시지를 기록해 둔다.

❷ B는 杰克에게 전화를 걸어 A의 전화 내용을 전해준다. 교사는 즉시 평가를 하고 성적을 기록한다. 표현력이 좋은 학생이 '미스터 / 미스 메모 전달왕' 칭호를 얻는다.

게시판

장난감 전화기를 준비해서 학생들이 좀 더 사실적으로 전화 걸기 상황을 체험하도록 해줄 수도 있다.

문장편

115 우리 꼭 만나자 [약속]

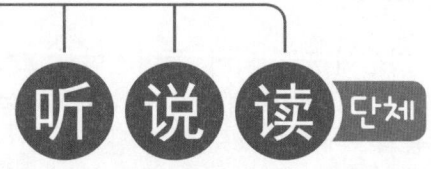

활동목적

약속 잡기 연습을 통해 약속을 정하고 완곡하게 거절하는 데 필요한 의사소통 능력을 키울 수 있다.

참고문장

초대하는 사람	초대받는 사람
你明天有空吗?	明天我有空，你有什么事儿吗?
有空的话一起去打球吧。	对不起，我没空，我要去学钢琴。
我们去听音乐会，怎么样?	我已经有约会了，下次再说吧。
我想和你一起去看场电影。	我们在哪儿见面呢?
晚上八点在图书馆门口见面，怎么样?	好的，我们不见不散。
就这么定了。	

활동방법

❶ 교사는 대화 예시문을 칠판에 적고, 학생들에게 초대하고 싶은 친구 5명의 이름과 약속 내용을 각각 공책에 적게 한다.

❷ 교사는 게임규칙을 알려준다.
　[규칙] 모든 학생들은 각각 5명의 친구를 초대해야 하는데, 한 사람당 2명의 초대만 받아들일 수 있다.

❸ 학생들은 교실 안에서 마음대로 돌아다니면서 정해진 시간 내에 최대한 많은 친구들을 초대한다. 초대가 수락된 경우 본인 공책의 친구 이름 옆에 웃는 얼굴을 그리고 약속 시간 및 장소를 적는다. 만약 초대를 거절당한 경우에는 우는 얼굴을 그리고 거절당한 이유를 적는다.

王云	打网球	☺	星期六上午十点，体育馆见。
马丽	唱歌	☹	他要在家看电视。
白明	看电影	☺	星期六晚上，电影院见。
张红	听音乐会	☹	她要给妈妈过生日。
李可	放风筝	☹	他要陪爸爸去钓鱼。

❹ 활동 종료 후 교사는 활동지를 검사하고 약속 아이디어와 거절 이유를 칠판에 적는다. 반 전체 학생이 함께 '최고의 약속 아이디어상', '최악의 약속상', '최고의 거절상' 및 '최악의 거절 이유상' 등을 선정한다.

게시판

❶ 활동 시작 전, 교사는 학생들에게 흔히 볼 수 있는 약속내용과 거절이유를 연습시킨다.

❷ 반 전체 학생을 2~4모둠으로 나눈 뒤 교사와 약속을 정하게 한다. 최단시간 내에 교사와 약속을 정하는 모둠이 승리하는 방식으로 진행할 수도 있다.

❸ 교사는 약속내용과 거절이유를 각각 카드에 적은 다음 학생들에게 약속카드 1장, 거절카드 1장씩 배분하여 교실을 자유롭게 움직이며 다른 파트너들과 대화 연습을 하게 할 수도 있다.

문장편

116 길 묻고 그림 붙이기 [길 묻기]

활동목적

문답 연습을 통해 길 묻기에 필요한 의사소통 능력을 키울 수 있다.

활동준비

❶ 251~253쪽의 활동지 A, B, C를 복사한다.
  ★ A, B, C 복사 분량 = 학생 수 / 2
❷ 모둠별로 가위와 풀을 준비한다.

참고문장

길 묻기	길 안내하기
请问，地铁站在哪儿?	一直向/往前走。
请问，哪儿有咖啡厅?	第二个路口向/往左转。
去动物园怎么走/坐什么车?	就在路口的西北角。
电影院离这儿远吗?	

활동방법

❶ 2명의 학생을 짝으로 하고 교사는 활동지 A, 가위, 풀을 나눠준다. 각 모둠은 먼저 활동지 A의 그림을 하나씩 오리고 1명 당 1세트씩 가져간다.

❷ ❶이 끝나면, 교사는 모둠별로 활동지 B와 활동지 C를 1장씩 나눠주고, 2명의 학생은 각각 1장씩 가져간다.

❸ 교사는 대화 예문을 칠판에 적고, 각 모둠 학생들은 대화를 통해 자신의 지도를 완성시킨다. 예를 들어 학생 A가 "火车站在哪儿?(기차역은 어디에 있나요?)"라고 물으면, 학생 B는 자신의 활동지 오른쪽 상단의 작은 그림에 근거해 "一直往前走，第二个路口往右转就到了。(직진하다가 두번째 골목에서 우회전하면 바로 있어요.)"라고 대답한다. A는 B의 힌트대로 기차역 위치를 찾아 기차역 그림을 자신의 활동지에 붙인다. 완성되면 B가 질문, A가 대답을 하고, B는 A의 대답에 근거해 그림을 붙인다.

❹ 모든 그림이 다 붙여지면 2명의 학생은 활동지를 함께 펼쳐놓고 서로 검사한 뒤 교사에게 결과를 보고한다. 그림을 모두 바른 위치에 붙인 학생에게 상을 준다.

게시판

각 모둠마다 주사위를 나누어 주고 주사위를 던져 가장 큰 숫자가 나온 학생부터 질문하고, 그림을 붙여 먼저 지도를 완성하게 하는 활동으로 줄 수도있다.

117 정류소 표지판 붙이기
[승차하기]

听 说 짝

활동목적

정류소 이름 말하기 게임을 통해 중국에서 승차할 때 듣게 되는 안내 문구를 익힐 수 있다.

활동준비

❶ 254~255쪽의 활동지 A, B를 복사한다.

❷ 모둠별로 가위와 풀을 준비한다.
★ A, B 복사 분량 = 학생 수 / 2

참고문장

1. 各位乘客请注意，前方到站北京站。北京站就要到了，请要下车的乘客做好准备。

2. 北京站到了，请下车的乘客带好行李物品依次从后门下车，开门请当心，下车请走好。下一站是前门站。

활동방법

❶ 2명의 학생을 한 모둠으로 짝지어 준다. 교사는 각 모둠마다 활동지 A, 활동지 B, 가위, 딱풀을 나누어 준다. 각 모둠은 활동지 A의 정류소 표지판 그림을 하나씩 오려낸다.

❷ 교사가 중국어로 정류소 이름을 말하면(정류소 이름의 순서는 교사가 정함), 학생들은 신속하게 해당 정류소 표지판 그림을 찾아 활동지 B의 해당 위치에 붙인다.

게시판

정류소 이름을 말하는 방식을 승객이 길을 묻는 방식으로 바꿔도 된다. 예를 들어 각 모둠이 돌아가며 "这路车到……站吗?(이 차 …… 정류소 가나요?)" 혹은 "……站是第几站? (…… 정류소는 몇 번째 정류소인가요?)"과 같이 물으면 교사가 대답을 하고, 학생들은 신속하게 해당 정류소 표지판 그림을 찾아 활동지에 붙이는 방식으로 진행할 수도 있다.

문장편

118 손님맞이 [방문]

활동목적

모의 접대 및 방문 활동을 통해 중국인의 손님 접대 및 방문 문화를 이해할 수 있다.

참고문장

주인	손님
欢迎欢迎！	不好意思，打扰了。
快请进！	这是我的一点儿心意，请收下。
哪里哪里，别客气。	谢谢！您太客气了。
请坐。	非常好吃，谢谢！
这种苹果很好吃，您／你再吃一个吧。	这茶很好喝。
请喝茶。	你的家太漂亮了！
吃点儿点心吧。	我可以用一下洗手间吗？
多吃点儿。	谢谢您的热情款待。
欢迎下次再来！	我吃好了。
您慢走！	时间不早了，我该走了。
	请留步！

활동준비

미리 학생들에게 컵 1개, 그릇 1~2개, 과일 혹은 간식 소량을 준비시킨다.

활동방법

❶ 2~3명의 학생을 한 모둠으로 하여, 임시로 '접대팀'과 '손님팀' 2팀으로 나누는데, 각 모둠의 수는 비슷하게 한다. 각 모둠은 중국어로 모둠명을 정한다.

❷ '접대팀'은 식탁과 의자를 배치하고 컵과 접시, 간식과 과일을 보기 좋게 놓는다. 각 모둠의 중국어 모둠명을 백지에 쓴 뒤 잘 보이는 곳에 붙인다. 교사는 손님 접대와 방문에 쓰이는 표현의 예문을 칠판에 쓰고, 2개의 점수표를 그린다.

손님팀 점수표 ('접대팀'이 점수 기입)

评分 小组名	非常好 100分	很好 90分	一般 80分	不好 60分	非常不好 50分

접대팀 점수표 ('손님팀'이 점수 기입)

评分 小组名	非常好 100分	很好 90分	一般 80分	不好 60分	非常不好 50分

❸ '접대팀'이 준비를 마치면 '손님팀'은 손님이 되어 방문한다. 교사는 돌아다니며 손님을 접대하거나 손님으로 방문할 때 모두 중국어로 의사소통을 하는지 감독한다.

❹ 활동 종료 후, '접대팀'과 '손님팀'의 대표는 방문 혹은 접대 정황에 근거해 점수표에 점수를 매긴다. 교사는 점수에 따라 '베스트 접대'와 '베스트 손님'을 선발한다.

게시판

❶ 교사는 위생과 안전을 위해 학생들에게 물컵, 과일, 음식 등을 깨끗하고 신선한 것으로 가져오도록 지도한다.

❷ 교사는 '손님팀' 학생들에게 '접대팀'에 방문할 때 작은 선물을 해도 좋다고 알려줘도 된다.

❸ 활동 종료 후, 교사는 학생들에게 한국인과 중국인의 손님 접대 및 방문 문화의 공통점과 차이점을 소개해도 좋다.

문장편

119 미니 인터뷰 [문답]

활동목적

모의 인터뷰를 통해 중국어로 묻고 답할 수 있다.

참고문장

你对这件事怎么看?
对于这个问题，你有什么想法?
你印象最深的是什么事?

请谈谈你对这件事的看法吧。
你最大的收获是什么?

활동방법

❶ 교사는 인터뷰 주제와 인터뷰에 자주 쓰이는 단어 및 문형을 칠판에 적는다.

❷ 반 전체를 4개 팀으로 나누고 교사를 인터뷰 대상으로 한다. 각 모둠은 토론 후 각각 6~10개의 질문 내용을 노트에 적어 교사에게 제출한다.

❸ 교사는 각 팀에서 제출한 질문을 칠판에 적는다.(같은 질문은 한 번만 적되 동일 문항의 횟수는 체크해 둔다.) 그 다음 가장 실용적인 질문 8~10개를 선정한다.

❹ 각 모둠은 선정된 문항을 돌아가며 교사에게 묻고 교사의 대답을 기록한다.

❺ '인터뷰'를 마친 뒤 모든 학생은 간단한 기사문을 작성해 교사에게 제출한다. 교사는 그 중 가장 우수한 작품을 뽑아 반 전체 학생들에게 들려준다.

게시판

❶ 교사는 학생들에게 지정된 주제 내에서 스스로 인터뷰 질문을 만들어 수업이 끝난 후 같은 반 친구, 선생님, 부모님 또는 중국 친구 등을 취재하고 그 내용을 다음 수업 시간에 반 전체 학생들에게 발표하게 할 수 있다. 발표 형식은 구두 발표를 하거나 문서로 작성하여 읽게 할 수 있다.

❷ 교사가 활동지를 만들어 모든 학생들에게 1장씩 나눠주면, 학생들은 교실을 돌아다니며 학생들을 인터뷰한 뒤, 기록한 내용을 적어 학생들 앞에서 발표할 수 있다.

假期生活

	名字	名字	名字
1. 你的假期过得怎么样?			
2. 你去了什么地方?			
3. 你最大的收获是什么?			
4. 你最难忘的一件事是什么?			
5. 下个假期你打算做什么?			

❸ 교사는 '인물탐구' 대회를 기획해 학생의 인터뷰 보고서에 응답자의 사진을 붙여 포스터로 만들어 전시 및 평가할 수 있다.

❹ 인터뷰 주제는 풍부하고 다양하기 때문에 교사는 해당 반 학생들이 어떤 주제에 관심이 있는지 사전에 조사해 학생들이 흥미있어하는 주제나 질문을 다양하게 설정할 수 있다.

문장편

120 사라진 단어
[기억하여 말하기]

说 读 모둠·단체

활동목적

기억 훈련을 통해 단락을 빠르게 기억하여 쓰는 능력을 키울 수 있다.

활동준비

연습할 단락을 정하고 핵심단어를 고른다.

활동방법

❶ 교사는 연습할 단락을 칠판에 적고(PPT를 사용해 보여줘도 됨), 학생들이 익숙해질 때까지 따라 읽게 한다.

❷ 교사는 단락 중 단어 몇 개를 지운 뒤 학생들에게 지운 단어를 말하게 하거나 칠판 앞으로 나와 빠진 부분을 채우게 하고, 잘못된 부분은 바로잡아준다.

❸ 교사는 다시 단락의 핵심단어(연결어가 가장 좋음)만 남기고 다른 글자들은 모두 지운 뒤, 학생들이 핵심단어에 근거해 전체 단락을 자기 말로 바꿔 말하도록 지도한다.

게시판

❶ 학생에게 단시간에 지나치게 긴 문단을 기억하게 하지 않도록 한다. 단락의 길이를 학생들의 수준에 맞게 조절한다.

❷ 교사는 이미 배운 본문을 3인칭을 1인칭으로, 또는 대화문을 서술문으로 변형하여(예 3인칭을 1인칭으로) 단락을 준비할 수 있다.

❸ 교사는 전체적인 흐름을 잡고, 쉬운 것에서 어려운 순서로 한 마디씩 진행하다가 점진적으로 전체 단락을 기억하고 말하게 해야 한다. 활동의 마지막에 교사는 칠판의 내용을 다 지우고 학생들에게 아무런 힌트도 없는 상황에서 말하게 할 수 있다.

121 이야기 대회 [서술]

활동목적

그림 보고 말하기를 통해 중국어로 사물을 묘사하고 사건을 서술하는 능력을 기를 수 있다.

활동준비

활동지 256쪽을 복사한다.

★ 복사 분량 = 모둠 수

활동방법

❶ 학생 4명을 한 모둠으로 하고 교사는 각 모둠에 활동지를 1장씩 나눠준다.

❷ 각 모둠의 학생들은 활동지의 4컷 그림을 오린 뒤 이야기의 줄거리에 맞게 그림을 배열하고 그림 위에 번호를 적는다. 다 적은 모둠은 차례로 교실 앞으로 나와 이야기를 발표한다. 발표 시 4명의 학생 모두 그림을 1장씩 들고 순서에 맞게 각자 손에 들고 있는 그림의 장면을 묘사해 전체 이야기를 완성한다.

❸ 모둠 별로 이야기가 끝날 때마다 교사는 학생들과 '이야기 꾼'을 선발하고, 각 모둠의 '이야기 꾼'들이 한 모둠이 되어 다시 한 번 감정을 살려 이야기를 들려주게 한다.

게시판

❶ 교사는 미리 칠판에 활용 가능한 단어와 문형을 적어둔다. 그림마다 최소한 2개의 문장을 사용해 묘사하게 하거나 지정된 문형을 반드시 사용하도록 하는 등의 규칙을 정할 수도 있다.

❷ 교사는 활동지의 일부 그림을 미리 빼놓은 뒤, 학생들이 토론을 통해 빠진 그림을 그려 놓고 스토리 전체를 발표하게 할 수 있다. 발표가 끝난 뒤 교사는 원본 그림을 보여주고 학생들의 상상과 원본이 어떻게 다른지 비교하게 한다.

❸ 교사는 학생 2명을 짝으로 하고, 각 학생에게 무작위로 그림을 2장씩 나눠준다. 상대방 그림을 보지 않고 자신의 그림만 묘사하며 협력을 통해 전체 스토리의 줄거리를 이해하게 한다. 다 묘사했으면 자신의 그림에 순서를 적게 한다. 다 적은 후 두 학생은 4장의 카드를 연결해 순서가 정확한지 확인한다.

❹ 교사는 각 모둠 학생들에게 활동지의 이야기를 역할을 분담해 연기하도록 할 수 있다.

122 우리는 시나리오 작가
[서술]

说 读 写 모둠

활동목적

끝말잇기를 통해 문장 속 서로 다른 성분들의 위치를 익히고 단락 표현 능력을 키울 수 있다.

활동준비

❶ 연습할 문장형식을 선정한다. 문장형식은 이야기 연결이 가능한 것이 좋다.

❷ 활동지를 준비 및 복사한다.

1. （名字）和（名字）	1. （　　）和（　　）
2. （什么时候）	2. （　　）
3. 在（哪儿）	3. 在（　　）
4. （做什么）	4. （　　）
5. 他们在哪儿看见（　　）	5. 他们在哪儿看见（　　）
6. 还看见（　　）	6. 还看见（　　）

★ 복사 분량 = 모둠 수

활동방법

❶ 6명의 학생을 한 모둠으로 하고 교사는 각 모둠에 활동지를 1장씩 나눠준다. 각 모둠의 학생들은 먼저 표의 1번부터 6번 항목의 내용을 채워 쓴다. 모두 한 항목씩 다 쓴 다음 점선대로 밖으로 접어 다른 모둠원이 자신이 쓴 부분을 볼 수 없게 한다.

1. （ 名字 ）和（ 名字 ）	1. （ 孙伟 ）和（ 孙老师 ）
2. （ 什么时候 ）	2. （ 周末 ）
3. 在（ 那儿 ）	3. 在（ 图书馆 ）
4. （ 做什么 ）	4. （ 打篮球 ）
5. 他们在那儿看见（　　）	5. 他们在那儿看见（ 一头大象 ）
6. 还看见（　　）	6. 还看见（ 一只小鸟 ）

❷ 모든 학생들이 다 채워 넣었으면, 교사는 각 모둠의 학생들에게 접은 종이를 펼치게 해 자신의 모둠원들이 적은 문장을 어떤 이야기로 연결할 수 있을지 살펴보게 한다. 모둠별로 충분한 토론을 통해 기존에 있던 내용을 조금 더 보완하고 다듬는다. 삽화를 넣어 재미있는 스토리북으로 만들 수도 있다.

❸ 각 모둠은 대표를 내보내 모둠의 작품을 전시하고 반 전체 학생들에게 창작한 이야기를 들려준다. 마지막에 교사는 학생들과 함께 '단체 시나리오상'을 선정한다.

게시판

❶ 이 게임은 다음과 같이 방식을 바꿔 진행할 수도 있다. 교사는 연습할 단어나 문형을 칠판에 적는다. 학생 몇 명이 한 모둠이 되어 첫 번째 학생이 문형을 하나 골라 이야기의 처음 두 문장을 적으면 다음 학생이 또 다른 문형을 골라 이어서 두 문장을 적어나가는 방식으로 한 편의 이야기를 완성한다.

❷ 교사는 '94 카드말 잇기'의 형식을 참고해 이 활동을 진행할 수도 있다.

❸ 이 활동은 다양한 문형과 단락 구성연습에 활용할 수 있다. 교사가 해당 과에서 배운 지식과 결합해 적당한 이야기의 틀을 제공해주는 것이 중요하다.

문장편

123 속기사 [서술]

활동목적

구를 이어 문장 만드는 연습을 통해 듣기, 말하기, 읽기, 쓰기 능력을 전반적으로 키울 수 있다.

활동준비

다음과 같이 글 한 편을 골라 몇 개의 문장으로 분리하고 순서를 섞은 뒤 번호를 매긴다.
5. 我有一个非常喜欢的歌手，我一直觉得他的发型很酷。
4. 于是，上个月我去理发店烫了一个和他一样的发型。
1. 我觉得自己很酷，可是爸爸妈妈都很不喜欢我的新发型。
6. 还有很多朋友都问我，你是不是戴了一个假发。
7. 上个周末我最终决定做回原来的发型。
3. 是因为周末我去看电影时，后座的女孩儿说的一句话。
2. 她说："对不起，你能摘了帽子吗？虽然这顶帽子很漂亮。"

활동방법

❶ 교사는 준비한 문장을 모두 오려 쪽지로 만든 뒤 교탁 위에 둔다.

❷ 2명이 한 조가 된다. 한 학생이 교탁 앞으로 나와 쪽지를 하나 고르고 적힌 문장을 암기한 뒤(문장의 순서 포함) 제자리로 돌아가 짝에게 들려주면, 짝은 들은 문장을 노트에 적는다. 역할을 바꿔가며 모든 문장을 다 적을 때까지 암기하고 듣고 쓰기를 계속한다. 교사는 중복 암기하는 상황이 발생하지 않도록 각 조의 학생들을 주의시킨다.

❸ 두 학생은 모든 문장을 다 적은 뒤 협력하여 문장을 순서에 맞게 배열한 다음, 논리적으로 매끄럽게 완성하여 학생들 앞에서 큰 소리로 읽어준다.

게시판

❶ 학생 수가 많을 경우 교사는 연습할 문장을 여러 세트 준비해 교탁 위에 놓고 암기하도록 할 수 있다.

❷ 활동에서 연습하는 내용은 한 편의 글이나 대화문이어도 되고, 한 문장으로 만들 수 있는 몇 세트의 단어나 한자여도 좋다.

124 외국인 아나운서 [낭독]

활동목적

낭독 연습을 통해 속독 능력을 키울 수 있다.

활동준비

일기예보, 기사, 뉴스, 오락뉴스, 연극, 단막극, 또는 만담같은 단문을 선정하여 활동지나 PPT로 만든다.

★ 활동지 복사 분량 = 학생 수

활동방법

❶ 교사는 모든 학생에게 활동지를 나눠주거나 PPT를 보여주고, 3~5분 가량 연습할 시간을 준다.

❷ 학생들은 차례로 일어나 생동감 넘치게 짧은 글을 낭독한다. 교사가 규정한 시간을 넘긴 학생은 앉아서 다시 낭독을 준비한다.

❸ 교사는 낭독을 잘하는 학생 4~6명을 선발해, '1번 선수, 2번 선수'와 같이 번호를 매긴 뒤 '외국인 아나운서 대회'를 개최한다. 선수들은 차례대로 교탁 앞으로 나와 낭독하고 다른 학생들은 투표를 한다 (대회가 끝나면 우수한 학생의 번호를 작은 쪽지에 적어 작은 상자에 담는다). 대회가 종료되면 교사는 점수를 집계하고 득표수가 가장 많은 선수가 '최우수 아나운서' 타이틀을 얻게 된다.

게시판

❶ 본문이 긴 수업 중에 진행하여 교실 분위기를 활기차게 할 수 있다. 교사는 1:1 시합방식으로 학생들이 서로 도전하게 하여, 누가 더 빠르고 정확하게 읽는지 평가할 수도 있다.

❷ 교사는 사전에 학생들에게 과제를 주어 학생이 본문을 스스로 준비하고 낭독할 수 있도록 할 수 있다.

문장편

125 손가락 대화 [대화]

활동목적

상황극을 통해 작문과 회화 능력을 키울 수 있다.

활동준비

❶ '上课迟到(수업에 지각하다)'와 같이 연습할 주제를 고르고, 해당 주제와 관련된 단어 또는 문장을 준비한다.

기다리는 사람	지각한 사람
都九点了，你怎么才来?	真抱歉，我来晚了。
你怎么又迟到了?	让你久等了。
你晚了半个小时。	我起晚了，路上又堵车，所以迟到了。
下次早点出门，不要再迟到了。	对不起,下次我一定注意。

❷ 학생들에게 미리 수성 사인펜을 준비시킨다.

활동방법

❶ 교사는 '上课迟到(수업에 지각하다)'를 주제로 정하고 참고단어와 문장을 칠판에 적은 뒤, 학생들에게 5~10분 내로 칠판의 내용을 참고하여 대화 한 토막을 만들도록 지시한다.

❷ 학생들은 대화를 완성하고 자신의 손가락에 대화 속 캐릭터 2명을 그린 뒤, 차례대로 교실 앞으로 나와 손가락을 이용하여 상황극을 펼친다. 교사는 바로 피드백을 해준다.

❸ 상황극이 끝난 뒤 교사는 학생들에게 상황극 대화를 적어 다음 수업 시간에 제출하도록 숙제를 내줄 수 있다.

게시판

❶ 학생의 수준이 높은 편일 경우 교사는 '学校生活(학교생활), 环境保护(환경보호)'등과 같은 큰 주제만 제시하고, 학생들 스스로 구체적인 화제와 단어와 문장을 선택하도록 해서 활동을 진행할 수 있다.

❷ 교사는 미리 학생들에게 색종이로 손가락 캐릭터의 모자를 만드는 등 더 많은 소품을 준비시켜 게임의 흥미를 높일 수 있다. 또한 더 많은 손가락을 사용해 여러 명의 대화로 이루어진 상황극을 보여주게 할 수도 있다.

❸ 학생이 상황극을 펼칠 때, 교사는 학생의 손가락 사진을 찍어준 뒤 학생들에게 자신의 '손가락 대화' 포스터를 디자인하도록 할 수 있다.

문장편

126 대화 순서 나열하기 [대화]

활동목적

대화 순서 나열하기 연습을 통해 회화 수준을 높일 수 있다.

활동준비

❶ 연습할 대화를 선정하거나 직접 만든다.

喂，请问林华在吗?	
	他不在，您是哪位?
我是他的好朋友，我叫乔丹。	
	他上课去了，马上就回来。
那我一会儿再打吧。	
	好的。
谢谢你，再见!	

❷ 대화를 여러 부 복사하고, 점선을 따라 각 문장을 자른 뒤 순서를 섞어 한 세트씩 놓는다.

★ 복사 분량 = 모둠 수

활동방법

❶ 2명의 학생을 한 모둠으로 하고 모둠별로 대화문을 한 세트씩 나눠준다. 2명이 의논해 대화문을 연결하고 완성한 모둠은 손을 든다. 교사는 어떤 모둠이 빠르고 정확하게 완성했는지 검사한다.

❷ 모둠별로 대화 내용을 암기했으면 교실 앞으로 나와 대화를 발표한다.

게시판

❶ 교사는 대화를 만들 때 대화 순서의 정답이 하나만 존재하도록 주의해야 한다.(즉 올바른 나열 순서가 하나인 것이 가장 좋다.)

❷ 게임의 난이도와 도전성을 높이기 위해, 대화문을 만들 때 일부러 틀린 글자 몇 개를 넣거나 대화 문장 하나를 생략하여 학생들이 글자를 고치거나 문장을 추가하게 할 수 있다.

127 영화 더빙사 [대화]

활동목적
모의 영화더빙 활동을 통해 모방, 상상력 및 표현 능력을 키울 수 있다.

활동준비
영화 및 드라마 장면 또는 인터넷 동영상 클립 하나를 고른다. 학생들이 내용을 쉽게 추측할 수 있도록 장면이나 줄거리에 특징이 있어야 하고, 길이는 3~5분이 적당하다.

활동방법

❶ 교사는 먼저 무음 상태로 짧은 동영상을 두 번 재생해준다.

❷ 2~4명의 학생이 한 모둠이 되어 8~10분 동안 해당 동영상의 대화를 만든다.(모둠원의 수와 동영상에 등장하는 인물의 수는 같다.)

❸ 교사는 무음 상태로 ❶의 동영상을 다시 반복 재생해주고, 각 모둠 학생들은 본인들이 만든 대화로 동영상 더빙을 한다. 먼저 연습한 뒤 돌아가며 교실 앞으로 나와 발표를 할 수도 있다.

❹ 교사는 마지막에 무음 상태를 해제한 ❶의 동영상을 재생해주고, 반 전체 학생들은 '最佳配音团队(최우수 더빙팀)'을 선정한다.

게시판

❶ 교사는 미리 힌트 단어와 문장을 제시할 수 있고, 학생들에게 필수로 사용해야 하는 단어나 문장을 제시할 수도 있다.

❷ 활동의 흥미를 더하기 위해 교사는 학생들에게 '最富想象力团队(최고의 상상력팀)', '最具幽默感团队(최고의 유머팀)', '最佳表演团队(최우수 연기팀)' 등 다양한 상을 수여할 수 있다.

문장편

128 즐거운 사전 [종합복습]

활동목적

지식 퀴즈를 통해 종합복습을 돕는다.

활동준비

❶ 9개의 주제를 선정한다. 각 주제마다 학생들의 흥미를 끌만한 질문 6~8개를 만들어 종이 1장에 질문을 하나씩 적은 뒤, 주제별로 분류해 각각 9개의 봉투에 넣는다.

주제&질문 예시

爱好(취미)—你的爱好是什么?/你喜欢打篮球还是打网球?
水果(과일)—翻译词语: three apples/seven pears / 用汉语说出两种这个城市能买到的水果。
国家(국가)—用汉语说出中国的三个邻国。/西班牙在哪个洲?
身体(신체)—仿照 "我的眼睛很大" 造一个句子。/ 你的个子高还是老师的个子高?
动物(동물)—用汉语说出六种动物的名字。/ 熊猫是哪个国家的国宝?
数字(숫자)—用汉语读电话号码15611030951。/ 56加34等于多少?
活动(활동)—你今天早上是几点起床的? / 你吃早饭了吗?
节日(명절)—中国人过春节的时候常常吃什么? / 你们国家的国庆节是哪一天?
服装(복장)—翻译句子: "I have a pair of red shoes." / 你的鞋是什么颜色的?

❷ 큰 백지에 바둑판 모양을 그리고, 연습할 9개의 주제를 각 칸에 채운다.

爱好	水果	国家
身体	动物	数字
日常活动	节日	服装

❸ 2가지 색의 자석(또는 스티커)을 9개씩 준비한다.

활동방법

❶ 교사는 완성된 바둑판을 칠판에 붙이고 반 전체 학생들을 두 모둠으로 나눈 뒤 2가지 색의 자석을 각 모둠별로 9개씩 나눠준다.

❷ 각 모둠은 돌아가며 학생 1명을 지정해 자석 하나를 들고 칠판 앞으로 나가 질문에 답하게 한다. 지정된 학생은 일단 바둑판에서 무작위로 주제 하나를 고르는데, 예를 들어 '国家(국가)'를 선택했다면 '国家(국가)' 주제 봉투 안에서 질문 하나를 뽑아 답한다. 해당 학생은 답이 맞았을 경우 자석을 '国家(국가)' 칸에 붙이고, 틀렸으면 자석을 들고 자리로 돌아간다.

❸ 가장 먼저 자석으로 가로, 세로 또는 대각선을 연결한 모둠이 승리한다.

❹ 교사는 자석을 걷고, 다시 학생들에게 나눠준 뒤 활동을 반복한다.

게시판

❶ 이 활동은 언어운용과 문화지식의 종합적 습득훈련에 주로 활용되며, 문법과 문장훈련에도 활용될 수 있다. 교사는 수업상황과 학생의 수준에 따라 유동적으로 준비할 수 있다.

❷ 교사는 학생의 수준과 흥미를 고려하여 주제와 질문을 준비해야 하고 내용은 다양하게 할 수 있다.

❸ 교사는 질문의 답을 작은 글씨로 질문지 뒷면의 귀퉁이에 적어놓아 활동 도중에 쉽게 찾도록 할 수 있다.

❹ 활동이 끝났는데도 아직 뽑히지 못한 문제가 남아 있다면 스피드 퀴즈를 진행해도 된다.

수업노하우

수업준비

1. 어떻게 교재를 선택하고 준비하는가?

💬 **생각해볼 문제**
새 교과 과정 시작 전, 어떻게 교재를 선택하고 준비할 것인가?
A. 자신이 좋아하는 교재 혹은 이전에 사용한 적이 있는 교재를 선택.
B. 학생들의 의견을 구함.
C. 다른 교사와 상의하거나 경력이 풍부한 교사의 추천을 따름.
D. 관련 부서 혹은 출판사에 자문을 구함.

교사는 새 교과 과정 시작 전 신중하게 교재를 선택해야 한다. 교재의 적합성 여부는 교실 수업이 순조롭게 진행될지, 학생들이 최단시간 내에 최대의 학습 성과를 거둘 수 있을지를 상당 부분 결정한다. 교재 선택시 다음 몇 가지 사항을 고려할 수 있다.

一 적절성
 1. 난이도는 어떠한가? 학생들의 중국어 수준 향상에 도움이 되는가?
 2. 학생들의 연령, 문화 배경, 학습 목표에 부합하는가?
 3. 현지의 수업 요강에 적합한가?

二 합리성
 1. 체계가 완벽하고 단계적인가?
 2. 모든 교과 내용이 서로 긴밀하게 연결되어 있는가?
 3. 언어와 문화 설명의 난이도와 정확도는 어떠한가?
 4. 상용 어휘와 문형의 반복 출현 빈도는 어떠한가?
 5. 기계적 연습과 사교적 연습이 같이 이루어지도록 되어 있는가?
 5. 연습용 교재와 교사용 지도서가 부록으로 덧붙여 있는가?

三 흥미성
 1. 학생들이 즐겨 보고 듣는 주제로 구성되어 있는가? 현대적 내용을 담고 있는가?
 2. 동적인 것과 정적인 것의 결합적 특징이 드러나는가?
 3. 생동적이고 재미있는 교실 활동을 담고 있는가?
 4. 연습 형식이 다양한가?
 5. 학생들의 적극성을 불러일으키는 데 도움을 주는가?

四 창의성
 1. 기존 교재의 저술 이념과 다른 점이 있는가?
 2. 삽화 디자인 등에 독창성이 있는가?
 3. 멀티미디어 등 수업 보조 자료가 있는가?

2. 어떻게 하면 효율적으로 교재를 사용할 수 있을까?

💬 **생각해볼 문제**
새 교과목을 가르칠 때 보통 어떻게 교재를 사용하는가?
A. 교재 하나만 사용.
B. 교재 + 직접 준비한 자료
C. 교재를 거의 사용하지 않음.
D. 여러 교재를 결합해 사용.

수업할 때 습관적으로 어떤 고정된 교재에 의존하는 일부 중국어 교사들의 경우, 교재 한 권만 있으면 걱정 없이 한 학기를 보내기도 한다. 하지만 실제로 교재 한 권으로는 수업의 수요를 완벽하게 만족시키기 어려우므로, 교사는 수업을 준비하면서 교재를 재가공하고 재창조할 필요가 있다. 이를 위해서는 우선 교과목과 관련된 각종 교재의 이념, 저술 원칙, 구성 설계 등을 전반적으로 이해하고 파악해야 한다. 그런 다음 학급 학생의 실제 상황과 교과목의 교육 목표를 결부시켜 교재를 선택해야 한다. 하나의 교재를 주요 교재로 삼고 그와 동시에 다른 교재의 정수(精髓)를 더하는 것은 비교적 좋은 방법이라 할 수 있다. 책에 쓰인 대로 읽는 교사는 절대 좋은 선생님이 아니다. 중국어 교육의 매력은 교사가 매 수업마다 표출하는 상상력과 창의력에 있다.

예를 들어 '운동'에 관한 주제로 수업을 할 때, 전체적으로는 주요 교재 내용에 따라 수업을 진행하면서 동시에 다른 교재의 '운동' 주제와 관련된 내용을 분석하여 그 중 실용적인 어휘, 문형, 교실 활동, 연습문제, 그림 및 동영상 등의 자료를 고르고 정리해 자신의 수업을 보강할 수 있다.

현재 대부분의 중국어 교재는 중국어 지식의 해설과 훈련 부분이 충분하기 때문에 교사가 추가적으로 필요한 자료는 보통 도입 부분, 교실 활동, 문화 토론 주제, 언어 실천 과제 설계 정도이다. 교실 활동은 본 교재의 '활동 설계' 부분을, 도입 부분 설계는 본 Q&A의 34번 항목을 참고하면 된다. 문화 토론 주제와 언어 실천 과제는 본문 내용 및 학생의 관심과 긴밀하게 결합해 설계해야 한다. 이 외에 교사는 인터넷을 통해서도 관련 자료를 얻을 수 있다.

참고 사이트
http://www.greatwallchinese.com.cn
http://www.mandarintools.com
http://www.chine-informations.com
http://chinesepod.com

3. 수업을 준비하면서 주의해야 할 점은?

📧 **편집자 우편함**
저는 중국어 교사 자원봉사자입니다. 중국어 수업을 하기 전, 저와 학생들은 똑같이 많은 시간을 들여 수업 준비를 하고 지도안도 상세하게 작성했는데 수업에서 큰 효과를 보지 못했습니다. 이유가 뭘까요?

교실 수업 효과의 좋고 나쁨은 어느 한 가지 요인에 의해 결정되는 것이 아니라 교사, 학생, 교재, 수업 여건 및 환경 등 다양한 요소들이 영향을 미친다. 그 중 수업 준비는 굉장히 중요한 요소 중 하나로, 준비가 철저해야 적은 노력으로 큰 효과를 낼 수 있다. 강의안은 반드시 작성해야 하지만 상세함과 간략함의 정도는 사람마다 다르다. 핵심은 교사가 수업 전 과정에 대해 분명하게 파악하고 있어야 한다는 것이다. 수업을 준비할 때 다음 3가지 사항에 주의한다면 최상의 효과를 거둘 수 있을 것이다.

一 교재에 대한 준비
충분한 교재 연구를 토대로 교재의 체계와 특징뿐만 아니라 해당 교과목의 교육 목표, 중점, 방법, 순서, 판서 설계 등도 파악해야 한다. 아울러 사용하는 교재와 다른 비슷한 교재의 차이점을 비교하여 나쁜 부분은 버리고 좋은 부분은 취함으로써 사용하는 교재의 불합리한 부분을 개편 및 재가공 한다.

二 학생에 대한 준비
수업 대상의 특징을 연구하여 어떤 교육 방법과 훈련 방법이 학급 학생들에게 가장 적합할지 진지하게 고민하고 채택한다. 구체적으로 말하자면, 교사는 "어떤 학생들이 외향적이고 내성적인가? 학생들은 무엇에 흥미를 갖는가? 학생들의 사이는 어떠한가? 중요한 질문을 누구에게 해야 교실 분위기를 환기시킬 수 있을까? 어떻게 해야 학생들의 주의를 집중시킬 수 있을까?" 등과 같은 문제에 대해 진지하게 생각해볼 필요가 있다.

三 활동에 대한 준비
교실 활동은 언어에 대한 교육 목표를 실현하고 훈련을 완성하는 과정이자, 학생들의 학습 열정을 자극하고 활기찬 교실 분위기를 조성하는 중요한 수단이다. 교실 활동을 넣는 타이밍은 수업, 시간, 학생에 따라 다르고 모든 수업 단계에 반드시 필요한 것은 아니므로, 교사는 실제 수업에 따라 정교하게 설계하고 준비해야 한다.(구체적인 방법은 본 교재 '교실 활동 설계' 부분 및 26, 27, 28번 항목 참고)

요컨대 크게는 한 학기 수업 준비에서 작게는 본문 한 단락에 대한 수업 설계에 이르기까지 교사는 수업 준비 시 총체적인 계획이 필요하다. 성공적인 교실 수업은 우연히 만들어지는 것이 아니라 교사의 준비로 만들어지는 것이다.

4. 중국어 수업에서 멀티미디어의 역할은?

📩 편집자 우편함
저는 중국에서 중국어를 가르치는 교사입니다. 컴퓨터 고수인 동료 교사 L은 매 수업 시간마다 멋진 PPT를 활용합니다. 반면에 Z교사는 수업 시간에 멀티미디어를 잘 활용하지 않는데도 불구하고 좋은 수업 효과를 거뒀습니다. 저는 어떤 교사를 본받아야 할까요?

인터넷과 멀티미디어 기술의 발전으로 수업 시간에 신식 교육 매체를 보조용으로 활용하는 교사들이 늘고 있는데, PPT는 가장 간단하면서도 자주 사용되는 도구 중 하나이다. 전통적인 교육 방식과 견주어 볼 때 멀티미디어는 집약성, 통제성, 쌍방향성, 실시간성, 상호작용성, 정보 사용의 편리성, 정보 구조의 역동성 등에서 훨씬 우세하다.

멀티미디어가 중국어 수업에 가져다 준 이점과 변화는 의심의 여지가 없지만, 교사는 멀티미디어 기술에 과도하게 의존하기보다 수업 내용과 목표에 맞게 합리적으로 선택해야 한다. 또한 멀티미디어 사용은 전통 수업 방식을 완전히 배제하는 것이 아니라 전통 수업의 경험과 성과를 계승하는 것으로, 각종 교육 매체의 장점을 발휘하고 교실 수업의 전 과정에 같이 적용하면 교육 효과의 최적화를 실현할 수 있다. 이러한 점에서 볼 때, 멀티미디어는 '전통 수업을 대신한다'기보다 수업에 '금상첨화' 역할을 한다고 할 수 있겠다.

사실 교사는 멀티미디어를 준비할 때 전통 수업에 비해 더 많은 심혈을 기울이게 되는데, 수업 방법을 정성껏 설계하고, 이미지와 동영상을 수집하며, 전자 코스웨어를 제작하고, 교실에서 멀티미디어 설비를 조작하는 동시에 전 방위로 수업을 구성해야 한다. 만약 교사가 전통적인 수업과 멀티미디어 기술 사용을 적절히 결합할 수 있고, 특히 멀티미디어 사용 과정에서 '정도'와 '양'에 주의한다면 분명 놀라운 효과를 볼 것이다.

5. 새 과의 수업 준비는 어떻게 해야 하나?

📩 편집자 우편함
저는 현재 중국어 국제 교육 석사과정 대학원생으로 다음 달 국가한반의 외국 파견 중국어 교사 자원봉사자 시험에 응시할 예정입니다. 듣자하니 시험 중 강의 시연이 있다고 하는데 제게 새로운 본문이 주어졌을 때 배정받은 후 어떻게 준비하면 좋을지 알고 싶습니다.

새 과를 준비하고 강의하는 것은 젊은 교사들이 직면하게 되는 중국어 수업의 첫 번째 관문이다. "시작이 반이다."라는 말이 있듯이, 교사는 새 과를 준비할 때 다음 7가지 원칙에 주의해야 한다.

一 교재의 난이도를 정확히 파악한다.
교사는 먼저 교재의 머리말, 집필 해설과 목차를 훑어보고 교재의 적용 대상 및 적용 등급을 신속하게 이해한 다음, 어느 한 과의 새 단어, 문법, 본문, 연습 문제 등을 진지하게 검토함으로써 교재의 난이도를 정확하게 평가한다.

二 수업 목표와 요점을 확인한다.
수업 목표는 일반적으로 기능적 목표와 구조적 목표로 나뉜다. 기능적 목표는 '문의, 요청, 감사' 등과 같이 학생들이 알아야 할 의사소통 능력을 말하고, 구조적 목표는 발음, 한자, 어휘, 문법 등과 같이 학생들이 알아야 할 언어적 지식을 말한다. 수업 목표는 통상적으로 해당 과의 수업 요점을 말하기도 한다.

三 수업의 난점을 파악한다.
수업의 난점은 수업 요점과 다르다. 상대적으로 고정적인 수업 요점의 경우 편집자가 편집 과정에서 각 과의 수업 요점을 미리 정해 놓는다. 반면 수업 난점

학생상황

은 고정적인 것이 아니라 학생들의 구체적 상황에 따라 달라진다. 예를 들어 유럽과 미국 학생들의 수업 난점이 일본 학생들의 수업 난점과 반드시 같지는 않을 것이다. 교사는 수업 대상의 특징을 주의 깊게 분석한 다음, 교재와 결부하여 수업 난점을 정확히 찾아내야 한다. 이렇게 해야 비로소 진정한 수준별 학습이 이루어질 수 있다.

四 수업 순서를 설계한다.

앞의 3가지 원칙이 이루어지면 교사는 수업 순서 설계 단계에 들어갈 수 있다. 몇 개의 단계로 나누고, 매 단계의 구체적 조작 순서를 어떻게 설계할지, 매 순서의 완성 시간을 어떻게 안배할지 등의 문제들은 교사가 수업을 준비하면서 마땅히 고려해야 하는 것들이다. 이 밖에도 수업의 중점은 뚜렷해야 하고 난점에는 대응책이 마련되어 있어야 한다.

五 교실 활동을 설계한다.

넓은 의미의 '활동'은 연습, 게임 및 기타 과제를 포함한다. 다채로운 교실 활동은 교실 수업 효과를 향상시키는 데 크게 도움이 된다.

六 교구를 준비한다.

교사는 카드, 실물, PPT 및 기타 교육 용품 등과 같은 필요한 수업 보조 도구를 미리 준비해야 한다.

七 상호작용 부분을 설계해 수업 분위기를 활기차게 한다.

어학 수업은 쌍방향적이고 상호작용적이어야 한다. 교사는 새 과를 준비할 때 어느 부분에서 어떤 방식으로 학생들과 상호작용할지, 상황에 따라 어떻게 교실 분위기를 환기시킬지 등을 미리 잘 설계해야 한다. 이렇게 해야만 수업 중 발생할 수 있는 여러 상황에 침착하게 대처할 수 있다.

6. 중국어 수준 차이가 고르지 못한 학급의 수업 방법은?

생각해볼 문제
다음과 같은 상황에 부딪힌 적이 있는가? 수업 진도가 너무 느리고 내용이 너무 쉽다고 느끼는 학생들이 있는 반면, 수업 진도가 너무 빠르고 내용이 너무 어렵다고 불평하는 학생들도 있다. 이럴 때는 어떻게 해야 할까?

학생들의 중국어 수준이 제각각인 학급에 대해, 교사는 학생들 상황을 전반적으로 파악하고 있다는 전제 하에서 다음의 3가지 방법으로 대처해볼 수 있다.

一 차별화 수업

수업 과정에서 서로 다른 부류의 학생들을 구분해 대응한다. 예를 들어 질문할 때 교사는 비교적 어려운 질문은 어느 정도 기초가 있는 학생에게 묻고, 비교적 쉬운 질문은 막 입문한 학생들에게 묻는다. 동시에 교사는 수업 과제나 숙제를 내줄 때 수준이 비교적 높은 학생에게는 좀 더 도전적인 과제를 완수하게 함으로써 높은 학구열을 만족시키고, 수준이 낮은 학생들은 기초를 잘 닦도록 돕고 많이 격려해준다.

二 상호보완

교사는 학생들의 서로 다른 특성을 활용해 최적의 조합을 만들 수 있어야 한다. 어떤 학생들은 쓰기는 좋아하지만 말은 비교적 느리다. 또 어떤 학생들은 구두로 표현하는 것은 좋아하지만 쓰기는 조금 뒤떨어진다. 교사는 이 학생들을 조별 활동에서 한데 묶어 서로 돕는 과정을 통해 성취감을 맛보게 할 수 있다.

三 개별보충

교사는 수업 외 시간에 수준이 낮은 학생들에게 적합한 도움을 줄 수 있다.

교사가 위와 같이 조율할 때는 학생들이 눈치채지 못하도록 해야 하고, 학생들 개개인의 감정을 고려해 학습에 대한 열의가 유지되도록 해야 한다.

7. 말하기 싫어하는 학생들의 입을 열게 하는 방법은?

편집자 우편함
저는 한국에서 중국어를 가르치는 교사입니다. 저희 반에는 내성적이고 말하는 것을 싫어하는 학생이 2명 있습니다. 그 학생들은 주도적으로 중국어를 말하는 적이 없고, 질문을 해도 작은 목소리로 아주 짧게 대답합니다. 학급 분위기에도 어느 정도 영향을 끼치는 것 같은데 어떻게 하면 좋을까요?

중국에 와서 중국어를 배우는 몇몇 학생들은 매우 조용하고 내성적이라 입 열기를 싫어한다. 하지만 그 학생들이 정말 중국어로 말하기 싫어하는 것은 아니다. 침묵의 이유 중 하나는 자신감이 없고 틀리는 것, 웃음거리가 되는 것을 두려워하기 때문이다. 두 번째 이유는 주제에 대해 관심이 없거나 대화 내용에 싫증을 느꼈기 때문이다. 관찰 결과, 내성적인 학생들은 흔히 본인이 관심 있는 주제가 나와야 입을 열고 싶어 한다. 이런 상황으로 볼 때 교사는 먼저 학생들이 심적 부담을 덜고 편하게 학습하도록 해줘야 하며, 대담하게 표현하도록 격려해줌으로써 입을 여는 빈도를 높여야 한다. "중국어를 할 줄 몰라서 배우러 온 거잖아. 입 밖으로 말을 뱉어야 선생님이 널 도와줄 수 있고 너도 발전할 수 있단다."라며 중국어를 배울 때 틀리게 말하는 것은 지극히 당연한 일이므로 당황하고 불안해할 필요가 없다는 생각을 학생들에게 심어주어야 한다. 또한 다른 학생이 발표할 때 나머지 학생들은 정숙하고 소곤거리지 않으며 조용한 학급 분위기를 조성해야 한다. 교사는 말하기 싫어하는 이런 학생들을 겨냥해 구체적인 방법 몇 가지를 더 선택할 수 있다.

一 작문, 연설, 암송, 본문 낭독 등의 지령식 표현 임무 활동을 실시한다. 이런 표현 임무는 모든 학생들이 완수해야 하는 것이다. 기초 단계의 학생들에게는 먼저 쓰게 한 다음 말하도록 연습시킬 수 있다.

二 운동, 컴퓨터, 자동차, 감정, 직업 등과 같이 학생들의 관심거리를 찾아내 익숙하면서도 신선한 내용을 말하게 하면 자연스럽게 표현하게 될 것이다.

三 의사소통에 적절한 환경을 설정하는 방법으로, 교사는 멀티미디어나 수업 외 실천 활동 등의 수단 혹은 방법으로 학생들을 실제 같은 상황에 끌어들인다. 그러한 상황에서 의사소통이 필요하면 학생들은 중국어로 표현하게 되며 저도 모르게 입을 열고 말하게 될 것이다.

四 시작 단계에서 학생들이 잘 대답할 수 있는 질문에 치중해서 물어본다. 일단 맞게 대답했으면 교사는 충분히 인정하고 격려해준다. 이렇게 하면 학생들의 자신감 상승에 큰 도움이 된다.

五 단체 역할극에서 역할을 맡게 한다. 한 사람이라도 말하지 않으면 다른 사람의 성적에 영향을 줄 수 있으므로 중국어로 표현할 것이다.

예를 들어, 주제 토론 시 교사는 참고 단어나 문형을 열거하고, 모둠별로 해당 문형이나 단어를 활용해 주제에 대한 토론을 하게 한다. 교사는 모든 학생이 말을 하게 하고 모둠원끼리 서로 도울 수 있도록 하여, 어떤 모둠이 가장 짧은 시간 안에 정확하게 제시된 참고 단어와 문형을 가장 많이 활용했는지 본다. 이런 분위기에서는 단체 성적을 위해 모든 학생들이 입을 열 것이다.

이런 방법을 활용하면서 교사는 매우 중요한 원칙 하나를 파악해야 하는데, 그것은 바로 학생들의 자존심을 지켜줘야 한다는 것이다. 내성적이고 자신감이 없거나 발전이 더딘 학생들에게 절대 부정적인 말로 상처를 줘서는 안 된다. 긍정적인 태도, 격려의 미소, 친절한 말로 학생들이 말하는 것에 대한 심리적 압박을 극복할 수 있도록 돕는다.

8. 왕초보 학생들과 빠르고 효과적으로 소통하는 방법은?

📩 **편집자 우편함**
저는 2009년 호주에 와서 중학생에게 중국어를 가르치고 있습니다. 저는 지금까지 입문반이 가장 가르치기 수월하다고 생각했었는데, 수업을 하고나니 학생들의 수준이 낮아 저와 학생들 간 교류가 거의 불가능하고, 이는 학급 분위기와 수업 효과에 큰 영향을 미친다는 것을 알았습니다. 뭐 좋은 방법이 없을까요?

왕초보 학생과 교류하는 것은 쉽지 않은 일이다. 하지만 원활하고 효과적으로 교실 수업을 이끌고, 되도록 이른 시기에 좋은 사제 관계를 형성하기 위해서는 반드시 교류가 필요하다. 실제로 첫 수업에서 바로 이 문제를 해결하기 시작해야 한다. 구체적인 방법으로 먼저 학생들에게 '듣다, 말하다, 읽다, 쓰다, 보다, 빨리, 천천히, 빠르지 않다, 느리지 않다, 이해했다, 이해하지 못했다, 맞다, 틀리다'와 같이 기본적인 교실 용어를 알려준다. 그리고 나서 '똑똑해, 좋아' 등과 같이 칭찬하고 격려하는 말들을 알려준다. 이후 매 수업 시간마다 교사가 학생들과 함께 이 말들을 복습한다면 곧 이런 단어들을 활용해 학생들과 소통할 수 있게 된다. 수업이 끝날 때 교사는 학생들에게 친절한 말투로 "이해했니?", "이해 못 했니?", "빠르니?", "느리니?" 등과 같은 질문을 하고, 학생들이 최대한 중국어를 사용해 대답하게끔 할 수 있다. 그런 다음 교사는 손동작과 함께 "똑똑해.", "좋아." 등의 말로 학생들을 격려하고 칭찬한다. 이렇게 하면 생각을 교류할 수 있을 뿐만 아니라 감정도 나눌 수 있는 동시에 학생들이 단시간 내에 중국어로 표현하는 성취감을 느끼게 할 수도 있다.

왕초보 초·중학생 중국어 수업에서 교사는 지식 전달자에 그치지 않고 적극적인 활동 조직자이자 우수한 연출자일 필요가 있다. 교사는 사용할 수 있는 모든 자료를 사용하고, 활용할 수 있는 모든 방법을 활용해 가장 짧은 시간 내에 학생들과 호흡을 맞추고 학생들의 신뢰를 쌓아야 한다. 이 단계에서 교사가 중국어로 긴 내용의 교실 명령어를 말하거나 너무 많은 설명을 하는 것은 바람직하지 않다. 오히려 보다 과장된 표정과 동작, 생동감 넘치는 그림, 실용적인 교구, 경쾌한 노래와 율동 등으로 수업을 진행한다면 학생들이 가벼운 마음으로 자신감을 갖고 중국어 학습의 입문 단계를 거치는 데 도움이 될 것이다.

9. '단일국가반'과 '다국가반'으로 나눌 때 각각 주의할 점은?

💭 **생각해볼 문제**
어떤 종류의 중국어 반이 더 가르치기 쉬울 것이라 생각하는가?
A. 단일국가반
B. 동일지역반 (유럽반, 아시아반 등)
C. 다국가반

같은 학급의 학생들이 모두 같은 나라, 같은 학교, 심지어 같은 학급에서 온 경우 '단일국가반'이라고 부른다. '단일국가반'의 수업은 다음과 같은 장점이 있다. 학생들의 모국어와 문화적 배경이 동일하여 중국어와 모국어의 비교 수업 방식을 택하면 매우 좋은 효과를 거둘 수 있다. 예를 들어 발음 교육 중 학생들에게 중국어와 모국어 간 발음상의 같은 점과 다른 점을 비교하게 하고, 발음이 정확한 학생에게 발음 학습 체험 및 노하우를 모국어로 설명하게 할 수 있는데, 이는 교사가 단순히 중국어로 설명하는 것에 비해 효과가 클 것이다. 이 외에 '단일국가반'의 학생들은 조를 결성하는 것도 비교적 용이해 교사는 다양한 단체 활동을 편성할 수 있다.

반면 '단일국가반' 수업의 단점은 학생들의 모국어가 서로 같고 교육 환경이 같으며, 생활환경이 비슷해 상호 교류에 대한 관심이 크게 떨어질 수 있다는 것이다. 이런 상황에서는 교실 분위기를 환기시키기가 쉽지 않다. 이에 교사가 몇 가지 주의해야 할 사항이 있다.

> 학생상황

一 '같은 데서 다른 점을 찾다'
모든 학생들이 관심을 가질만한 주제를 선택할 줄 알아야 한다. 새로운 정보를 전달하고자 함은 사람들이 언어로 의사소통을 하는 일차적 목적이기 때문에 주제를 고를 때 학생마다 말하고 싶은 자기만의 관점이 있는지 고려해야 한다. 예를 들어 '패션, 사랑, 개인 식습관' 등은 괜찮은 주제라 할 수 있지만, '학교생활'과 같은 주제의 경우 '단일국가반' 학생들은 이미 공유하고 있는 정보이기 때문에 신선함을 주기 어렵고 상호 교류에 대한 관심도 떨어지게 된다.

二 학생들을 모둠으로 나누어 여러 명이 한 가지 언어로 과제를 공동 완수하게 한다. 학생들의 열의를 불러일으키기 위해 교사는 학생들이 조를 만들어 한 가지 언어로 과제를 완수하게 하고, 보고할 때에는 모든 모둠원들이 몇 마디씩 말하게 하고 모둠원 간에 서로 도울 수 있도록 한다. 이렇게 하면 학생 간에 쉽게 어울릴 수 있다는 장점이 발휘되어 좋은 학습 성과를 거둘 수 있다.

三 학생들이 함께 있을 때 모국어를 사용하지 못하게 한다. '단일국가반' 학생들은 자기도 모르는 사이에 모국어로 소통하게 되는데 이는 중국어 교육에 이롭지 않다. 교사는 이런 일이 발생하지 않도록 대책을 마련해야 한다.(구체적인 방법은 14번 참고)

같은 학급의 학생들이 서로 다른 나라와 지역에서 온 경우는 '다국가반'이라 한다.
'다국가반' 수업의 장점은 학생들끼리 교류에 대한 관심이 매우 높고, 일반적으로 수업 분위기가 활기차서 교사는 회화 공연, 문화 토론 등 활동을 많이 구성해 학생들이 각자 장점을 발휘하게 하고 드러나게 할 수 있다.
반면 '다국가반' 수업의 단점은 학생들의 언어적 배경과 문화적 배경이 서로 달라 교사가 효과적인 맞춤형 수업을 진행하기 어렵다는 점이다. 그 밖에 교사는 동시에 마주한 학생의 특성이 달라 교실 수업을 전면적으로 주도면밀하게 진행하기 어렵기에 아래 사항에 주의를 기울여야 한다.

一 지식 설명 측면에서는 보편적 법칙에 중점을 두고 요점을 파악해 최대한 중국어로 설명해야 한다. 비교가 필요하다면 가끔 영어로 예를 들어도 좋다.
二 질문, 연습, 숙제 내주기 등의 부분에서 서로 다른 유형의 학생들에게 적합한 훈련 전략을 택해야 한다. 예를 들어 유럽 학생의 경우 한자 연습을 강화시키고, 한국과 일본 학생들의 경우 회화 표현 능력 훈련을 강화시키는 것 등이다.
三 문화 토론 중에는 각국 학생들의 심리 감정에 주목하고 각 국의 문화와 풍속을 존중해야 한다. 특히 일부 민감한 정치 문제에 대해서는 경각심을 갖고 있어야 충돌과 갈등을 피할 수 있다.
四 회화 수업과 연습 과정에서는 각국 학생들에게 표현할 기회를 공평하게 주어야 한다. 일부 국가 학생들은 시작 단계에서 중국에 대한 생소함이 커 간혹 적극적이고 주도적으로 표현하지 못할 수도 있고, 심지어 열등감이 생기기도 한다. 이때 교사는 적시에 학생을 격려해 가능한 한 빨리 단체에 융합될 수 있도록 해야 한다.

10. 중국어 학습을 싫어하는 학생에게 어떻게 해야 중국어 수업을 좋아하게 할까?

✉ 편집자 우편함
저는 현재 미국에서 초·중학교 학생들에게 중국어를 가르치고 있습니다. 제가 중국에서 중학교를 다닐 때 학생에 대한 선생님의 요구가 매우 엄격했던 것으로 기억합니다. 그렇다보니 저 또한 미국 학생들이 훌륭한 사람이 되지 못 함이 안타깝습니다. 그런데 교육 효과는 제가 기대하는 것만 못합니다. 학생들은 중국어를 너무 어려워하고, 제가 가르치는 게 많아질수록 중국어를 배우기 싫어합니다. 어떻게 하면 좋을까요?

외국에서 초·중학교 학생들에게 중국어 수업을 가르친 적이 있는 사람이라면 많은 학생들이 중국어를 선택해 수강하는 주요 목적이 중국어를 배우는 게 아니라 중국 문화에 대한 호기심 때문이라는 것을 알 것이다. 이런 학생들에게 한 번에 많은 중국어 지식을 학습하게 한다는 것은 거의 불가능한 일이다. 교사는 마땅히 '학습자 수준에 맞춰 교육한다'는 원칙에 의거하여 중국 문화를 가이드로 삼아 학생들의 흥미를 불러일으킨 후 천천히 중국어 수업에 임할 수 있도록 한다.
시작 단계에서 교사는 수업 중 다음의 내용을 넣을 수도 있다.

一 종이접기, 전지, 탈 만들기 등과 같은 전통 수공예를 가르친다.
二 태극권, 태극선, 후권 등과 같은 중국 무술의 기본 동작을 가르친다.
三 멀티미디어를 활용해 중국의 명승고적과 역사를 소개한다.
四 만두 빚기와 같은 중국요리를 가르쳐서 학생들이 중국의 음식 문화와 전통 명절에 대해 폭넓게 이해하도록 한다.
五 교실 한쪽에 게시판을 만들어 학생들이 직접 만든 수공예 작품, 한자 필기 작품, 중국 관련 사진 등을 전시해 학생들의 성취감과 학습 동력을 높인다.

이를 토대로 교사는 언어, 문화, 활동 3가지를 결합하는 방법으로 수업을 진행할 수 있다.
예를 들어 '동물'이라는 주제에 '我喜欢……' 문형을 배웠다면, 교사는 판다에 관한 짧은 동영상을 보여주고 일부 수업 활동을 통해 단어와 구문을 연습시키는 동시에 지금까지 배운 단어와 구문을 결합해 학생들과 함께 판다의 생활 습성에 대해 토론할 수 있다. 만약 학습자가 초등학생이라면 교사는 판다 가면 만드는 방법을 가르치고, 가면 뒷면에 '我喜欢熊猫'라고 쓰게 할 수도 있다. 이렇게 흥미로운 활동과 문화 토론을 보조적으로 활용한다면 즐거운 방식으로 가르치는 목적을 저절로 이룰 것이다.

이 외에도 해외에서 초·중학교 학생들의 중국어 수업에서는 2가지 측면의 원칙에 주의해야 한다.

一 다양한 방법을 채택해 어려운 것을 쉬운 것으로 바꾼다. 예를 들어 수업 중 실물·사진·수화·동요·그림·게임 등의 요소를 가미해 학생들이 즐겁게 수업에 임하고, 중국어를 두려워하지 않도록 한다.

二 '단계적 진행'의 원칙에 따라 '빨리'와 '많이'를 고집해서는 안 된다. 교사는 언어적 지식 전수의 속도와 양을 제한해 학생들이 계획적이고 단계적으로 기초를 다질 수 있도록 한다. 학생들이 중국어에 흥미가 생기고 중국어를 할 수 있다는 자신감이 생겼을 때에야 비로소 지속해갈 수 있다.

11. 학생들이 실생활에서 중국어를 말할 기회가 없다면?

편집자 마음의 소리
해외 외딴 지역에서 중국어를 가르치는 선생님들과 교류하다보면 종종 다음과 같은 불평을 듣게 된다. 해당 지역에 중국인이 너무 적어 일상생활 속에서 학생들이 중국어를 구사할 기회가 거의 없다보니 학습에 대한 적극성이 떨어진다는 것이다.

이는 외국에서 이뤄지는 중국어 수업에서 분명 보편적으로 존재하는 문제이지만, 경험이 있는 교사들은 기회를 잡아 이런 어려운 문제를 해결할 수 있다.

가령 프랑스의 한 중국어 교사가 프랑스 시골에서 살고 있는데 그곳에서는 거의 중국인을 볼 수가 없었다. 학생들은 중국어를 공부한들 무슨 소용이 있나 싶어 학습에 대한 흥미도 점점 떨어졌다. 어느 날 이 교사는 길에서 중국인 한 명을 만났는데 기지를 발휘해 그 중국인에게 다가가 자신의 중국어 수업에 와서 학생들과 중국어로 대화를 나눠줄 수 있는지 물었다. 중국인은 요청에 응해 교사의 수업에 왔고, 학생들은 모두 적극적으로 중국어를 사용해 중국인과 인사를 하고 이야기를 나누며 매우 즐거워했다. 학생들은 중국어로 의사소통 하는 데 재미를 느끼게 된 동시에 중국어 학습의 실용 가치 또한 알게 되어, 이후 더욱 열정적으로 공부하게 되었다.

또 다른 방법은 매년 학생들을 데리고 중국에 가서 중국 사회를 경험하게 하고 단기 중국어 연수를 진행하는 것이다. 또 온라인으로 중국 펜팔 친구를 찾는 것을 돕고, 인터넷을 이용해 메일로 소통하거나 화상 교류 등을 하는 방법도 있다. 진심으로 중국어 수업을 잘하고 싶고 중국과 외국 간 우정의 가교가 되고자 한다면, 반드시 좋은 아이디어가 떠오를 것이다.

12. 왜 학생들은 수업 중에는 잘 알아들으면서 수업 후에는 잘 못 알아듣는가?

편집자 우편함
저는 아프리카에서 온 초급반 유학생입니다. 수업 시간에 선생님께서 하신 말씀은 다 알아듣겠는데 일상생활에서 다른 중국인이 하는 말은 왜 잘 못 알아듣는 것일까요?

학생이 교실 밖에서 중국인의 말을 잘 알아듣지 못하는 것은 다음 4가지 요인과 관계가 있다.

一 처한 환경과 관련이 있다.
수업 중에는 외부의 방해가 없고 언어 신호가 또렷해 학생들이 받아들이고 이해하기 쉽다. 하지만 사람 소리로 시끌벅적한 복도·시장·마트 등에서는 언어 신호를 받는 데 방해를 많이 받아 수신 효과에 직접적으로 영향을 미친다.

二 교사의 발화 속도와 관련이 있다.
교사가 교실에서 말하는 속도는 실제 환경에서의 자연스러운 속도가 아니다. 이 속도는 교사가 학생의 수준과 능력을 이미 알고 있다는 전제 조건 하에 형성된 것으로, 학생들에게 충분한 시간을 주어 받아들이고 이해하기 쉽게 하기 위함이다.

三 교사가 보내는 언어 신호의 특수성과 관련이 있다.
교사는 학생의 중국어 수준을 명확하게 알고 있기 때문에 방언과 속어와 같이 비교적 어려운 내용은 피하고 학생들이 배워서 이미 머릿속에 저장되어 있는 단어·문형·문화 등을 선택하여 학생들과 교류를 한다.

四 학생의 언어 해독 능력과 관련이 있다.
언어 해독 과정은 언어 신호에 대한 청자의 판별·분석·종합 처리 과정이다. 학생이 어떤 언어 신호에 대해 익숙하고 민감할수록 해독은 빠르고 정확해지는데 그렇지 않을 경우 진행되기 어렵다. 대부분의 학생들은 교실 밖 언어 환경에 비해 상대적으로 교실 안 언어 환경과 수업 용어에 훨씬 더 익숙하다.

학생들의 교실 밖 듣기 수준 향상을 위해 교사는 듣기 연습 중 다음 몇 가지 측면을 강화할 수 있다.

一 학생들이 음 변별 능력, 기억 능력 및 듣고 빠른 속도로 반응하는 능력 등을 향상시킬 수 있도록 도와준다.

二 효과적으로 조치를 취한다. 예를 들면 말의 속도를 느린 속도에서 빠른 속도로 하는 점진적 방식의 듣고 말하기 연습을 함으로써, 학생들이 점차 실제 상황 속 언어에 적응할 수 있도록 이끈다.

三 북경어의 얼화(儿化)음, 남방 사람들이 쉽게 헷갈리는 n과 l, h와 f, un과 en 등 방언과 속어 지식에 대한 설명과 훈련을 어느 정도 더한다.

四 학생의 수준과 학습한 내용에 따라 실제 회화 자료를

녹음하거나 수집해 학생들에게 들려줌으로써 최대한 빨리 실제 의사소통 환경에 적응하도록 도와준다.

13. 교실 수업 중 학생의 주관적인 능동성을 더 발휘시키려면?

😊 **생각해볼 문제**
학생들의 적극성을 불러일으키기 위해 어떤 조치를 취해봤나.
A. 교사는 질문하고 학생은 대답한다.
B. 학생이 교사에게 질문하도록 한다.
C. 학생이 자유롭게 표현하도록 한다.
D. 언어 실천 활동을 더한다.

학생들의 자발성을 더욱 발휘시키기 위해 주로 쓰는 방법은 의견 묻기·초대하기·소개하기·동의하기·거절하기 등과 같은 여러 기능에 대한 목표를 세우는 것이다. 그런 다음 역할극·조별 연습·상황극·게임 등의 방법으로 학생들이 주동적으로 참여할 수 있도록 격려한다. 의사소통 과제를 하나하나 완수해 나가는 과정에서 학생이 언어 지식에서 듣기·말하기·읽기·쓰기의 4가지 언어 기능, 나아가 의사소통 능력으로의 전환에 이를 수 있도록 도와줘야 한다. 이 과정에서 교사는 다음 3가지 측면에 주의해야 한다.

一 학생들이 주도적으로 학습하도록 이끈다. 설령 문법 설명 중이라 하더라도 교사는 독단적인 태도를 취해서는 안 되고 학생들 스스로 언어 현상을 인지하고 언어 규칙을 귀납하며 실제 상황에서 언어를 사용할 수 있도록 이끌어야 한다.

二 학생이 주체가 되는 상호작용 수업을 이끈다. 학생들의 말하는 횟수를 늘리기 위해 교사는 학생 개인의 특성에 관심을 갖고 학생 간의 상호 교류를 촉진하는 동시에 학생이 교사에게 질문하고 학생 스스로 표현하는 기회를 많이 만들어야 한다.

三 교사 자신의 역할을 확실하게 정한다. 교실 수업에서 교사의 역할은 주제를 정하고, 장면을 구상하며, 요점을 설명하고, 조직적으로 관리하고, 표현을 돕고 총정리해주는 것이어야 한다. 수업 활동 중 교사는 좀 더 학생들의 시각에서 자신의 계획을 자세히 들여다보고, 수업을 설계할 때 학생의 수준과 필요를 고려해야 한다.

14. 학생이 수업 시간에 계속 모국어를 사용하는데 어떻게 할까?

📩 **편집자 우편함**
저는 미국 학생 반을 가르치고 있는데요. 교실 활동이나 단체 토론을 진행할 때 학생들이 종종 영어로 이야기하곤 합니다. 일부 학생들은 영어로 말하는 것이 서로 도와주거나 강의 내용을 이해하는 데 도움이 된다고 생각하고, 또 일부 학생들은 영어로 말하는 것은 중국어로 의사소통하는 시간을 낭비한다고 불만을 표합니다. 이 때문에 저는 정말 골치가 아프고, 이러한 교실 환경을 어떻게 관리해야 할지 모르겠습니다.

제2언어 습득에 관한 연구에서는 학생의 모국어 지식과 모국어의 사유 방식이 제2언어 학습에 영향을 주고, 그 영향의 정도는 두 언어 간 차이의 정도에 전적으로 달려 있다고 밝히고 있다. 학습자가 모국어의 언어규칙을 외국어의 학습과 활용에 전이시키는 현상을 '언어 전이(language transfer)'라고 한다. 언어 전이는 긍정적 측면과 부정적 측면으로 구분된다. 만약 모국어의 언어규칙과 목표어가 일치하면 모국어가 목표어에 생산적이고 긍정적인 영향을 줄 수 있으며, 이것을 '긍정적 전이'라 하고, 그 반대되는 것이 '부정적 전이'이다. 연구에 따르면 영어와 중국어의 언어 차이가 상대적으로 크기 때문에 중국어 학습 과정에서 영어는 보통 부정적 전이 형식으로 나타난다. 중국어 교실 수업에서 중국어와 학생들의 모국어(또는 매개어) 관계 처리 방법은 모든 교사들이 다 직면해야 할 문제이다.

만약 학생이 언어 포인트, 지식 배경 또는 활동규칙을 이해하는 데 어려움이 있다면, 교사는 학생들끼리 내부적으로 모국어를 사용해 설명하도록 허락할 수 있다. 하지만 일단 회화 연습 단계에 진입했다면 교사는 학생들에게 온전히 중국어로만 말하도록 요구해야 한다. 만약 이 때에도 모국어를 쓴다면 교실 질서를 어지럽히고, 학습 효과에 상당한 영향을 주게 된다.

만약 학생들이 수업 중 자주 모국어로 말한다면, 교사는 반드시 감독과 안내 역할을 통해 주의를 주는 것부터 처벌까지 일련의 조치를 취해야 한다. 예를 들어 모든 학생들의 모국어 사용 횟수를 칠판에 기입해 두고 매 수업 시간 모국어 사용 횟수가 3회를 초과한 학생에게 본문 베껴 쓰기 또는 장기 자랑 등을 하게 한다. 이 밖에 교사는 학생들이 자체적으로 감독해 서로 주의를 주도록 독려할 수도 있다. 교실에서 전혀 모국어를 쓰지 않은 학생에 대해서 교사는 어느 정도 보상을 해줄 수도 있다.

사실 교실에서 '모국어 말하기'는 단순히 학생들만의 문제가 아니다. 학생이 모국어를 쓰는 문제로 골치를 앓는 교사들도 많다. 교사의 시각에서 이야기하면 초급 단계에서는 학생과의 교류가 아주 어렵다. 어쩌면 학생들의 모국어를 약간씩 사용해가며 소통할 수밖에 없을 것이다. 또한 설명할 때 중국어로 설명하기 쉽지 않은 경우이거나 제스처 등의 방식을 동원해도 학생을 이해시키지 못하는 상황이라면 교사는 학생의 모국어로 번역해 줄 수도 있다. 이는 확실히 적은 노력으로 큰 성과를 거두는 효과가 있다. 모국어와 목표어가 어떤 언어 포인트에서 서로 다른 점이 있는 경우 교사는 모국어와 목표어의 비교 설명을 할 수 있고, 이로써 '부정적 전이'현상이 발생하지 않도록 하는 것도 모국어 사용의 또 다른 역할이다.

15. 학생들이 중국어 수업 시간에 집중력이 떨어지면 어떻게 하는가?

📩 **편집자 우편함**
저는 페루의 한 중학교에서 중국어를 가르치고 있습니다. 저의 지금 가장 큰 문제는 수업 시간에 학생들이 집중하기 힘들어 하는 것인데, 저의 교수법에 문제가 있는 걸까요?

심리학 연구 결과에 따르면 주의력이 안정적으로 지속되는 시간은 연령대별로 다르다. 일반적으로 주의력이 집중되는 시간이 만 5~7세 어린이의 경우 약 15분, 만 7~10세는 약 20분, 만 10~12세는 약 25분, 만 12세 이상은 30분 정도이다. 대다수 학생들이 공부는 따분한 것이라 생각하기 때문에 수업 시간 중 학생들의 주의력 집중 시간은 아마 더욱 짧을 것이다. 이 점을 잘 인지한 뒤, 교사는 맞춤형 방법을 채택해 학생들의 주의력 산만 문제를 합리적으로 해결해야 한다.

一 교과 과정 설계를 최적화한다.
　교사는 중요한 교육 내용을 가급적 매 수업의 전반부에 배치한다.
二 시간을 합리적으로 분배한다.
　모든 교육 단계의 설계와 진행이 지나치게 늘어지거나 지루해지지 않도록 한다.
三 다양한 교수법을 활용한다.
　교사는 듣기, 말하기, 읽기, 쓰기, 연습 등 각 방면에서 학생들의 참여를 이끌어내는 동시에 교구나 멀티미디어 등을 활용하여 학습에 대한 학생들의 관심을 유지시킨다.
四 수업 시간과 휴식 시간을 적절히 안배한다.
　교사는 수업의 흐름에 따라 적당히 화제를 전환하는 동시에 학생들의 실제 상황에 따라 가볍게 농담을 하거나 한담을 나누는 등 교수법을 조정해야 하고, 단순히 교재를 가르치는 데만 몰입해서는 안 된다.
五 학생들을 엄격하게 대하고 학생들의 의지력을 기른다.
　"천재, 집중력이 우선이다." 교사는 학생들이 꾸준히 공부하도록 격려하고, 의지력이 성공의 키워드라는 점을 끊임없이 강조해야 한다.
六 다채로운 교실 활동을 준비한다.
　학생들의 주의력이 점점 떨어질 때가 바로 교사가 수업 방식을 바꿔야 할 때이다. 학생들은 교사의 한결 같은 '3P식 수업 방식'(시범·presentation, 연습·practice, 발표·production)에 대해 결국 싫증을 느끼게 되고, 그 결과 집중력이 흐트러질 것이다. 교사는 과제 중심 교수법을 적당히 활용하여 학생들이 팀을 결성해 함께 중국어를 사용하여 과제를 완수하게 한다. 도전적이고 자극적인 과제, 자유롭고 유연한 활동은 학생들을 다시 수업에 끌어들인다.

> 과제 중심 교수법(Task-based Language Teaching)은 언어 학습자가 수업 시간에 과제를 완수하도록 하는 교수법을 말한다. 1980년대부터 각광을 받기 시작해 행동적 학습(leaning by doing)을 강조하는 언어 교수법이다. 의사소통 교수법이 발전된 것으로, 현재 보편적으로 인정되는 교수법 중 하나이기도 하다.

16. 국제 중국어 교사는 어떠한 능력을 갖춰야 할까?

📩 **편집자 우편함**
저는 원래 중학교 영어 교사였는데, 지금 국제 중국어 교사 양성과정을 이수하고 있어요. 어떻게 하면 국제 중국어 교사로 빨리 전환할 수 있을지 궁금합니다.

국제 중국어 교사는 다음과 같은 3가지 방면의 능력을 갖춰야 한다.

一 중국어 지식
　교사는 먼저 중국어 교육과 관련된 지식을 겸비해야 한다. 언어학, 현대 중국어 등 기본 과정을 이수해야 하고, 중국어 발음, 한자, 어휘, 문법 등 지식을 전반적으로 마스터해야 한다.
二 언어 기능 훈련 방법
　교사는 제2언어로서 중국어 교육의 성격과 특징을 이해하고 듣기, 말하기, 읽기, 쓰기의 4가지 언어 기능 훈련의 기본적인 방법을 마스터해야 한다. 또한 교재, 교수 요강, 교수 대상 등 실제 상황과 잘 결합하여 이러한 훈련 방법이 효과적으로 선택되고 개선될 수 있도록 현명하게 활용해야 한다.
三 교실 통제 기술
　교사가 교실을 통제하는 기술은 수업의 성패를 가르는 중요한 열쇠이기도 하다. 다음과 같은 몇 가지 방법을 통해 교실 통제 기술을 획득할 수 있다.

먼저, 다른 교사와의 교류를 통해 획득하는 것이다. 다년간 대외 한어 교육에 종사한 교사는 교실 관리 및 분위기 전환 등 측면에서 풍부한 경험을 갖고 있다. 시작 단계에서 선배 교사에게 겸손한 태도로 도움을 청하는 것이 빠른 시간 내에 자신의 강의 실력을 향상시키는 지름길이다.

두 번째로 책을 통해 획득하는 것이다. 먼저 책 속의 기법을 깨우친 뒤 실천하는 가운데 부단히 체험하고 모색하면 효과적으로 수업에 응용할 수 있다.

마지막으로, 실제 교실 수업에서 획득하는 것이다. 교실 통제 기술의 활용은 흔히 교사 본인의 성격과 전공 특기를 구체적으로 드러낸다. 어떤 교사에게 적합한 방법이 다른 교사에게는 적절하지 않을 수도 있다. 게다가 교사마다 마주하는 학습 대상이 모두 다르기 때문에 교사는 단순히 기계적으로 타인을 모방해서는 안 되며, 융통성 있게 대응하고 자신만의 스타일을 만들도록 노력해야 한다.

교사자신

17. 매력적인 중국어 교사가 되려면 어떻게 해야 할까?

💬 **생각해볼 문제**
학생들은 선생님에 대한 이야기를 종종 같이 나눈다. A선생님은 외모에 신경을 많이 쓰고, 학생들에 대한 요구가 비록 엄격하기는 해도 뛰어난 문법 강의 실력은 학생들에게 매우 사랑받는다. B선생님은 한자는 예쁘게 못 쓰지만 PPT를 아주 근사하게 만드시고 재미있으셔서 그의 수업도 아주 인기가 있다. C선생님은 ······.
학생들에게 당신은 어떤 매력이 있을까?

이는 아주 흥미로운 주제이다. 교사로서 항상 학생들에게 인기가 있다면 분명 어떤 독특한 매력이 있을 것이다. 학생에게 우호적이고 친절하다, 친화력이 있다, 소통 능력이 강하다, 유머감각이 있다, 전문 지식이 풍부하다, 수업을 열심히 한다, 조직력이 뛰어나다, 교육 효과가 좋다 등.

하지만 모두 알다시피 완벽한 사람은 없다. 개개인의 성격과 전공도 다르다. 수업 중 분명히 자신만의 강점과 약점이 있을 것이다. 어떤 교사는 학생들과 소통하는 데 재주가 있고, 어떤 교사는 교실 활동을 잘 구상하며, 또 어떤 교사는 멀티미디어 교육용 소프트웨어 제작에 능하다. 우리는 물론 자신이 모든 방면에서 뛰어난 교사가 되길 원하지만 단기간 내에 실현되기 어렵고 장기적인 학습 및 발전 과정이 필요하다. 개인의 매력 발산을 위해서는 다음 2가지에 주의해야 한다.

一 장점은 살리고 단점은 피한다.(揚長避短)
교사는 자신의 장점을 충분히 발휘해 학생들이 자신의 독특한 수업 스타일을 체험하고 대체 불가한 가치를 인식하도록 해야 하는데, 이는 성공의 첫걸음이다. 앞의 '생각해볼 문제'에서 거론한 두 교사의 사례가 대표적이다.

二 장점으로 단점을 보완한다.(取長補短)
최고의 교육 효과에 대한 추구는 끝이 없다. 기나긴 수련이고 나날이 성숙해지는 과정이다. 그러므로 교사는 항상 겸손한 태도로 학생들의 목소리에 귀 기울이고, 자신이 부족한 부분에 대해서는 겸허하게 다른 교사의 가르침을 받은 뒤 몸소 실천한 부분과 결합해 개선해 나가야 한다. 이와 동시에 타인을 모방해 자신의 스타일을 잃어서는 안 된다. 이렇게 부단히 갈고 닦는 과정을 거친다면 중국어 교육의 즐거움을 누릴 수 있는 동시에 자신도 모르는 사이에 학생들에게 인기 있고 매력 넘치는 교사가 되어 있을 것이다.

18. 수업 중의 문제점을 어떻게 발견하는가?

📧 **독자 우편함**
저는 S교사와 같은 해에 일하기 시작했는데요, 몇 년 지나고 보니 그 선생님은 강의 실력이 꽤 빨리 향상된 것 같더군요. 최근에는 우수 모범 수업으로 선정되기도 했고요. 출발점은 비슷한데 저는 그만큼 실력이 늘지 않는 것 같아요. 문제가 뭘까요?

교사는 수업을 하면서 늘 스스로를 돌아보고 경험과 교훈을 끊임없이 정리해야만 빠른 진전이 있다. '교학상장'이란 가르치고 배우면서 성장하는 것을 뜻한다. '가르침'이 '배움'을 추진하는 것은 분명해 보이는데, '배움'은 어떻게 '가르침'을 촉진시키는 것일까? 이는 교사가 학생의 학습 상황, 학습 효과 등을 통해 자신의 수업을 반성하고 개선할 때 나타난다. 교육 상황을 평가하는 주요 방법은 다음과 같다.

一 학생들의 수업 중 묻고 답하는 연습, 언어 사용 과제 수행, 숙제 하기 및 시험 보기 등의 방법을 통해 점검이 가능하다. 이는 언어 지식과 언어 기능 등의 측면에 존재하는 학생의 문제점을 발견하게 해줄 뿐만 아니라 교사의 수업에서 부족한 부분들도 찾아내도록 한다.

二 수업 과정을 촬영해 반복적으로 고치고 다듬는다. 이로써 교사의 용모, 자세, 언어, 판서 및 학생들의 활동 상황과 정서 상태, 참여 의식, 주의력 등을 전반적으로 자세히 관찰할 수 있다.

三 경험이 풍부한 선배 교사에게 자신의 수업을 평가받는다. 겸손한 마음으로 선배 교사의 의견을 수렴하여 빠른 시간 내에 스스로 알면서도 살피지 못했던 문제를 발견하는 데 도움을 받는다.

四 수업에 대한 학생들의 의견과 건의사항을 들어본다. 특히 막 새로 시작한 수업의 경우 교사는 반드시 첫 수업을 끝낼 때 방금 배운 내용을 간단한 수업 용어로 학생들에게 물어봐야 한다. "선생님 말이 빠르나요?", "이해했나요?", "수업 어땠나요?" 등의 질문을 통해 한편으로는 학생들의 학습 상황을 이해할 수 있고, 또 다른 방면으로는 학생들과 친근하게 소통하는 기회로 삼아 좋은 사제 관계를 형성할 수 있다.

五 매 학기 정기적으로 학생들을 대상으로 설문조사를 실시한다. 조사 내용에는 교수법 부분도 포함해야 하고, 학생의 학습 효과, 느낀점 및 개선점도 포함해야 한다.

19. 학생의 질문에 말문이 막힌 상황에서 어떻게 하면 어색함을 풀 수 있을까?

💬 **생각해볼 문제**
수업 시간에 학생이 이런 질문을 한 적이 있는가? '帮'과 '帮忙'이 어떻게 다른가요?, "我在北京呆了三年了"에 왜 '了'가 2개나 있나요?, 고궁을 왜 '자금성(紫禁城)'이라고 부르나요? 학생이 갑자기 이런 질문을 해오면 어떻게 대응해야 할까?

대외 한어 교육은 제2언어 교육에 속한다. 중국 학생들에게 중국어를 가르치는 모국어 교육과는 다르다. 외국인이 느끼는 학습 장애와 제기하는 문제들은 중국어가 모국어인 교사에게는 예측하기 어려운 것들이다. 게다가 세계 각지에서 온 학생들을 상대해야 할 때도 있다.

그들은 모국어와 문화적 배경이 다르고, 어려움을 겪는 학습 포인트 역시 다르다. 따라서 강의 경험이 풍부한 교사든 초보 교사든 수업 중 갑작스럽고 해결하기 어려운 각양각색의 문제에 봉착할 수 있다. 이는 발음 방법, 중국어와 외국어 문법 비교, 어휘 분석 등 중국어 자체에 관한 지식 문제일 수도 있고, 문화, 풍습, 지리, 사회 등 다른 문제일 수도 있다. 즉시 대답하기 곤란한 문제에 봉착했을 때 신임 교사의 경우 종종 긴장해 어떻게 대답해야 할지 몰라 침묵이 흐르는 어색한 상황을 연출할 수 있다. 만약 교사가 짧은 시간 내에 답을 줄 수 없다면 다음의 2가지 방법으로 어색한 분위기를 풀 수 있다.

一 솔직하게 말한다. "이 문제는 선생님도 제대로 생각해보지 않았어. 자료를 조사하고 연구해본 뒤 다음 시간에 대답해줄게." 이런 경우 절대 억지로 끌어다 대답하면 안 된다. 그다지 정확하지도 완벽하지도 않은 대답은 학생이 더 심도 깊은 질문을 하도록 만들어 교사를 더 난감한 상황에 빠뜨릴 수도 있다. 학생들의 각종 질문에 대해 교사는 솔직하게 임해야 하고, 자세히 연구해 성의 있게 답변해줘야 한다. 교사의 진솔함과 신중함은 학생들이 다 느낄 수 있으므로, 이로 인해 교사에 대한 존경심이 더 깊어질 것이다.

二 한 학생의 질문을 다른 학생들에게 물어봄으로써 다 같이 생각해볼 수도 있다. 같은 국가에서 온 학생들끼리 서로 도와가며 문제를 해결하는 경우도 있다. 같은 모국어와 문화적 배경을 갖고 있어 서로 더 잘 이해할 수 있기 때문이다. 게다가 중국어 수준이 비교적 높은 학생은 그 문제에 대해 이미 깊이 생각해봤을 수도 있어, 설령 그 학생의 대답이 아주 정확하지 않더라도 사고의 관점과 답을 해결하는 방법이 교사에게 많은 깨달음을 줄 수 있다. 다른 학생들이 발언하고 토론하는 사이 교사는 대응책을 생각할 수 있는 소중한 시간을 확보할 수 있다.

한 베테랑 교사가 수업 시간에 갑자기 한자의 정확한 필순을 잊어버려 반 전체 학생들에게 "누가 칠판에 이 글자를 써볼까요?"라고 하자, 한 학생이 재빨리 앞으로 나가 한자를 쓴 덕에 선생님이 위험한 상황에서 바로 벗어날 수 있었다는 일화가 있다. 정말 기발한 방법이다. 생각해보면 수업 중 글자가 생각 안 나는 어색한 상황이 발생하지 않을 거라고 누가 장담할 수 있겠는가?

20. 전통 문화적 재능이 중국어 수업에 어떤 도움이 될까?

편집자 마음의 소리
외국에서 중국어를 가르쳐본 경험이 있는 교사가 이런 예를 든 적이 있다. 한 화교 아이가 중국어 학습에 대해 거부감이 있었는데,

교사가 젓가락을 가지고 마술을 보여준 후 "만약 네가 방에 있는 물건들의 명칭을 중국어로 말할 수 있으면 상으로 마술의 비밀을 알려줄게."라고 말하자 아이는 이를 계기로 중국어 학습에 대한 관심이 생겨나기 시작했다는 것이다.

이 사례는 무엇을 설명하는 것일까? 외국의 초·중학교에서 중국어를 가르칠 때는 중국 전통 문화 기예가 중국어 학습의 좋은 '조력자'가 될 수 있다는 것을 말해 준다. 중국에서 성인 유학생을 가르치는 교사는 이 점을 깊이 체감하지 못할 수도 있다. 대부분 중국으로 유학을 오는 학생들의 학습 목표는 중국어 수준을 향상시키는 것이기 때문이다.

이와 비교해 볼 때 해외 초·중학교 중국어 수업에서 중국 문화의 비중은 큰 편이다. 많은 서양 국가에서는 언어, 문화, 게임이 어린 학생들의 중국어 수업에서 병행되는 3가지 주요 골자이다. 단지 중국어 지식을 전달하는 것만으로는 학생들의 주의를 끌 수 없다. 중국어를 선택하는 많은 초·중생들의 학습 목표 중 하나가 중국과 중국 문화에 대한 이해이기 때문이다. 이러한 상황에서 중국 문화에 대한 이해 및 일부 전통 예술에 대한 교사의 습득 여부는 아주 중요해 보인다. 수업 중 상용되는 재능으로는 태극권, 제기차기, 노래하기, 전지공예, 중국 매듭, 만두 빚기, 초롱 만들기 등이 있다.

중국어 교사는 비록 각종 문화 관련 재능에 모두 정통할 필요는 없지만, 자신의 관심 및 취미와 연결되는 약간의 기능을 익힌다면 중국어를 가르치고 중국 문화를 전파하는 데 큰 도움이 될 것이다. 자신의 관심과 교육적 필요에 의해 재능을 익혀야 하지만 여건이 허락되지 않는다면 교사는 관련 서적, 동영상 자료, 인터넷 자료 등을 더 많이 수집함으로써 학생들을 위한 준비를 할 수 있다.

21. 국제 중국어 교사가 사용하는 교실 언어는 어떠한 특징을 갖춰야 할까?

편집자 마음의 소리
유관 부서에서 조직한 외국 파견 중국어 교사와 지원자들의 면접을 하다보면 발화 속도가 빠르고, 어휘 설명에 사용하는 단어가 설명하려는 단어보다 훨씬 어려워 학생들이 들을수록 더 난해해하고 결국엔 중국어를 두려워하게 만드는 교사들을 종종 만난다. 그렇다면 우리는 수업 중 교실 언어 사용에서 어떤 점에 주의해야 할까?

대외 한어 교육의 경우 교사들의 교수법에 대한 요구가 매우 까다로운데, 다음과 같이 요약될 수 있다.

一 보통화(푸통화)를 정확히 구사해야 하고, 발음이 또렷해야 한다. 교사는 수업 준비 시 단어와 본문을 숙독해야 하고, 모든 한자의 정확한 발음을 숙지하고 있어야 한다. 또한 적당한 크기의 목소리로 학생들이 아름답고 듣기 좋다는 느낌을 받도록 해야 한다.

二 교사는 학습 상황, 특히 학생들의 수준에 따라 언제

교사자신

든지 발화 속도를 조절할 수 있어야 한다. 학생들의 수준이 비교적 낮은 중국어 초급반에서 교사는 말하기 연습을 할 때 발화 속도를 우선 느리게 시작해서 나중에 빨라지게 하는 동시에 학생들이 모의 연습을 할 수 있도록 한다. 교사는 계획을 세워 단계적으로 교실 언어가 점차 실제 회화 속도에 가까워지도록 해야 한다.

三 교사는 수업 언어에 대해 설명할 때, 항상 복잡한 것을 간단하게 설명하도록 주의해야 한다. 예를 들어 단어를 설명할 때 학생들이 쉽게 이해하고 받아들일 수 있도록 단어 설명에 사용되는 말은 설명하는 단어보다 더 쉬워야 한다.

四 교사의 교실 언어는 과학적이고 규범적이어야 한다. 중국어 단어로 또 다른 중국어 단어를 설명할 때 언어의 사용 색채, 문체의 차이, 단어에 내포된 의미, 문장의 구성 관계 등의 측면에서 구체적 차이에 대해 반드시 미리 두 단어의 다른 점과 같은 점을 비교해야 한다. 대충 유의어로 대체해 설명하면 학생들이 오해하고 오용할 수 있다.

五 교사는 학생들과 교류할 때 가능한 한 배운 단어와 문형을 사용해야 한다. 이미 배운 지식의 재활용 빈도가 높을수록 학생들이 더 확실히 터득할 수 있기 때문이다.

六 교사들은 손동작, 그림, 사물, 멀티미디어, 교구 등 여러 수단으로 언어 표현을 도와 더욱 정확하고 생동감 있게 설명해야 한다.

22. 어떻게 하면 듣기 수업에서 교사의 역할이 더 잘 발휘될까?

📩 **편집자 우편함**
저는 중국의 한 고등학교에서 유학생들에게 중국어를 가르치고 있습니다. 저는 듣기 수업이 가장 어렵습니다. 아무리 노력해도 학생들은 듣기 수업이 지루하다고 불평하고 심지어 듣기 수업은 있어도 그만 없어도 그만이라 여깁니다. 듣기 수업에서 선생님은 녹음기나 틀고 답이나 맞추니 혼자 집에서 녹음기를 듣는 것과 다를 게 없다고 하네요. 교사는 듣기 수업에서 어떤 역할을 해야 하나요?

만약 교사가 융통성 없이 틀에 박힌 대로 녹음을 틀어주고 답을 불러주는 듣기 수업이라면 정말 있으나 마나인 것처럼 보인다. 만약 듣기 수업의 효과를 더욱 높이고자 한다면 학생들이 듣기 수업의 가치를 충분히 느끼게 해주도록, 교사는 다음 6가지 측면을 개선해볼 수 있다.

一 사실적이고 신선하며 재미있는 듣기 자료를 열심히 찾는다. 듣기 소재는 반드시 풍부한 내용으로 학생들이 배우고자 하는 의욕을 갖게끔 해야 한다. 요즘 듣기 교재는 상당 부분 재미없고 딱딱하며, 듣기 연습이 어학 시험 대비에 편중되어 있어 쉽게 지루함을 느끼게 한다. 교사는 여러 가지 경로를 통해 보다 사실적이고 생동감 있는 자료를 수집, 편집 및 정리한 뒤 수업에 사용하도록 한다.

二 학생들이 수동적인 태도에서 벗어나 적극적으로 참여할 수 있게 한다. 열정과 호기심은 인류가 새로운 사물을 탐구하는 원동력이다. '녹음 듣기—문제 풀기—답 맞추기'의 전통적 학습 방식은 지나치게 수동적이며, 학생이 듣기 연습 과정에 적극적으로 참여해야 듣기 수업에 대한 열정이 생긴다. 수동적인 학생들을 능동적으로 변화시키기 위해 교사는 사전에 몇 문제를 출제해 학생들에게 생각하게 한 다음 녹음을 틀고 얼마나 알아듣는지 본다. 그러고 나서 다시 질문, 토론, 대화, 발표 등의 방식으로 듣기 효과를 측정한다.

三 학생들을 움직이게 할 방법을 생각해낸다. 교과서의 듣기 문제를 다 푸는 것 외에 활기찬 수업 분위기 조성을 위해 교사는 듣기 수업에 몇 가지 활동을 편성하여 학생들을 자리에서 일어나 움직이게 만든다. 이 책의 '수업 활동 설계' 중 일부에 소개된 듣기 연습과 관련된 게임을 선택적으로 활용해도 된다.

四 단계적인 교육 원칙을 파악한다. i+1이론에 따르면 듣기 내용이 i를 밑돌 경우 학생은 발전하지 않게 되고, i를 초과하는 것이 너무 많을 경우 학생은 또 너무 어렵다고 느끼게 된다. 그러므로 교사는 어휘, 문법 포인트의 재현 등의 측면을 충분히 고려해 학생들이 이미 배운 내용을 복습할 수 있으면서도 새롭게 배울 수 있도록 도와주는 듣기 자료를 확보해야 한다.

五 다양한 교수 전략을 취한다. 듣기·말하기·읽기·쓰기의 4가지 기능은 독립적으로 발전하는 것이 아니다. 듣기 수업에서 최대한 듣기와 말하기, 듣기와 읽기, 듣기와 쓰기, 듣기와 행동하기와 같은 연습 방법을 유기적으로 결합해야만 지루함과 딱딱함을 피하고 효과적인 교육 효과를 얻을 수 있다.

六 다양한 보조 수단을 사용한다. 듣기 수업에서 교사는 멀티미디어의 도움을 받아 그림, 애니메이션, 동영상, 음악 등 다양한 형식의 보조 자료를 활용할 수 있다.

> 'i+1'이론: 미국의 심리 언어학자 스티븐 크라센(Stephen Krashen)은 제2언어를 가르치는 좋은 방법은 학생에게 'i+1'식의 입력을 해주는 것이라고 했다. 'i'는 학생의 현재 수준을 가리키고, '1'은 현재 언어 수준에서 좀 더 높은 수준의 입력을 가리킨다.

23. 수업 규율을 어떻게 관리해야 할까?

📩 **편집자 우편함**
저는 중국어 교사를 희망하는 젊은이입니다. 다음 달이면 유럽에 가서 중국어를 가르치게 되는데요, 해외 초·중학교 중국어 수업 시간에 학생들이 엄청 떠들고 규율도 통제하기 힘들다고 들었습니다. 제가 이러한 교실을 통제할 수 있을지 걱정이 돼요. 어떻게 해야 할까요?

수업 규율 문제는 일반적으로 중국어를 모국어로 하지 않는 초·중생들의 중국어 수업 시간에 비교적 많이 나타난다. 청소년들은 활발하고 움직이기 좋아하며 중국어 학습에 대해 호기심이 있지만 학습 목적이 아주 명확하지는 않기 때문이다. 학습 의욕도 부족하다. 이런 학생들을 겨냥해 첫째, 흥미로운 수업 활동과 특색 있는 문화 활동으로 학생들의 주의를 끌어야 하고 둘째, 학생들이 올바른 학습 습관을 기르도록 도와주어야 한다.

중국어 수업 규율의 확립은 첫 수업부터 시작돼야 한다. 수업을 시작하기 전, 교사는 학생들에게 이상적인 중국어 수업은 어떤 모습인지, 자신이 중국어 수업 시간에 어떻게 해야 하는지 등에 대해서 이야기해보도록 할 수 있다. 이러한 교류는 교사와 학생 간의 이해를 돕고 앞으로의 교실 관리를 훨씬 원활하게 해준다.

이밖에 교사는 학생들이 처음 시작부터 규율을 위반했을 때는 어떠한 처벌을 받고, 잘했을 때는 어떠한 칭찬과 인정을 받는지를 포함해 자신이 수업 규율을 관리하는 원칙과 방법에 대해 명확하게 알게 하여 스스로 관리하고 규제할 수 있게 한다.

한 프랑스의 중국어 교사가 소개한 경험이다. 학생들이 심하게 떠들 때마다 아무 말 없이 위엄을 유지하며 서 있으면 학생들은 선생님이 갑자기 말이 없어진 것을 알아차리고 불안한 마음에 점차 조용해진다. 오랜 시일이 지나 학생들의 수업 태도가 아주 잘 자리 잡혔다.

많은 해외의 초·중학교 교사들은 모두 '인자할 때는 인자하고 엄할 때는 엄할 것'을 강조한다. 만약 학생과의 좋은 관계 유지를 위해 시작 단계에서 학생의 불량한 행동에 대해 방임하거나 심지어 학생들과 시시덕거린다면 학생들은 교사와의 차이를 못 느끼게 되고 시간이 지나 교사는 학생들 사이에서 응분의 존중과 위신을 잃게 되어 수업 규율 단속이 더욱 힘들어질 것이다.

24. 어떻게 하면 수업 분위기를 바꿀 수 있을까?

편집자 마음의 소리
다년간 중국어 교육에 종사하면서 왜 어떤 선생님은 무슨 수업을 하든 학생들이 몰리고, 어떤 선생님은 늘 교실 분위기를 침울하게 만들어 불만이 끊이지 않는지에 대해 종종 생각해보곤 한다. 설마 교사의 성격이 이러한 엄청난 차이를 만들어낸단 말인가? 시간이 흘러 좋은 교실 분위기는 교사의 성격이 아니라 교사의 정성으로 만들어진다는 사실을 알게 되었.

좋은 교실 분위기와 최적의 학습 효과를 얻고자 한다면 교사는 먼저 학생들의 학습 시 심리 상태를 잘 분석해야 한다. 이러한 심리 상태는 지적 호기심, 표현 욕구, 경쟁의식, 협동 정신, 유머에 대한 호감, 자기 보호 등 몇 가지로 귀결된다. 자기 보호란 학생들이 종종 체면을 따지고, 망신당하는 것을 두려워해 감히 입을 열어 중국어를 말하지 못하는 심리적 특징이다.

교사가 이 점을 잘 이해한 뒤 교안을 짜고, 수업 활동을 설계할 때 학생들의 경쟁의식, 협동 정신 및 유머에 대한 호감 등의 특징을 충분히 고려할 수 있다면 자연스럽게 좋은 교실 분위기를 만들 수 있게 된다. 다른 한편으로 교사는 학생을 보호해 그들의 자존심이 상하지 않게 해야 한다. 본래부터 구두 발표에 대한 심리적 장애를 갖고 있는 학생들에게 특히 더 대담하게 발표할 수 있도록 기회를 줌으로써 그들이 모든 학생들과 어울리고 집단 내에서 충분한 안정감과 믿음을 얻을 수 있도록 해야 한다.

학생의 학습 심리를 잘 파악한 뒤 교사는 또 구체적으로 실천 가능한 방법으로 교실 분위기를 환기시켜야 한다. 자주 활용되는 방법에는 有备无患、察言观色、花样翻新、动静结合、避虚就实、节奏控制、游戏互动、交流讨论、松紧有度、课外沟通(유비무환, 학생들의 기색 살피기, 새로운 스타일 추구하기, 동적인 것과 정적인 것의 결합, 어려운 내용은 피하고 쉬운 내용 가르치기, 리듬 제어, 게임하기, 토론하기, 강약 조절, 과외 활동) 등이 있다.

- 花样翻新 (새로운 스타일 추구하기)
교사는 여러 가지 교수 방법을 활용해 학습 목표를 달성해야 한다. 예를 들어 학생들이 한자를 기억하는 것을 돕기 위해 교사는 글자 오리기, 글자 붙이기, 글자 합치기, 글자 찾기, 글자 색칠하기, 글자 떼어내기 등 다양한 방법을 활용할 수 있다. 실제로 교실 수업 방법은 '변화'라는 글자를 추구한다고 증명된 바가 있다. 교사가 다양한 수단으로 학생들의 학습을 이끌 수 있다면, 수업 분위기를 활기차게 만들 수 있을 뿐만 아니라 학생들의 주의력을 효과적으로 집중시킬 수 있다. 이 또한 교실 수업의 성패를 좌우하는 중요한 요소이다.

- 动静结合(동적인 것과 정적인 것의 결합)
좋은 중국어 수업은 동적인 것과 정적인 것이 결합되고 변화가 풍부해야 한다. 학생들이 오랫동안 말이 없거나 주의력을 잃었을 때 교사는 교실 활동을 편성해 모두 참여하도록 함으로써 수업 분위기를 활기차게 환기시켜야 한다. 반면 교실이 너무 떠들썩할 경우 교사는 즉시 '주어진 단어로 친구 묘사하기' 등과 같이 개인 활동 또는 쓰기 활동으로 교수법을 조절해 학생들이 빠른 시간 내에 조용해지도록 해야 한다.

- 避虚就实(어려운 내용은 피하고 쉬운 내용 가르치기)
한편으로는 교사가 최대한 학생들의 실제 상황에 맞게 문답과 토론을 진행하는 것을 가리키고, 다른 한편으로는 교사가 가능한 한 실제 상황을 찾고 만들어 학생들이 배운 내용을 연습하게 하고, 배운 것을 실제로 활용하는 것을 가리킨다.

- 节奏控制(리듬 제어)
교사는 수업 준비를 하거나 수업을 진행할 때 수업 단계별 시간을 정확히 파악해야 한다. 빨라야 할 때는 빠르게, 느려야 할 때는 느리게 함으로써 수업을 늦게 마치지 않도록 한다.

- 课外沟通(과외 활동)

수업 외 교류는 사제지간의 이해와 정을 두텁게 하고, 수업 분위기를 더욱 활기차게 하며 교실 수업의 촉진 작용을 극대화 한다.

25. 교실 수업 중 효과적인 상벌 제도에는 어떤 것들이 있을까?

📢 **편집자 마음의 소리**
많은 유학생들이 "교실 활동 중 우리가 잘못하면 선생님은 늘 우리에게 노래를 시키는데, 노래를 잘 못하는 저는 정말이지 중국어 수업을 듣기가 두렵습니다." 라며 불만을 토로한다. 그렇다면 노래 부르기 말고 중국어 수업에 적용할 수 있는 상벌 제도에는 어떠한 것들이 있을까?

정말 유감스러운 상황이다. 모든 교사들이 수업 중 많은 심혈을 기울이겠지만, 사소한 부주의로 인해 학생들의 반감을 살 수도 있다. 수업 시간에 교사와 학생은 상호 작용하는 관계이다. 학생들은 열심히 표현하는 동시에 즉각적인 피드백을 기대한다. 이러한 피드백은 다차원적인 것으로, 자주 볼 수 있는 형식으로는 두 종류가 있다. 하나는 언어상의 칭찬과 지적이고, 다른 하나는 구체적인 상벌 조치이다.

칭찬과 지적은 종종 구두와 서면 방식으로 이루어지는데 물론 칭찬 위주여야 한다. 구두 칭찬은 "좋아요."처럼 단순해서는 안 된다. 학생들은 "단어를 잘 활용했군요.", "성조가 좋아요.", "작문을 아주 재미있게 했네요." 등과 같이 구체적인 면에서 인정 받기를 기대한다. 요컨대 칭찬 방식이 칭찬 횟수보다 더 중요하다는 것이다. 학생들의 구체적인 행동을 겨냥한 칭찬, 좋은 결과물에 초점을 맞춘 진심 어린 칭찬이 더욱 효과적이다.

한 중국어 교사가 윌리엄(William)이라는 학생의 수업 중 발표 내용에 근거해 효과적인 칭찬과 비효과적인 칭찬을 기록하고 분석했다.

(취미에 대해 이야기할 때 농담하며) "전 대마초를 좋아해요, 하하……"
[비효과적 칭찬] "참 재치있군요!"
[효과적 칭찬]
"참 재치있군요! 아는 단어가 아주 많아 보여요."

발표를 잘한 경우
[비효과적 칭찬] "윌리엄의 발표 아주 훌륭해요."
[효과적 칭찬] "성조와 문법이 아주 훌륭해요."

숙제를 잘 해왔을 경우
[비효과적 칭찬] "문장이 막힘없고 아주 생동감 있어요."
[효과적 칭찬] "이 문장/이 단어를 아주 잘 활용했어요!"
"우리가 방금 배운 단어를 많이 활용했어요, 좋은 습관입니다."

교실 활동에서 어떤 과제를 완수했을 때
[비효과적 칭찬] "잘했어요!"
[효과적 칭찬] "좋아요!"라고 말하며 엄지를 치켜세운다.

만약 일정 기간 동안 학생의 학업이 뒷걸음질 치고 있다면, 교사는 메일이나 메모 형식으로 학생과 서면으로 소통할 수 있다. 지적의 경우도 목적성을 갖고 사실대로 논해야 한다. 잘못을 지적할 때는 반드시 명확한 관점과 위엄 있는 태도를 취해 학생들이 지적받을 때에도 교사의 관심을 받고 있음을 느끼게 해야 한다.

구두로 칭찬하거나 지적하는 것 외에 재미있고 효과적인 상벌 제도를 마련하는 것도 좋은 학습 분위기를 조성하는 데 도움을 준다. 자주 활용되는 상벌 방식은 아래 표와 같다.

상	작은 선물을 준다. 점수를 준다. 다른 사람에게 질문할 기회를 준다. 게임 중 명령 권한을 준다. '주(周)장원' 등과 같은 명예 칭호를 부여한다.
벌	노래를 한 곡 부른다. 재미있는 이야기를 한다. 장기자랑을 한다. 다음 시간에 자기 나라의 특색 있는 먹을거리나 음료 등을 가져와서 모두에게 나눠준다. 선생님을 도와 칠판을 닦는 등 좋은 일을 한 번 한다. 별도의 숙제를 한다. 역할을 나눠 본문을 암기하거나 낭독한다.

상벌은 교실 수업 분위기를 효과적으로 조절하는 방법이지만 그 어떤 상벌 방식이라도 일종의 '부드러운 자극'일 수밖에 없다는 점을 주의해야 한다. 교사는 반드시 사전에 학생들의 심리적 인내력을 충분히 고려해 정반대의 결과를 내지 않도록 해야 한다. 상벌 시스템의 확립은 하나의 과정이 요구되는 것으로, 교사와 반 전체 학생들의 교류와 적응을 통해 상벌 시스템은 점차 성숙될 수 있고, 결국 활발한 교실 분위기의 효력 또한 분명하게 드러날 것이다.

아무리 좋은 방법도 영구 불변할 수 없고, 창의성과 변화가 결여된 상벌 방식은 학생들의 관심에서 재빨리 멀어질 것이다. 특히 '징벌' 방식은 학생들의 입장에서 선택 가능한 것이다. 가령 본 '편집자 마음의 소리'에 언급됐던 학생의 불만을 고려해, 교사는 질문이 적힌 쪽지 몇 장을 미리 준비해서 노래 부르는 것을 좋아하지 않는 학생에게 쪽지를 뽑게 하여 질문에 답하게 하거나 '잰말놀이(绕口令)'를 시키는 등 징벌 방식을 다양화 할 수 있다.

26. 교실 활동을 어떻게 설계해야 할까?

💬 **생각해볼 문제**
수업 중 교실 활동을 자주 편성하는가? 다음의 교실 활동 가운데 선호하는 유형은?
A. 상황극
B. 언어 실천
C. 게임
D. 퀴즈

교실 활동은 교실 수업에서 매우 중요한 부분이다. 특정한 상황 또는 게임을 통해 학생들은 배운 지식을 종합적으로 활용해 과제를 완수함으로써 언어를 마스터하는 목적을 이루게 된다. 교실 활동으로 이끄는 수업은 '학생 중심'을 강조하고 학생들의 자발적 참여를 강조하며 학생들의 적극성을 불러일으키는 중요한 과정이다. 교실 활동은 보통 발음 연습, 한자 단어와 문형 등 언어 요소의 학습 단계에 활용되며, 도입과 복습 단계에서 나타나기도 한다.

교실 활동 설계 시 교사는 다음과 같은 몇 가지 원칙에 주의해야 한다.

一 교실 활동은 천편일률적이어서는 안 되고 새로운 스타일을 끊임없이 창출해야 한다. 실용적이고 흥미로운 교실 활동을 설계하기 위해 교사는 수업 준비 과정에서 많은 자료를 참고하고, 다른 언어 교육의 수업 모델, 인터넷 게임 등을 참고 및 재구성해 자신의 수업에 적용해야 한다.

二 교실 활동은 질적·양적으로 적절히 배정되어야 하고 시간상 통제가 필요하다. 교사는 한 수업에서 한 두 개의 활동을 진행할 수 있는데, 활동 횟수가 지나치게 많지 않고 시간이 너무 길지 않은 게 좋다. 그러나 중요한 학습 내용의 경우 활동을 몇 가지 더 준비해 비상시에 대비할 수 있다.

三 교실 활동은 반드시 언어 지식 교육과 밀접하게 연결되어야 한다. 우리는 모두 외국어를 배운 경험이 있다. 어떤 외국인 교사는 수업 시작부터 특정 주제에 대해 아무런 목적 없이 자유 토론을 하게 하는데, 임무 수행식 활동처럼 보이고 수업 분위기도 활기찬 듯 하지만 수업이 끝나면 학생들의 머릿속은 혼란스럽다. 해당 화제에 대해 반드시 알아야 하는 언어적 지식이 정확하지 않고, 교사 또한 체계적인 설명, 연습 및 교정을 해주지 않기 때문에 이는 효과적이지 않은 교실 활동이자 최대한 피해야 하는 것이다.

四 활동은 반드시 강한 상호 작용, 재미 및 실효성이 있어야 한다. 실효성이란 해당 활동이 학생들의 언어적 지식이 언어적 기능으로 성공적으로 전환되도록 돕는 것을 가리킨다.

교실 활동을 설계할 때 또 몇 가지 금기사항이 있는데, 절차가 지나치게 복잡한 것, 배우는 것 없이 놀기만 하는 것, 학생들의 참여가 공평하지 않은 것, 활용성이 떨어지는 것, 도구 준비가 복잡한 것, 언어 설명이 번잡한 것이다.

예를 들어 본서 84페이지 '61 단어 때리기 활동' 게임의 경우 대부분의 학생들이 굉장히 좋아한다. 왜일까? 다음의 몇 가지 특징을 갖추고 있기 때문이다.

一 도구 준비가 간단하다. 간단한 카드만 몇 장 만들면 된다.
二 게임규칙이 간단하고 쉽다.
三 학생들의 참여 기회가 균등하다.
  학생 수가 많지 않을 경우(20명 이내), 다양하게 참여할 수 있고, 학생 수가 많을 경우 두 조로 나눠 진행할 수 있다.
四 복습 및 학습 효과 점검에 큰 도움이 된다.
  카드에 한어병음, 한자, 단어 및 문장 쓰기가 모두 가능하다.
五 상호작용적이고 재미있기 때문에 학생들이 모두 신나게 게임을 즐긴다.

27. 어떻게 하면 전체 학생을 적극적으로 활동에 참여시킬 수 있을까?

✉ **편집자 우편함**
저는 성격이 활발하고, 교실 활동을 특히 좋아하는 젊은 대외 한어 교사입니다. 그러나 일부 학생들이 활동에 관심이 없는 모습을 보이거나, 활동에 적극적으로 참여하지 않을 때마다 좌절감을 느끼게 됩니다. 좋은 방법이 없을까요?

교사가 되어 정성스레 교실 활동을 설계하거나 준비했을 때 대부분의 학생들은 적극적으로 반응하지만, 일부 학생들은 참여하고 싶지 않아 한다. 이 때 교사는 어떻게 해야 할까?

먼저, 억지로 학생을 참여시키지 않아야 한다. 활동을 시작할 때는 자원 신청 방식으로, 일부 학생은 참여하고 나머지 학생들은 지켜보게 한 뒤, 다음에 번갈아서 다시 진행하도록 한다. 지켜본 학생들은 첫 번째 학생들이 즐겁게 활동에 참여하는 것을 보고 나서, 생각이 바뀌어 참여하게 될 수도 있다.

다음으로, 활동의 대안을 마련해야 한다. 일단 대다수의 학생들이 어떤 활동에 대해 관심이 없어 보인다면 교사는 언제든지 방법을 바꾸거나 조정해야 한다.

그 외에도 교사는 학생들과 효과적인 소통을 통해, 함께 교실 활동을 설계해야 한다. 학생은 교실의 주체로 학습 방식과 교실 활동 전개 방식에 대해 수많은 독창적인 생각을 가지고 있기에 교사는 학생들의 의견을 경청하는 것이 좋다. 늘 활동에 참여하기 싫어하는 학생들의 솔직한 의견을 듣고 이해하는 과정이 특히 필요하다. 또한 교사는 학생들에게 이러한 활동이 언어 학습에 미치는 영향에 대해 설명함으로써 적극적인 참여를 독려해야 한다.

28. 어떻게 효과적인 교실 활동을 구성할 수 있을까?

🗣 **편집자 마음의 소리**
얼마 전, 저는 중국어 국제교육학을 전공하는 중국 학생들을 데리고 일본 학생들이 듣는 초급반의 교육 실습을 나가게 되었습니다. 저는 중국 학생들에게 2가지 교실 활동을 설계해주고 수업 시간에 활용하도록 하였습니다. 그러나 강의 경험이 전혀 없었던 중국 학생들은 활동을 하고 싶은 마음은 있으나 역량이 되지 않아 끊임없이 저에게 도움의 눈빛을 보냈습니다. 외국 학생의 중국어 수준이 비교적 낮은 상황에서 어떻게 효과적인 교실 활동을 구성할 수 있을까요?

교실 활동은 설계·시연·피드백의 3단계를 포함한다. 만약 설계한 활동이 교실에서 진행될 수 없거나 효과가 좋지 않다면 아무리 좋은 설계라 해도 탁상공론에 불과할 뿐이다. 효과적인 수업 활동을 구성하고 싶다면, 교사는 다음 사항을 유념할 필요가 있다.

一 가급적 시범을 통해 활동규칙을 보여준다.
일부 초보 교사들은 전문 용어를 습관적으로 사용해 활동 내용이나 게임규칙을 설명한다.(예) 이것은 부건(部件)이고, 이것은 필획(笔画)이야, 이것은 독체자(独体字)고, 어떻게 어떻게 해야해……) 이렇게 되면 초급반 학생들은 설명을 완전히 알아듣지 못하여 활동을 진행할 수 없게 된다. 사실 이 때 가장 좋은 방법은 시범이다. 교사는 중국어를 비교적 잘하는 학생을 시키거나 간단한 지시 설명을 곁들여 구체적 진행 과정을 직접 시범 보일 수 있다.

二 효과적인 방식으로 조를 나눈다.
교실 활동은 참여 인원수에 따라 개별·짝·모둠 그리고 단체 등의 형식으로 나눌 수 있다. 그 중 짝과 모둠 활동을 주로 활용하는데, 만약 학급 학생 수가 많다면 다음 4가지 방법을 참고할 수 있다.

1. 자리에 따라 조를 나눈다.
간단한 활동에는 자리가 가까운 사람들끼리 조를 편성할 수 있다. 그러나 교사는 경우에 따라 첫 번째 줄 학생 2명과 마지막 줄 학생 3명을 한 조로 편성하거나, 모든 줄의 가장 왼쪽에 앉아 있는 학생들을 한 조로 편성하는 등 기존 관례를 깰 수도 있다. 이러한 조 편성 방식은 학생들에게 신선하고 흥미롭게 느껴질 수 있으며 듣기 훈련이 되기도 한다.(역자 주: 원어로 수업할 때 참고사항)

2. 게임 방식으로 조를 나눈다.
예를 들어, 숫자 '3'을 세는 게임을 (70쪽 참조) 할 때 '3'과 '3'의 배수에 걸린 학생들이 한 조를 편성하고, 나머지 숫자 및 그 배수의 학생들은 다른 조로 결성할 수 있다. 다른 예로, '한자 만들기(48쪽 참조)' 게임을 할 때 한자의 부건을 해체하고, 모든 학생들에게 부건카드를 1장씩 나눠준 뒤, 합쳐서 글자를 만들 수 있는 부건을 가진 학생들을 한 조로 만들어 준다.

3. 교사가 직접 조를 나눈다.
활동이 비교적 복잡할 경우, 교사는 의식적으로 조를 편성해야 한다. 조를 짤 때는 다음의 요소를 감안해야 한다.

(1) 학생의 성격 : 외향적인 학생과 내성적인 학생을 함께 배치한다.
(2) 학생의 중국어 수준 : 중국어 수준이 높은 학생과 낮은 학생을 함께 배치하거나 회화를 잘하는 학생과 쓰기를 잘하는 학생을 함께 배치한다.
(3) 남녀 비율 : 남녀 비율이 맞으면 분위기 조성이 더욱 쉬워진다.
(4) 친분 관계 : 친한 학생들일수록 함께 활동하기 적합하다.

4. 자원 형식으로 모둠을 나눈다.
학생들에게 자율 선택권을 주면, 학생들은 활동에 더욱 열정적으로 참여하게 되고 동시에 심리적으로 편안함을 느낄 수 있다. 예를 들어 역할극 유형의 활동을 할 경우 학생들 스스로 모둠원을 선택해 모둠을 결정하고 이 모둠원들이 모둠장을 뽑으면, 모둠장은 각 모둠원들에게 배역을 나눠준다. 모둠별로 재미있는 모둠명을 만들게 할 수도 있다.

모둠을 나눈 뒤 교사는 팀 내 모든 구성원의 임무와 책임을 명확하게 정해주는 것이 중요하다. 교사의 역할은 교탁 앞에서 조용히 기다리는 것이 아니라 돌아다니며 각 모둠의 상황을 경청하고 즉시 문제를 발견하여 교정 및 정리해주는 것이다. 교사는 또한 활동에 적당히 개입하여 학생들의 주의력을 집중시키고 학습 동력을 높일 수 있다.

29. 수업을 구상할 때 교사가 자주 범하는 오류는?

🗣 **편집자 마음의 소리**
수업 참관시에 일부 초보 교사들이 열정적이지만 지치는 경우를 종종 본다. 그러나 이것은 수업 목표를 달성하지 못한 것이 아니라 효과적인 상호작용이 이루어지지 않아서이다. 학생들은 수업에서 얻는 것이 별로 없다고 느끼며 중국어 수업이 재미없다고 생각한다. 도대체 무엇이 문제일까?

중국어 수업의 일반적인 과정은 '도입-학습-심화-요약-과제'이다. 교사들은 제각기 나름의 방법으로 이 과정들을 진행한다. 수업의 과정을 완벽하게 체득하지 못한 교사에게는 수업 중 일부 작은 문제들이 큰 문제가 된다.
"작은 실수에서 큰 문제가 비롯된다.(失之毫厘, 谬以千里)"라는 말이 있다. 중국어 수업에서 일부 오류가 전체적인 수업 효과를 크게 떨어뜨릴 수 있기에 교사의 주의가 필요하다.
교사들이 자주 범하는 오류 2가지가 있다.

오류 1. 교사 혼자 움직이고 학생들은 움직이지 않는 경우
예를 들어 '일과 시간'에 관한 강의를 할 때, 많은 교사들이 교사가 물으면 학생이 답하는 방식만으로 "你几点上课? (몇 시에 수업 시작하니?)", "你几点起床? (몇 시에 일어나니?)" 등의 질문을 하고 학생들은 수동적으로 대답한다. 교사가 수업 내내 이러한 방식으로 심화 학습을 진행한다면 학생들은 점차 피로함을 느껴, 결국엔 교사 혼자 열심히 얘기하고 학생들은 입을 열지 않는 상황이 된다.

위의 방법은 '학생이 주체가 되어 적극성이 충분히 발휘되도록 한다'는 중국어 수업의 시본 원칙을 위배하는 것이다. 교사는 학생의 말할 권리와 활동할 권리를 빼앗아서는 안 된다. '일과 시간' 주제를 예로 들자면, 선택할 수 있는 방법은 여러 가지가 있다.
(1) 학생이 교실 앞으로 나와서 자신의 일과 시간 소개하기
(2) 학생들끼리 서로 묻고 답하기
(3) 학생이 묻고 교사가 답하기
(4) 조별 조사 활동
(5) 학생이 칠판에 분필로 자신의 일과를 적고 설명하기
(6) 학생이 PPT를 만들어 발표하기
(7) 수업 중간에 게임하기 등

요컨대 '활기찬' 수업을 만들려면 학생들이 움직이도록 해야 한다.

오류 2. 교실 분위기는 활기차지만 학습 목표는 달성하지 못하는 경우
예를 들어, 한 교사가 '天热了(날이 더워졌다)'와 같은 문형을 가르칠 때 수많은 PPT 자료를 보여주며 학생들에게 따라 읽히고 문장 만들기를 시켰지만, 끝까지 '了'가 문장에서 어떤 의미로 쓰이는지는 설명하지 않았다고 가정해보자. 그 결과 학생들은 '天热了(날이 더워졌다)'와 '天很热(날이 덥다)'가 어떻게 다른지 이해하지 못하므로, 수업 시간에는 문장 만들기를 곧잘 따라했어도 수업이 끝나면 잘 모르는 상태가 될 것이다.

활기가 넘쳐 보일지라도 실질적으로 학생들의 중국어 학습에 도움이 되지 않는 수업들이 있다. 학생들의 중국어 의사소통 능력 배양은 말할 것도 없다. 그래서 교사는 지나치게 틀에 박힌 수업을 해서도 안 되지만, 지나치게 표면적으로만 활기찬 수업을 추구해서도 안 된다. '즐거운 방식으로 가르친다(寓教于乐)'라는 말처럼 '가르치는 것'이 기본이 되고, '즐거운 것'이 방법이 되어 두 가지 다 소홀히 해서는 안 된다.

30. 수업에서 교사는 학생들과 어떻게 교감할 수 있을까?

😀 생각해볼 문제
1. 당신은 학생과의 관계가 어떠한가? 수업 중 학생들은 하고 싶은 말을 마음껏 하길 원하는가?
2. 수업 중에 학생들과 잊지 못할 교류의 경험이 있는가?

수업 역시 교사와 학생이 교감하는 과정이다. 만약 교사가 처음부터 끝까지 책에 쓰인 대로만 수업을 진행하고 학생과 어떠한 교류도 없다면 그 수업은 매우 지루할 것이다. 어떤 이들은 잡담은 수업 진도에 영향을 준다고 생각하겠지만, 사실 수업과 교류의 관계는 꽤 미묘하며 완급을 조절하여 잘 관리하면 서로 도움이 될 수 있다. 언어는 사람들이 소통하는 수단이며, 언어 수업의 목적 또한 소통이기 때문에 수업에서 익힌 언어를 사용하여 교류하는 것은 학생에게 이를 실천하는 좋은 기회가 될 수 있다.

예를 들어 어떤 단어를 설명할 때, 교사는 그 단어를 많이 사용해서 학생들과 교류할 수 있다. '喜欢(좋아하다)'라는 단어를 예로 들면, 교사는 "你喜欢汉语吗?(중국어 좋아하니?)", "你喜欢中国吗?(중국 좋아하니?)", "你喜欢吃中国菜吗?(중국음식 좋아하니?)"와 같은 질문을 할 수 있고, 학생들이 답하는 과정에서 왜 좋아하는지, 어떻게 좋아하는지 등의 몇 가지 질문을 더 해야 한다. 이렇게 하면 학생들이 더 많이 말을 할 수 있게 이끌어 줄 수 있으며, 더욱 심도 있는 대화를 나눌 수 있다.

본문을 가르칠 때도 교사는 학생과 상호 교류해야 한다. 본문에 있는 문화 또는 사회 현상에 대해 이야기를 나누는 것과 같이, 어떤 때는 심지어 문장 하나만으로 확장식 토론을 할 수도 있다. 이와 같이 진행한다면 학습한 단어와 문형을 충분히 훈련할 수 있을 뿐만 아니라 학습하는 과정에서 쌓이는 학생들의 피로 또한 완화시킬 수 있다.

수업 후 연습 또는 듣기 수업을 할 때 학생들은 종종 답답함을 느낄 수 있다. 이 때 학생들에게 답을 말하게 하고 교사가 다시 모범 답안을 제시하는 방법만 채택할 것이 아니라, 연습 중인 많은 문장을 각각의 주제로 삼아 적절한 토론을 전개하여 수업 분위기를 다시 활기차게 만들어야 한다는 점을 꼭 기억해야 한다. 가볍고 편안해 보이는 대화는 사실 교사의 철저한 계획과 분배에 따라야 한다.

31. 어떻게 학생들의 잘못을 바로 잡아줄까?

😀 생각해볼 문제
수업 중에 학생들의 중국어가 틀리면 어떻게 하겠는가?
A. 즉시 교정한다.
B. 수업 후 교정한다.
C. 일괄적으로 교정한다.
D. 작은 잘못은 교정하지 않는다.

교정에 관해서 교사는 다음의 3가지 원칙을 따라야 한다.

— 2가지 극단적인 방법을 피한다.
1. 무턱대고 교정한다.

수업 시스템

일부 교사는 학생들에게 엄격하게 하는 것이 언어 수업에 가장 중요한 훈련 수단이라 여겨 어떠한 잘못이던 끝까지 추궁해 학생에게 계속 반복시키며, 심지어 엄격한 태도를 취하는 교사도 있다. 이렇게 하면 아마도 언어는 기억할 수 있으나, 학생이 부끄러움을 느끼고 사람들 앞에서 중국어를 말할 때 두려움과 거부감을 갖게 돼 결국 교정할수록 더 틀리는 상황이 발생한다. 중국어를 끝까지 교정해줄 것인지, 중국어에 대한 학생의 열정을 보호해줄지는 교사 본인이 선택해야 한다.

2. 틀린 부분을 거의 교정하지 않는다.

일부 교사들은 활기찬 수업 분위기를 유지하기 위해 틀린 것을 거의 교정해주지 않고 학생들이 자유롭게 말할 수 있도록 하는데, 이 방법 또한 바람직하지 않다.

二 적당한 교정 시기를 선택한다.

1. 학생들이 작문이나 단어를 합쳐 문장을 만드는 등 단문으로 표현하는 연습을 할 때가 학생들이 올바른 중국어 틀을 잡을 수 있는 결정적인 시기이다. 교사는 이 때 반드시 착실한 교정을 통해 모국어의 '부전이' 간섭을 제거하고, 학생들이 중국어 규칙을 확실하게 익힐 수 있도록 해야 한다.

2. 학생들이 단락을 완성해 표현할 때, 전체 표현에 영향을 미치지 않는 작은 실수를 범했다면 교사는 그것을 교정해줄 필요가 없다. 그러나 만약 오류의 범위가 수업의 중점적인 부분에 속해 잘못 사용 및 잘못 해석되는 경우 또는 발표가 중단되는 등 문제를 일으키는 경우에는 교사는 즉시 오류를 교정하고 학생이 정확한 표현을 할 수 있도록 도와주어야 한다.

三 구체적인 교정 노하우를 터득한다.

1. 오류가 발생했을 때, 교사는 보편적 특징이 있는 오류의 요점을 수시로 기록한 다음, 아래의 방법을 선택하여 교정한다.
  (1) 학생 스스로 올바른 표현을 익힐 수 있도록 돕는다.
  (2) 명확하게 오류를 지적한다.
  (3) 학생이 어휘나 문장을 반복해서 따라 읽게 한다. 다음 수업 때 교사는 질문을 하거나 귀납 형식으로 오류가 잘 발생하는 부분을 복습할 수 있도록 한다. 학기 말에 교사는 학생들이 틀렸던 문장이나 어휘를 잘 기억할 수 있도록 다시 베껴 쓰고 정리하게 할 수 있다.

2. 학생들이 협동하여 오류를 교정하도록 한다. 학생들이 서로 틀린 곳을 고쳐주면, 학생들의 참여 의식을 높일 수 있는 동시에 오류에 대한 토론을 통해 기억에 오래 남을 수 있다.

3. 판서를 충분히 활용해 오류를 정리해 준다. 교사는 수업할 때 학생들의 오류를 고쳐주며 칠판 한쪽에 중요한 오류를 기록한 뒤, 마지막에 전체 학생들에게 다시 한 번 복습시켜 잘 기억될 수 있도록 한다.

4. 교정과 수업 유형의 관계에 주의한다. 회화 수업에서의 교정은 구두로 이뤄지지만, 쓰기 및 문법 수업은 틀린 부분을 고쳐주고 설명을 다는 등 서면 방식을 취해야 한다.

32. 과외 교류와 교실 수업은 어떻게 해야 유기적으로 결합할 수 있을까?

💬 생각해볼 문제

Z선생님은 수업 밖에서 학생들과 함께 어울린 적이 없다. 그녀는 학생들이 자신을 쉽게 생각하게 해서는 안 된다고 여겨 본인의 역량을 모두 수업 시간에 쏟아 부으려 한다. L선생님은 교실 밖에서도 많은 시간을 학생들과 함께 하는데, 학생들의 요구를 모두 들어주기 때문에 피로감을 느낀다. 어떻게 하는 것이 좋은 방법이라고 생각하는가?

학생들에게 인기 있는 교사는 학생의 좋은 스승이자 친구임에 틀림없다. 교사와 학생의 교류는 짧은 수업 시간에 한정되어 있지 않다. 과외 활동은 학생들의 특징을 이해하고 사제 간의 친밀감을 높여준다. 그렇다면 수업 외의 교류에서 교사가 주의해야 할 점은 무엇일까?

一 양이 적당해야 한다.

학기가 시작되면 교사는 이번 학기에 전체 학생과 몇 번의 과외 활동을 할지 계획을 세운다. 과외 활동은 함께 중국 음식 먹기, 만두 빚기 등의 문화 체험이나 탁구 등의 체육 활동일 수도 있고 중국 노래 부르기, 교실 안에서 작은 파티 하기, 야외 소풍 등의 오락 활동일 수도 있다. 교사와 학생의 교류는 양측의 정상적인 생활에 영향을 주지 않도록 지나치게 빈번해서는 안 된다. 그러나 교류가 너무 적어도 안 된다. 학생에게 냉정한 인상을 주어 거리감을 느낄 수 있기 때문이다.

二 정도가 적당해야 한다.

교사는 과외 활동에서 이야기할 수 있는 개인적인 주제와 교사 신분으로서 할 수 없는 것들이 무엇인지 고려하고 준비해야 한다.

三 과외 활동과 교실 수업이 결합되어야 한다.

교사는 과외 활동 중 학생들이 수업 시간에 배운 어휘와 문형을 사용할 수 있도록 격려해야 한다. 예를 들어 '물건을 가리키면 단어 말하기', '동작 보고 단어 맞히기', '배운 어휘와 문형을 사용해 자연 풍경 묘사하기' 등의 활동을 준비해 표현을 잘한 학생에게 상품을 준다.

33. 중국어 수업의 성공 여부의 판단 기준은 무엇인가?

📩 편집자 우체통

학교에서 다음 주에 신규 선생님 한 명의 수업을 듣고 논평을 하라고 합니다. 중국어 수업의 성공 여부의 판단 기준이 무엇인지 알고 싶어요.

교사에게 1시간의 중국어 수업은 예술가가 직접 만든 하나의 예술품과 같아 재료의 품질과 수량, 장인의 솜씨, 각 부분의 연출 형식, 비율 크기, 걸린 시간, 힘을 들이는 정도, 두 구조체 간의 연결 방식 등 모두 중요하다. 수업과 예술품은 두 가지 모두 "디테일이 성패를 좌우한다."는 점이 같다. 각 부분의 설계마다 완벽을 추구해야 하고, 무엇보다 각 부분이 전체적으로 결합돼야 한다. 우리가 중국어 수업의 성공 여부를 판단하는 것은 하나의 예술품을 감상하는 것과 같다. 거시적에서 미시적으로, 전체에서 일부로, 방법에서 효과로 전방위적이고 다차원적인 고찰이 필요하다. 수업의 전체적 설계, 시간 배분, 교학 내용, 교학 방법, 판서 형식, 교실 활동, 심화 학습 모델, 현장 교류, 과제, 복습 검사 부분은 모두 미시적 측면의 평가 내용이다. 거시적 관점에서 얘기하자면, 각각의 수업 단계가 긴밀하게 연결되어 있나, 전체적 수업 효과는 어떠한가, 학생의 수업 태도와 반응은 어떠한가, 학생의 의사소통 능력이 향상되었는가, 다른 과의 내용과 효과적으로 맞물리는가 등이 모두 중국어 수업 성공 여부의 중요한 지표이다.

수업의 성공 여부는 구체적 지표에 근거해 비교하고 판단할 수 있다. 교사는 수업을 참관할 때 '교실 수업 참관표'를 작성할 수 있는데, 평가 지표는 다음을 참고한다.

교실 수업 평가 지표
一 전체적 설계
　1. 교사는 준비를 철저하게 하였는가?
　2. 수업 목표, 중점, 난점이 명확한가?
　3. 진도는 적당한가?
　4. 시간 분배는 합리적인가?
　5. 각 수업 부분의 구분은 분명한가?
　6. 각 수업 단계 간의 관련성은 어떠한가?
　7. 멀티미디어 등의 수업 보조 수단을 합리적으로 사용했는가?
　8. 교실 수업 구성은 질서정연한가?
　9. 전체 수업 효과는 어떠한가?
二 도입
　1. 어떤 방식으로 지난 과를 복습하는가?
　2. 어떤 방식으로 새로운 과를 시작하는가?
三 학습
　1. 교사의 언어는 명확한가? 말하는 속도는 적당한가?
　2. 문제의 핵심을 잘 설명하는가? 설명은 확실한가?
　3. 판서는 규범화되어 있는가?
　4. 몇 가지 수업 방법을 사용했는가? 주로 어떤 방식인가?
　5. 강의할 때 학생과의 상호 교류는 어떠한가?
四 심화
　1. 흥미롭고 효과적인 교실 활동을 통한 심화 학습을 하는가?
　2. 심화 학습의 형식은 몇 가지인가?
　3. 학생들에게 균등한 발표의 기회가 주어지는가?
　4. 오류를 교정할 때 교사는 인내심을 가지고 있는가?
　　방책을 강구하는가?
　5. 학생의 참여도는 어떠한가?
五 복습(요약)
　1. 교사는 어떤 방법으로 이번 과의 내용을 마무리 짓는가?
　2. 복습의 구체적인 방법은 무엇인가?
六 과제
　1. 과제는 이번 과의 중점과 어려운 점을 구체적으로 드러내고 있는가?
　2. 과제의 양은 적당한가?
　3. 과제의 형식은 새롭고 흥미로운가?

34. 새로운 과를 시작할 때 좋은 도입 방법은?

편집자 마음의 소리
'도입'은 보잘것없어 보이지만 수업의 매우 중요한 부분이다. 도입이 좋으면 교사는 단시간에 학생의 주의력을 집중시킬 수 있지만 도입이 좋지 않으면 학생들은 금방 집중력을 잃게 된다.

도입은 수업의 첫 번째 부분이다. 교사는 통상적으로 도입 부분에서 지난 과를 복습하고 새 과 설명으로 넘어간다. 강조하고 싶은 것은, 도입 또한 다른 수업 과정들과 마찬가지로 끊임없이 새로운 스타일을 만들어야 한다는 점이다. 늘 똑같은 방법을 사용하면 학생들은 지루해한다. 도입 방법에는 여러 가지가 있는데, 다음 몇 가지 방법을 간단하게 소개한다.

一 어휘 보여주기
　지난 과나 새로운 과의 어휘를 그림, 멀티미디어, 실물 등으로 보여준다.
二 가볍게 수다 떨기
　배운 어휘를 사용하여 학생에게 학습과 생활에 관해 말하게 한다.
三 게임 활동
　게임을 통해 지난 과의 어휘를 복습하고 새로운 단어를 도입한다.(본서 '수업 활동 설계'의 '어휘' 부분 참조)
四 단락 완성해 발표하기
　주제, 상황을 정해 팀으로 학생들을 나누고, 신·구과에서 적합한 단어를 찾아 대화 한 단락(또는 단문)을 만들게 한 뒤 역할극을 시킨다.
五 역할극 하기
　교사 또는 학생이 신·구과의 본문을 바탕으로 역할극을 진행한다.
六 연습하기
　교사는 PPT에 연습문제를 만들어 테스트 형식으로 학생에게 풀게 한 뒤, 학생의 학습 효과 또는 예습 상황을 살핀다.
七 교사가 질문하기
　학생들의 실제 상황을 결합해 문제를 만들고, 학생들에게 구과에서 배운 어휘를 사용해 답하게 한다. 뒤이어 자연스럽게 새 과의 문제를 도입한다.

八 학생이 질문하기
　학생들에게 복습 또는 예습 과정에서 봉착했던 문제점을 찾아 교사에게 질문 하게 한다. 교사는 성실하게 답한 뒤 새로운 과를 시작한다.
九 학생이 요약하기
　학생들이 지난 과에서 배운 중점 내용과 이번 과에서 학습할 내용에 대해 자유롭게 말하면, 마지막에 교사가 종합하고 평가해 준다.

도입 부분은 구과와 신과가 긴밀하게 연결되어야 하며, 장황하고 지루하거나 주제를 벗어나는 것을 절대 삼가야 한다.

35. 발음 수업의 좋은 방법은?

🔊 편집자 마음의 소리
중국어 성조에서 늘 제4성을 틀리는 캐나다 학생이 있었다. 어느 날 나는 기지를 발휘해 "네가 화가 날 때 '흥!'하는 소리를 상상해서 하면 될 거야."라고 말했다. 뜻밖에 그 학생은 갑자기 제4성을 정확하게 할 줄 알게 되었고, 그 후에도 계속 그 비유를 기억했다. 현재 많은 교사들이 적지 않은 발음 수업노하우들을 정리해놓았다.

중국어 수업에서 발음 수업은 기초이며, 학생이 중국어를 사용해 의사소통을 할 수 있는 전제 조건이다. 교사는 먼저 기본적인 발음 지식을 숙지하고, 학생의 모방 학습 위주로 수업을 진행한 뒤, 다시 강화 훈련을 통해 학생이 어려워하는 부분을 극복하도록 도와주어야 한다. 예를 들어 많은 외국인들이 설면음 j, q, x와 설첨후음 zh, ch, sh, r를 비교적 어려워하므로 발음 학습은 쉬운 것에서 어려운 것으로, 배운 것에서 새로운 것을 응용하는 순서로 진행해야한다. 예를 들어, 먼저 단운모 a, o, e, i, u, ü를 가르친 뒤 다시 6개의 단운모를 기본으로 복운모를 가르치면 학생들이 기억하기 편하다. 발음 수업에서의 난점에 초점을 맞춰 다음 몇 가지 방법을 제공하니 참고하기 바란다.

一 과장법
　중국어에서 비교적 발음하기 어려운 발음 또는 성조가 있다. 학생들의 정확한 발음 구사를 위해 교사는 과장법을 쓸 수 있다. 예를 들어 많은 학생들이 3성(音高:음고 214)을 학습할 때 발음이 정확하지 않아 반 3성이 된다. 이 때문에 교사는 칠판에 3성의 음고를 그리고, 'bian'처럼 성모, 운두, 운미가 포함된 발음을 예로 들어 학생들에게 'b i an' 3개의 음을 각각 2, 1, 4의 3개 높이에서 특별히 'an' 발음을 강조하며 학생들에게 정확한 음 높이에서 과장되게 발음하도록 요구할 수 있다. 이렇게 음을 분해하고 길게 끄는 방법은 약간 과장되어 보이지만, 학생들이 3성의 길이와 높이를 체득하게 할 수 있어 발음 개선에 큰 도움이 된다.
二 같은 발음 부위로 연습하기
　발음 부위가 같은 발음에 대해 이 방법을 사용할 수 있다. 예를 들어 어떤 학생이 'r' 발음을 잘 못할 경우, 교사는 발음 부위가 같은 'sh'로 연습시킬 수 있다. 즉 학생에게 먼저 'sh'를 발음하게 하고 그것을 길게 늘이면서 성대를 진동하게 하면 'r' 발음을 낼 수 있게 된다. 같은 발음 부위로 연습하기는 비교적 익히기 힘든 성조에도 활용 가능하다. 예를 들면 '2성+4성'은 4성을 연습하는 데 도움이 되고 '4성+2성'은 2성을 발음하는 데 도움된다.
三 모사법
　이것은 아주 간단한 방법이다. 많은 학생들이 시작 단계에서 종종 4성과 2성을 제대로 습득하지 못하는데, 이 때 학생들에게 4성은 사람이 화를 낼 때 내는 "哼(흥)!" 소리 같고, 2성은 사람이 의문을 나타낼 때 "嗯(응)?" 하는 소리 같으며, 1성은 기차가 "鳴(빠아앙)…" 하고 내는 기적 소리 같다고 설명해줄 수 있다. 이렇게 하면 학생들은 구체적인 형상을 참고해 중국어 발음과 성조를 빠르게 익힐 수 있다.
四 귀납법
　예를 들어 '一, 不'의 성조변화를 설명할 때, 교사는 먼저 예를 든 후 규칙을 정리하고 귀납함으로써 학생들이 최대한 빨리 성조변화를 익힐 수 있도록 도울 수 있다.

위에서 설명한 4가지 방법 이외에도 교사는 중국어 발음 입모양 그림, 혀의 위치 그림, 멀티미디어 자료 등을 활용해 발음 수업을 보조할 수 있다.

36. 한자 연습은 어떻게 해야 할까?

💭 생각해볼 문제
1. 가르치는 학생이 어느 나라 사람인가? 그들은 한자 쓰기를 좋아하는가?
2. 서양 학생들은 한자 쓰기 연습을 시작할 때 늘 어려워한다. 어떻게 그들을 도울 수 있을까?

한자 수업의 문제는 서양 학생들을 가르칠 때 특히 불거진다. 많은 교사들이 항상 학생들에게 보고 쓰기와 듣고 쓰기를 시키지만, 오랜 시간이 지나도 학생들은 아무런 흥미를 느끼지 못 할 것이다. 여기에 몇 가지 재미있는 한자 연습 방법을 소개한다.

一 글자 오리기
　속이 빈 한자 하나를 커다랗게 쓴 뒤, 미리 분해해서 잘라 놓은 필획(종이 조각 또는 카드)을 학생들에게 나눠주고, 학생들에게 정확한 획순에 따라 나눠준 필획을 속이 비어 있는 한자에 붙이게 한다.
二 글자 합치기
　한자의 부건을 분해해 학생들에게 나눠주면 학생들은 부건으로 새로운 글자를 조합한다.
三 글자 분해하기

한자카드를 학생들에게 나눠주면 학생들은 한자의 부건 또는 필획을 분해하여 칠판에 쓴다.

四 글자 찾기
학생들에게 한자 모음 속에서 같은 필획이나 부건을 가진 한자를 찾게 한다.

五 색칠하기
학생들은 교사의 지령에 따라 한자의 특정 필획이나 부건에 색칠을 한다.

六 글자 붙이기
교사는 학생들에게 한자카드를 나눠주고 칠판에 병음이나 뜻을 적은 후 학생에게 알맞은 위치에 한자카드를 붙이게 한다.

七 글자 보충하기
교사는 모든 한자의 필획을 한두 개 빼놓고 쓴 뒤, 학생에게 완전한 글자를 만들게 한다.

八 틀린 글자 찾기
교사는 일부 한자를 일부러 틀리게 쓴 뒤 학생들에게 찾게 한다.

九 글자 수수께끼
학생에게 글자 수수께끼를 통해 한자를 알아맞히게 한다.

위의 방법들은 융통성이 있으면서 효과도 있어, '즐거운 방식으로 가르친다'는 교육 이념을 실현한다는 차원에서 어린이 한자 교육에 활용 가능하며, 성인의 한자 교육에도 사용할 수 있다. 게다가 이 책의 '수업 활동 설계' 부분에 수록된 한자 활동들은 실제 수업에서 증명된 재미있고 효과적인 활동이라 할 수 있다. 예를 들어 '협동하여 한자 쓰기' 활동은 매우 간단해 교구도 필요 없이 학생들의 한자 복습을 도울 수 있다. 한자의 필획과 필순을 더 잘 기억하고 싶다면 한번 해보는 것도 좋다.

37. 서양 학생들은 늘 병음에 의지하고 한자를 배우려 하지 않는다. 어떻게 해야 할까?

> **편집자 우편함**
> 한자를 어려워하는 분위기 때문에 저희 반 학생들의 숫자가 점차 감소하고 있어 어쩔 수 없이 저는 최대한 한자 대신 병음을 사용하고 있습니다. 그러나 크리스 선생님 반 학생들은 오히려 한자를 쓰는 것을 좋아합니다. 두 반 학생들의 상황은 거의 비슷한데, 한자를 대하는 태도는 왜 이렇게 다를까요?

서양 학생들에게 한자는 마치 난해한 문자와 그림 같아서, 처음에는 중국 문화와 중국어를 사랑했던 많은 학생들에게 보기만 해도 두려운 존재가 되고, 결국에는 중국어 공부를 포기하게 만든다. 우리가 실제로 유럽과 미국의 초·중학교 중국어 수업을 관찰한 결과, 한자를 학습하는 초기 단계에 학생들이 한자를 어려워하는 것을 피하기 위해 교사들이 흔히 쓰는 방법이 병음으로 글자를 가르치는 것이었다. 학생들이 한자는 쓸 줄 몰라도 중국어를 말할 수는 있다고 느끼게 하는 것에 목적이 있다.

이는 현재 중국어 수업에서 보편적인 현상이지만, 교사가 합리적으로 이끌어주지 못할 경우 시간이 지나면 학생은 읽기와 쓰기는 가능하나 한자는 쓰지 못하는 문제가 생긴다. 듣기·말하기·읽기·쓰기는 긴밀한 관계가 있는 4가지 언어적 기능이다. 만약 한자의 기초가 부족한 상태에서 일단 언어 환경에서 멀어지고 나면 학생의 회화 능력 또한 매우 쉽게 퇴화하기 때문에 한자를 회피하는 것은 바람직하지 않다.

사실, 한자의 구조는 과학에 근거하고 있으며 한자 교육 또한 따라야 할 규칙이 있다. 일반적으로 한자 교육은 '필획-부건-독체자-합체자' 순으로 진행해야 한다. 형성자가 한자의 90%를 차지하고 있고, 많은 성부(聲部)와 의부(義部)가 음과 뜻을 대표하므로 교사는 이러한 한자 부건의 유추 작용을 충분히 활용해야 한다.

구체적으로 한자 교육에서 우리가 일반적으로 사용하는 방법은 다음과 같다.

一 학생이 한자를 두려워하는 마음을 극복하게 만든다.
二 상형자를 먼저 가르쳐서 학생들이 한자를 이해하게 한다.
三 필획, 필순, 부건을 중심으로 가르친다.
四 재미있는 활동으로 연습시킨다.
五 서예를 통해 한자에 대한 매력을 일깨워준다.

과학적이고 체계적인 훈련을 통해, 외국 학생들은 점차 한자를 좋아하게 되고 점점 더 많은 한자를 쓸 수 있게 될 것이다.

38. 새 단어를 어떻게 설명할까?

> **생각해볼 문제**
> 아래와 같이 단어를 가르치는 방법은 왜 바람직하지 않을까? 어떻게 고치면 될까?
> A. 뜻만 설명하고 용법은 설명해주지 않는다.
> B. 모든 단어에 시간을 균등하게 분배한다.
> C. 교사 혼자 설명한다.
> D. 단어의 뜻과 용법을 설명할 때 한자는 다루지 않는다.

단어 교육은 언어 교육의 중요한 부분이다. 단어는 언어의 기본 단위이고, 모든 단어는 소리·모양·뜻·사용법(문장 구성)의 복합체이다. 한 과의 단어와 대면할 때, 교사는 먼저 수업의 중점을 정해야 한다. 수업의 중점은 사용 빈도가 높은 단어(了、吧、呢、吗 등), 다의어(打、弄 등), 이해하기 어려운 허사(把、被 등), 문장 결합 능력이 강한 단어(做、看 등), 번역한 단어와 뜻이 완전히 같지 않은 경우(坏、红茶、帽子 등), 문화적 의미가 있는 단어(红、狗、四 등)를 포함한다.

중요한 단어에 대해 교사는 체계적이고 심도 있는 분석을 해야 한다. 뜻이 복잡한 경우 뜻에 치중해 분석해야 하고, 문법 기능을 이해하기 힘든 경우 문법에 치중해 분석해야 하며, 언어 환경에 대한 특수한 요구가 있거나

수업부분

특수한 언어 사용 의미가 있는 경우에는 언어 사용 조건에 치중해 분석해야 하고, 어떤 단어들은 종합적으로 분석해야 한다. 중요하지 않은 단어에 대해서는 설명 여부와 관계없이 질문 등의 방식을 사용해 학생들이 파악했는지 검사한다.

교사는 설명 과정에서 다음 몇 가지 측면을 주의할 필요가 있다.

一 다양한 수업 방법을 활용한다.
　배운 단어로 새로운 단어를 설명하기, 의의소 분석, 그림이나 실물 보여주기, 동작 취하기, 묻고 답하기, 상황극, 예문 보여주기 등 여러 방법을 통해 교실 분위기를 활기차게 유지한다.
二 설명과 연습을 결합한다.
　단어 교육은 설명하면서 같이 연습함으로써 학생의 기억을 돕는 한편 수업 상호작용을 증가시켜야 한다. 모든 단어 설명이 끝난 뒤에는 바로 정리 및 복습을 진행해야 한다.
三 상세하고 적당해야 한다.
　교사는 수업 준비를 할 때 교육의 중심을 정하고, 중점과 난점을 도출해 시간 분배에 차등을 둬야 한다. 일부 교사는 한 단어로 학생들과 오랜 시간 묻고 답하기를 하다가 결국 중요 단어를 설명할 때는 시간이 모자라 교육 임무를 계획대로 완수하지 못하는 결과를 초래하기도 한다.

교사는 설명 과정에서 다음 몇 가지 문제점들은 피해야 한다.

一 독단적인 태도
　만약 수업의 처음부터 끝까지 교사와 학생 사이의 교류와 상호작용이 없다면 학생들은 지루해할 것이다.
二 지나치게 어려운 언어 해석
　해석에 사용되는 언어가 해석되는 단어보다 쉬워야 학생들이 빠른 시간 내에 이해하고 파악할 수 있다.
三 부정확한 언어 해석
　습관적으로 유의어를 사용해 새로운 단어를 설명하는 교사들이 있는데, 두 유의어의 미세한 차이를 변별하고 분석하는 데 주의를 기울이지 않으면 학생들이 잘못 사용할 수 있다.

39. 고급 중국어 종합 과목 지도과정에서 단어가 너무 많은 경우 어떻게 가르쳐야 할까?

🔊 **편집자 마음의 소리**
과거에 유학생을 가르쳤을 때 고급 종합 과목에서 단어가 너무 많아 단어를 가르치는 데 너무 많은 시간이 소요될 뿐만 아니라 학생들이 지겨워하는 것을 느낄 수 있었다. 그 후에 여러 방법을 고민해보고 개선함으로써 현재는 많이 순조로워졌다.

일부 고급 중국어 종합 교재는 매 과마다 단어가 100여 개에 이르는 등 한자가 너무 많아 가르치려면 많은 시간과 에너지가 소요된다. 교사와 학생 모두에게 부담이 매우 크다. 고급 단계에서 단어 학습의 중점은 보통 유의어 분석과 어려운 단어의 용법으로 구분된다. 만약 이 단계의 단어 학습이 순조롭게 진행되기를 원한다면 초급 단계와는 다른 방법을 채택해야 한다. 자주 사용되는 방법은 아래와 같다.

一 단어의 중요도에 따라 상세하게 가르칠 것과 간단하게 언급하고 넘어갈 것, 그리고 가르치지 않아도 되는 것으로 구분한다.
　1. 상세하게 가르칠 단어는 예문을 제시하고 수업할 때 발음·형태·뜻·용법 등 각 부분을 상세하게 설명한다. 물론 편중되는 부분은 있기 때문에 우선 분명하게 중요 단어의 어려운 점이 무엇인지를 명확하게 제시해야 목적에 맞게 가르칠 수 있다.
　2. 간단하게 설명할 것은 용법이 간단한 단어들이므로 교사는 예문을 제시할 필요가 없다. 결합할 수 있는 단어들을 위주로 예를 들어준다.
　3. 가르칠 필요가 없는 단어는 학생들이 스스로 익히도록 한다. 교사는 연습이나 수업 활동을 통해 학생들을 평가한다.
二 본문에 따라 단어를 두세 부분으로 나누어 가르친다. 일정한 분량의 단어와 본문 학습을 동시에 진행해야 단조로움을 피할 수 있다.
三 학생들이 능동적으로 참여하도록 중국어로 뜻을 설명하도록 한다. 고급 단계라면 학생들의 중국어 수준이 비교적 높은 편이니 학생들이 교사를 대신하여 단어를 설명하면 교사의 부담이 줄어들고 학생들도 중국어를 할 수 있는 기회가 되는 좋은 복습 방법이다. 교사가 상세하게 설명해야 할 단어뿐만 아니라 간단하게 설명해도 되는 단어와 설명할 필요가 없는 단어도 같은 방법으로 지도한다. 교사는 학생들의 참여를 이끌어내고 교정해준다.
四 단어의 품사와 뜻을 나누어 단어를 설명하면 학생들이 기억하기 좋다. 예를 들면 교사가 학생들에게 본문 단어 중에서 모든 형용사, 어기사, 접속사 등을 찾도록 하거나 '동작을 표시하는 단어', '감정을 나타내는 단어', '좋은 의미를 지닌 단어', '부정적인 뜻을 가진 단어'처럼 공통의 특징을 가진 단어를 찾도록 한다.

40. 어떻게 하면 학생들이 어휘량을 늘릴 수 있을까?

✉ **편집자 우편함**
경험이 있는 교사들은 종종 단어 한 개의 뜻을 설명함으로써 학생들에게 더 많은 단어를 복습하게 하거나 어휘량을 늘리도록 한다고 들었습니다. 어떻게 하는지 알고 싶어요.

어휘를 가르칠 때 교사는 본문 내용만을 가르치는 것이 아니라 여러 방법을 사용하여 학생들이 이미 학습한 단어를 종합적으로 복습하고 새 단어를 확장할 수 있도록 한다. 단어를 확장할 수 있는 5가지 방법은 아래와 같다.

一 화제 연상법
학생이 특정한 화제에 근거하여 관련 있는 단어를 연상하고 단어량을 확장하도록 한다. 예를 들어 '春节'가 화제라면 '冬天、鞭炮、红包、饺子、对联、拜年(겨울·폭죽·훙바우·만두·대련·세배)' 등을 떠올릴 수 있다.

二 형태소(语素) 연상법
형태소는 단어 구성의 가장 작은 단위이다. 교사는 새로운 단어 중 결합력이 강한 형태소를 단독으로 찾아내어 확장 연습을 진행한다. 예를 들어 형태소 '子'는 '瓶子、孩子、杯子、桌子、房子、妻子、面子' 등의 단어로 확장할 수 있다.

三 의미 연상법
3가지 종류로 나눌 수 있다.
1. '大-小、长-短、多-少'처럼 반의어를 연상하는 방법
2. '保持、维持、坚持'처럼 유의어를 연상하는 방법
3. 뜻에 따른 분류를 할 때 학생들에게 '색깔(颜色)'의 의미면 '红色、黄色、绿色' 등의 색깔 어휘로 분류하는 방식을 터득하도록 하는 하의어를 연상하는 방법

四 필획 연상법
단음절 단어는 그 자형과 비슷하거나 같은 부수를 지닌 옛 글자(旧词)를 예로 들어 학생들의 변별력을 이끌어낸다. '亻' 방 부수의 글자를 나열하거나 '甲、由、田、里' 등의 단음절 단어와 같은 예가 있다.

五 결합 연상법
두 종류로 나눌 수 있다.
1. 고정 결합 : 성어나 관용어 등 고정형식을 이용하여 어휘 확장을 진행한다. 예를 들어 학생에게 호응관계 형식인 '……而……' 구조를 '喜极而泣(너무 기뻐서 울다)·呼啸而去(쌩하고 가다)·应运而生(천명에 따라 생겨나다)' 등의 구문으로 구성해 보도록 한다.
2. 어법 결합 : 단어를 작문시 결합관계를 이용하여 확장 연습을 진행한다. '吃-吃饭(동목관계)·风-风大(주술관계)·跑-跑得快(동보관계)·衣服-漂亮的衣服(한정어 중심어 관계)' 등의 방법 등으로 나뉜다.

41. 학생들의 단어 학습 효과는 가늠할 수 있을까?

💬 생각해볼 문제
1. 학생들의 단어 학습 효과를 자주 체크하는가? 어떤 방법을 쓰는가?
2. 어떻게 해야 학생들이 단어를 마스터할 수 있다고 생각하는가?

어휘 지도는 음·형태·뜻·어법·활용법 등의 5가지 방면에서 진행되므로 학생들의 단어 학습 효과 확인 또한 이 5가지를 기반으로 시작되어야 한다.

단어의 음과 형태를 확인할 때는 낭독, 받아쓰기, 틀린 글자 교정, 한자 쓰기, 글자 조합을 통해 단어 만들기 등의 방법으로 확인할 수 있다.

단어의 의미를 확인할 때 쓸 수 있는 활동 방법은 많다. 번역하기, 빈칸 채우기, 글자 맞히기 게임, 선 잇기, 치환 연습 등의 활동이 있다.

어법은 '단어-구-문장' 순으로 점층적인 관계로 진행할 수 있다. 학생들이 단어를 바르게 결합하고 이 단어를 가지고 작문할 때 어법에 맞게 사용하는 데 중점을 둔다. 구체적인 방법으로는 단어의 조합, 글자에서 구로 확장하기, 단어를 문장 안에서 적정한 위치에 놓기, 빈칸 채우기, 작문하기, 질문에 답하기 등이 있다.

단어 활용은 구체적인 상황에서의 문장이나 대화를 통해서 확인할 수 있다. 즉 학생들에게 특정한 단어를 어떤 상황에서 사용할 수 있는지, 또는 다른 단어로 대체할 수 있는지 여부 등을 질문하는 방법으로 확인할 수 있다. 이 때 학생들로 하여금 단어 사용의 조건과 제한 적용법에 주의할 수 있도록 지도한다.

이 밖에 새로운 단어 학습의 효과를 확인할 때 다음 3가지를 주의해야 한다.

一 평가 중점사항
학생들이 새로운 단어를 학습한 효과를 확인할 때 교사는 다른 단어의 특징을 겨냥해야 한다. 즉 특정 항목 또는 몇 개의 요소에 역점을 두고 평가를 진행한다.

二 평가 방법
연습 외에도 교사는 적당한 수업 진행을 통해 학생들의 단어 숙지 정도를 파악해야 한다.

三 평가와 마무리
어떠한 형식으로 평가를 하든지 평가의 목적은 모두 복습과 단어를 충분히 익히도록 하는데 있다. 마무리와 교정 단계는 없어서는 안 되는 부분이다.

42. 종합 과목의 본문 지도에는 어떤 방법들이 있을까?

💬 생각해볼 문제
1. 본문이 비교적 길다면 어떤 방법으로 가르칠 것인가?
2. 본문 내용이 지루하고 단조롭다면 어떻게 활기찬 수업 분위기를 만들 것인가?

본문은 그 길이와 난이도가 학생의 중국어 수준에 따라 지속적으로 늘어나고 높아진다. 초급반의 본문은 회화 중심이나 고급반의 본문은 서술문과 논문 중심으로 구성된다. 따라서 수업 방법이 한쪽으로만 치우칠 수 없다. 결론적으로 말하면 본문을 가르칠 때는 학습 효과와 수업 분위기 2가지 모두를 고려해야 한다.

一 여러 가지 수업 방법을 결합한다.

수업부분

때문에 가장 주의해야 할 것은 수업 방법이 한 가지 형태로 진행되고 변화가 없다는 것이다. 구체적인 방법은 아래와 같다.

1. 본문 읽기는 혼자 읽기, 단체로 이어 읽기, 묵독하기, 교사가 읽으면 학생은 듣고 쓰기, 따라 읽기, 단체로 읽기, 다같이 또는 팀 단위로 나눠 읽기 등 여러 방법이 있다.
2. 본문을 설명할 때 쓸 수 있는 방법은 많다. 상세하게 강의하기, 중요한 부분 또는 주의해야 할 것을 이끌어내어 토론하기, 학생에게 문장이나 단락의 의미를 분석하도록 하고 평가하는 방법, 학생이 묵독한 후에 질문에 답하도록 하는 방법, 학생이 스스로 공부하면서 발견한 어려운 문제를 교사에게 질문하도록 하는 방법 등이다.
3. 본문을 복습하는 방법도 다양하다. 예를 들어 역할극, 암기, 질의응답, 빈칸 채우기, 내용을 정리해서 말하기, 내용 바꿔 써보기, 요약하여 쓰기 등 모두 종합 과목의 본문 학습 과정에서 사용할 수 있다.

二 문법 분석

회화 수업은 어문 수업과는 다르다. 어법 분석은 본문 학습에서 특히 중요하다. 교사는 어법을 정확하게 지도할 수 있는 능력이 있어야 한다. 해당 과의 어법에서 허사, 복문의 연결사, 특수구문구조 등 언어 요소에 대한 정확하고 분명한 분석이 필요하다. 어법을 제시할 때의 일반적인 방법으로는 연역법·귀납법·그림제시법 등이 있다. 교사는 실제 상황에 따라 방법을 선택하여 진행할 수 있다. 어떤 방법을 선택하여 진행하든 그 목적은 모두 학생이 이해하고 활용할 수 있도록 하는 것이다.

三 학생과의 상호작용을 유지한다.

대다수 교사들은 본문 내용이 단조롭고 지나치게 언어적 요소의 배열에 중점을 두고 있어 학생들이 지루해한다고 불만을(고민을) 토론한다. 이러한 상황에서 교사의 본문 내용에 대한 제어가 특히 중요해 보인다. 무미건조한 본문 내용으로 보여도 어떤 교사는 활기차게 가르치고, 어떤 교사는 지루하게 가르친다. 교사는 여러 가지 방법을 써서 학생들이 본문 내용에 더욱 흥미를 느낄 수 있도록 해야 한다. 본문 내용이 학생들의 흥미를 끌지 못할 수 있지만 본문 중의 단어·문장·단락을 일부 선정해 흥미있는 화제부터 토론을 진행할 수 있다. 가르치는 과정도 본문 내용과 상황에 따라 각종 형식의 교실 활동과 연습을 활용하는 것이 좋다. 결론적으로 방법이 옳으면, 그리고 시간 분배가 적절하면 이러한 상호작용은 충분히 학생들이 지루해하는 것을 방지하고 주의력을 집중하는 데 도움이 될 수 있다.

43. 문화 수업은 어떻게 진행해야 할까? 어떻게 문화 내용과 중국어 학습을 유기적으로 결합할 수 있을까?

📩 **편집자 우편함**

미국에 있는 공자학원에서 중국어를 가르치려고 합니다. 외국에서는 중국어 학습을 할 때 수업을 중요시한다고 들었습니다. 어떻게 하면 효과적으로 문화 수업을 진행할 수 있는지 알고 싶습니다. 사전에 준비해야 하는 것으로는 어떤 것이 있을까요?

외국에서의 중국어 수업은 특히 초·중등 학교의 중국어 학습은 문화 수업을 매우 중시한다. 일반적으로 문화 수업과 중국어 수업을 밀접한 관련이 있다. 교사는 모든 과의 어학(언어)은 내용을 준비할 때 보통 1개의 문화 내용을 준비해야 한다.

예를 들어 '오관의 이름'을 가르칠 때 교사는 학생들에게 중국의 눈 건강 체조를 더불어 가르칠 수 있다. 혹은 '교실'을 화제로 지도할 때는 중국 학생들이 공부를 하고 있는 교실 사진을 보여주고 양국의 교실을 비교해보도록 할 수 있다.

문화 지도와 중국어 학습의 결합이 잘 이루어지면 시너지 효과를 창조해 학습 효과가 배가 될 수 있다. 이를 위해 교사는 몇 가지 원칙을 준수해야 한다.

一 문화적인 특징을 제대로 찾아야 한다.

또한 교과 내용의 화제와도 관련이 있어야 한다. 아울러 학생들의 흥미를 불러일으켜야 한다. 학생들이 흥미를 느끼는 것은 주로 중국과 외국의 문화적 차이점이다.

二 문화 내용 학습의 기준을 잘 알아야 한다.

중국문화를 처음 접하는 학생들에게는 너무 깊고 어려운 내용은 가르치지 않아야 한다.

三 문화 학습과 중국어 학습은 밀접한 관련이 있어야 한다.

문화 토론 중 교사는 최대한 학생들에게 본문에 있는 단어나 문형을 활용하도록 해야 한다.

四 궁금하고 어려운 내용은 재치있게 대답해야 한다.

문화를 지도할 때 어떤 학생은 일부러 특이하고 이상한 문제를 제기하기도 한다. 예를 들면 중국가정은 아이를 하나만 낳을 수 있다는데 "그럼 한명보다 더 많은 아이를 낳으면 어디에다 버리나요?", "중국의 오염문제는 심각한가요? 중국에 갈 엄두가 안 나요."와 같은 질문에 대해서는 인내심을 가지고 학생에게 중국의 상황이나 국가 정책에 대해 설명해야 한다. 국가적 품격과 중국인의 인격을 손상시켜서도 안 되며 솔직하고 사실에 입각해서 설명해야 한다.

五 문화 수업 시간을 조절해야 한다.

문화 수업은 중국어 수업의 부분이 아니라 수업의 한 단계일 뿐이기 때문에 수업 설계시 시간을 잘 조절해야 한다. 문화 수업을 단독으로 개설하여 수업을 진행할 수도 있다.

여러 국가의 학생들은 중국영화, 중국음식, 중국무술 등 중국문화 체험 활동을 좋아한다. 교사는 전통 문화자원을 통해 학습적으로 보완을 잘 해야 함과 동시에 교실 활동의 설계를 상황과 이치에 맞게 해야 한다. 예를 들어 외국으로 파견을 가는 중국어 교사를 뽑는 시험에서 한 선생님은 '동물'을 주제로 하는 과를 가르칠 때 학생들에게 사자춤을 추는 문화 체험을 진행하도록 수업을 설계했다. 내가 "전문가가 가르치나요? 학생들이 배울 수 있을까요? 사자춤에 필요한 도구는 찾을 수 있나요? 만약에 도구가 없다면 어떤 효과를 쓸 수 있을까요?"라고 물었을 때 그 선생님은 많은 생각을 하지 않았고 그냥 재미있을 것이라고 생각했다고 말했다. 외국에서 중국어를 가르치는 것은 제한적이다. 교사는 지나치게 이상적이어서는 안 된다. 문화 체험 활동을 설계할 때는 현실에 착안하여 재미도 있고 쉽게 체험해볼 수도 있어야 한다. 외국에서 '동물'을 가르칠 때 학생들에게 '중국의 용'의 전지공예를 해보도록 할 수 있다. 그들에게 채색 '용가면'을 만들도록 지도할 수도 있다. 이러한 교실 활동은 준비하기도 쉽고 효과도 좋다.

그밖에 교사는 경태람과 같은 작은 선물, 판다 인형, 전지, 중국 매듭, 붓 등 중국의 문화적 특색이 살아 있는 작은 물건을 학생들에게 상품으로 줄 수도 있고 중국의 문화적 특색을 잘 보여줄 수 있다.

44. 연습 단계에서는 종종 어떤 문제가 생길까?

> 💬 **생각해볼 문제**
> 다이애나는 중국에서 중국어를 배웠어요. 하루는 그녀가 친구에게 "우리가 주어진 단어를 이용해 중국어로 작문할 때 선생님은 늘 학생들에게 개별적으로 일어나서 답을 읽게 하셨고, 틀린 부분이 있다면 지적해주시곤 했다. 그러다보면 내가 맞았는지 틀렸는지를 알기 힘들었어."라며 원망하는 말을 했다. 수업 중에 이런 비슷한 문제에 주의를 기울여본 적 있는가?

모든 교재, 모든 수업의 언어 연습에는 여러 종류의 방법이 있다. 그러나 기본적으로 듣기·말하기·읽기·쓰기의 형식으로 이루어져 있으며, 학생들은 각 영역을 연습하면서 어학 실력을 늘려간다. 이러한 단계에서 교사는 몇 가지 문제에 주의해야 한다.

一 **한 가지 형식**
교실 분위기를 바꾸는 방법 중 하나로 '다양한 변신'이라는 것을 중국어 수업의 각 단계마다 연습의 형식을 포함하여 '다양하게 시도'해야 한다. 일부 교사들은 수업 중 문답을 긴 시간 동안 반복하여 연습하는 경우가 있는데, 그럴 경우 학생들은 주의력을 잃게 된다. 교사는 다른 각도에서 연습을 설계하여 학생들이 다양한 방면에서 연습하도록 유도하고 학생들이 열정을 가지고 학습하는 데 도움을 주어야 한다.

二 **기회가 균등하지 않은 점**
시간적 요인때문에 수업 중 완전하게 공평한 기회를 주는 것은 쉽지 않다. 그렇지만 교사는 공평하게 기회를 주고자 노력해야 한다. 예를 들어 짧은 질문에는 모든 학생들이 답하도록 하고, 완성된 문장 혹은 단락의 표현 등 비교적 긴 시간을 필요로 하는 질문은 특정 학생을 우선 선택하여 하도록 한다. 예를 들면 '다국적 반'에서 한국 학생 1명, 일본 학생 1명에게 질문하도록 시키는 것과 같다. 여러 개의 작은 모둠 활동은 학생이 고루 기회를 얻을 수 있는 장점이 있다.

三 **애매모호한 설명**
교사가 학생의 답안에 대해서 단호하게 말하지 않는 것이다. 학생들은 종종 "그것도 가능하죠.", "되기는 되는데, 중국인의 습관에 맞지 않는 부분이 있다."라는 대답을 듣는데 이것은 그다지 좋지 않다. 구체적으로 왜 안 좋은지, 어느 부분이 중국인의 습관에 맞지 않는지 등을 교사가 분명하게 설명해주지 않으면 학생들은 알기 힘들다. 당시에 답을 찾을 수 없다면 가장 좋은 방법은 학생들에게 돌아가서 잘 생각해보라고 하는 것이다.

四 **세심하지 못한 설명**
앞서 언급했던 '생각해볼 문제' 중 예로 들었던 다이애나의 문제는 교사가 모든 학생들을 세심히 살피지 못해서 발생한다. 수업 중에 모든 학생에게 자신이 쓴 연습 문제의 답안을 말할 기회를 줄 수는 없겠지만 모든 학생에게 질문에 대한 답을 공책에 써서 제출하도록 하여 검토하고 수정해주면 학생들에게 큰 도움이 될 것이다.

五 **인내심의 부족**
어떤 교사는 표현 능력이 부족한 학생을 만나면 인내심을 잃는 경우가 있다. 만약 학생이 교사의 표정과 태도, 신체 언어와 말에서 교사의 조급함을 느끼게 되면 학생은 혼란스러워지고 급하게 발표를 하거나 대답하게 된다. 이럴 경우 학생이 표현하기 전에 교사는 문제에 대답할 제한 시간을 알려줘야 한다. 일단 학생이 발표하기 시작하면 교사는 충분한 인내심을 가져야 한다.

45. 어떻게 효과적으로 질문할까?

> 🔊 **편집자 마음의 소리**
> 중국어 수업을 청강했습니다. 선생님이 학생에게 "너는 어떤 과일을 좋아하니?"라고 질문하였습니다. 질문 방식은 첫 번째 학생부터 마지막 학생까지 순서대로 질문하는 방식이었습니다. 앞의 몇 명이 대답할 때 다른 학생은 이미 지루해하고 있었습니다. 어떤 방법으로 질문해야 지루해하지 않을까요?

이에 대해 답하자면, 교사는 아래와 같은 몇 가지 상황을 피해야 한다.

一 학생 한 명 한 명에게 돌아가면서 같은 문제를 질문하는 방법은 어떤 학생에게는 일찌감치 답을 준비해 놓고 기다리는 중에 딴 생각에 빠지도록 할 수도 있다. "반복은 학생들이 기억하는 데 도움이 되지 않나

수업부분

요?"라고 말할 것이다. 그러나 이런 기계적인 질문 방식이 정말로 학생의 기억력을 높일 수 있을까? 또한 그들의 학습에 대한 흥미를 높일 수 있을까? 생각해보면 답은 분명하다. 적절한 반복은 필요하지만 학생들의 흥미를 잡기 위해서는 문형을 연습하는 방식을 다양하게 진행해야 한다. 그 목적은 학생들의 흥미를 높이는 데 있다. '편집자 마음의 소리'에서 언급했던 교사의 경우 작은 부분까지 세심하게 배려하는 역할을 하면 된다.

二 문제를 자주 반 전체에게 내준다. 교사가 항상 문제를 반 전체에게 제시하고 학생들이 대답하도록 하는 것은 좋은 방법이 아니다. 학생들의 발음과 답을 뚜렷하게 들을 수 없기 때문이다. 만약 간단한 질문이었다면 그런 방법도 괜찮겠지만 답안이 하나가 아니라면 반 전체가 대답하도록 하지 않아야 한다. 어떤 학생들은 이런 상황에 묻어 가려는 경향을 보이고 스스로 생각하려 하지 않을 수도 있다.

三 항상 수업 태도가 좋은 학생만을 상대로 질문한다. 어떤 교사는 습관적으로 편애하는 마음을 감추지 못한다. 교사의 언어행동은 항상 학생들이 관찰하고 있으며 교사의 학생에 대한 태도는 경우에 따라서 학생의 중국어 학습에 대한 태도를 결정할 수도 있다는 것을 알아야 한다. 따라서 교사는 정확한 학생 개개인의 차이를 고려해서 모든 학생들에게 공평한 기회를 주어야 한다.

그렇다면 교사는 주로 어떤 문제를 질문해야 할까?

一 수업 활동과 긴밀한 관계가 있는 질문을 많이 해야 하며, 강한 목적성을 가지고 있어야 한다.
교사는 질문을 할 때 계획적으로 해야 하며 본문 내용의 학습 목표와 긴밀한 관련이 있어야 한다. 어떤 교사는 학생들과 자유롭게 대화하는 것을 좋아하며 중국어를 유창하게 구사하고 생동감 넘쳐 보이지만 오히려 학생들이 점차 수준 높은 문장을 구사하는 데 도움이 되지 않고 낮은 수준에 머물게 하는 결과를 가져올 수도 있다.
예를 들면 '是……的' 구조를 설명한 다음 교사는 일정한 환경을 설정하여 학생들이 이 문형을 연습하도록 해야 한다. "어제 밥 먹었니?", "누가 너에게 밥을 해줬니?", "몇 시에 먹었니?", "어디에서 먹었니?" 등의 질문을 한 다음에 "비행기 타고 한국에 왔다. 생년월일, 중등학교 졸업"처럼 이 문형을 연습하기에 알맞은 언어 환경을 조성하여 학생들이 충분히 '是……的' 구조의 시간·장소·방식을 강조하는 연습을 하도록 해야 한다.

二 학생들이 흥미를 가질 수 있는 문제를 제시하여 학생들의 사고를 자극해야 한다. 연령대가 다른 학생들이 흥미를 갖는 사물은 다르겠지만 그래도 모든 학생이 공통으로 관심 있어 하는 부분은 같다. 교사는 학생들이 관심 있어 하는 내용을 파악하고 학생 간의 교류하고자 하는 열정을 자극해야 한다.
예를 들면 외국 학생들은 보통 중국 음식에 관심이 많다. 이러한 경우 교수는 만약 초급반 학생이라면 "중국 음식 좋아하니?", "어떤 중국 음식을 좋아하니?", "중국 음식과 네 나라 음식은 같니?" 등의 질문으로 수업을 진행할 수 있다.

三 학생들이 대답할 수 있으면서도 어느 정도는 승부욕을 발휘할 수 있는 질문을 많이 해야 한다. 질문 내용은 단계별로 어려워지도록 설계하여 학생들이 끊임없이 발전할 수 있도록 해야 한다. 교사의 질문이 학생들이 중국어를 사용하고 말하는 데 도움이 되지 않는다면 이는 실패한 질문이다. 교사가 많은 질문을 했으나 학생은 "네", "아니요"로만 대답한다면 이러한 질문은 학생의 중국어 실력 향상에 도움이 되지 않는다. '음식'을 예로 들면 교사는 간단한 문답을 진행한 다음에는 난이도가 높은 질문을 해도 된다. "너의 나라의 요리와 중국 요리의 다른 점은 무엇이니?"라고 질문하면 학생들은 대답할 때 분명히 '조미료'와 같은 새로운 단어를 접하게 된다. 그러나 서로 대화하기 위해서는 학생들은 선생님의 도움을 요청하거나 사전을 찾아서 말하려고 할 것이다. 학생들이 중국어로 좋아하는 조미료의 이름을 말함으로써 간단하게 두 국가의 음식의 차이를 말할 수 있게 되고 그들의 중국어 실력도 자신도 모르게 향상된다.

四 학생들의 실수를 교정할 수 있는 질문을 많이 한다. 중국어 학습은 학생의 실수와 교사의 끊임없는 교정으로 진행되는 것이기 때문에 학생 스스로 오류를 수정할 수 있는 질문은 크게 도움이 된다. 예를 들면 '把'의 어법 특징과 언어 활용 조건을 설명한 후 "我把山登了.", "我把月亮看了."처럼 틀린 문장을 제시한 다음 학생들에게 맞는지 틀리는지, 왜 그런지를 대답하게 하면 학습 효과를 높이고 학생들의 기억력을 높이는 데 도움을 줄 수 있다.

五 학생들이 언어규칙을 자각할 수 있는 질문을 많이 한다. 질문 중에 학생이 능동적으로 답할 수 있도록 격려해야 한다. 만약 학생이 수동적으로 교사의 어법 설명을 듣는 것에서 능동적으로 어법규칙을 인지하는 단계로 발전한다면 의심의 여지없이 중국어 학습이 발전했다고 할 수 있다.
예를 들면 외국에서는 초등학생 때 "山下有树"과 같은 존현문을 가르칠 때 우선 "山下有河", "树上有鸟" 등의 문장을 나열해서 제시한 다음 학생에게 "'上、下'在哪儿?", "'有'在哪儿?" 등의 질문으로 학생 존현문 문형의 규칙과 어순을 깨닫도록 한다.

46. 대답하기를 좋아해서 늘 질문을 가로채는 학생들은 어떻게 해야 할까?

💬 생각해볼 문제

이노우에는 일본 유학생으로 성격이 비교적 내성적이고, 레이몽은 프랑스 학생으로 외향적이라 발표하기를 좋아한다. 선생님이 왜 능동적으로 대답을 안 하죠? 하고 말하지만 이노우에는 오히려 속으로 "내가 대답하기 싫은게 아니라 레이몽이 항상 가로채 대답하니 대답할 기회가 없잖아요."라고 생각한다. 이러한 상황에서 교사는 어떻게 대처해야 할까?

앞에 제시한 7번에서 이미 우리는 어떻게 하면 말하기 싫어하는 학생들에게 말할 수 있게 할 수 있을까에 대해 논한 바 있다. 그러나 이번 문제는 다른 차원의 문제다. 소극적인 학생들이 적극적으로 발표하는 학생들에게 말할 기회를 빼앗기는 것이다. 교사가 만약 레이몽과 같은 학생들을 지적하면, 이 학생들은 적극적으로 수업에 임하고자 하는 의욕을 상실할 것이다. 그러나 이노우에의 심리적 압박을 경시할 수도 없다. 이러한 상황에 직면하여 교사는 아래와 같은 몇 가지 방법을 시도해볼 수 있다.

一 지명하여 질문한다. 반 전체를 대상으로 질문하는 것을 피하면 레이몽과 같이 대답을 가로챌 가능성을 줄일 수 있다.

二 대답할 때는 먼저 손을 들도록 규칙을 정한 다음 교사가 손 든 학생 중에 지명하도록 한다.

문답 활동에서 교사는 어떤 방법으로 지명할 것인지에 주의해야 한다. 학생에게 분명하게 지시하고 이 원칙을 끝까지 고수해야 한다. 그렇게 하지 않으면 수업 분위기가 혼란스러워질 수 있다. 학생 또한 교사의 수업 통제 능력을 신뢰하지 않게 된다.

三 수업 시간 외에 이노우에와 대화를 통해 그에게 자유롭게 적극으로 발표할 수 있는 기회를 스스로 쟁취하도록 도움을 준다.

四 이노우에와 레이몽에게 함께 과제의 임무를 완성하도록 한다. 한자 기초가 좋은 이노우에와 말을 잘 하는 레이몽에게 함께 한 장의 포스터나 역할극 대화 등을 하도록 한다면 서로 장점을 살려 도와줄 수 있으며, 서로 간의 우의도 더욱 돈독해진다.

47. 판서를 잘하기 위한 조건은 무엇일까?

📩 **편집자 우편함**
저는 지원자 小徐입니다. 수업 전에는 항상 규범에 맞고 분명하게 판서를 해야겠다고 생각하지만 수업을 하다보면 학생들과 교류하는 부분에 신경을 쓰게 되고 판서는 산만해지기 시작합니다. 어떻게 하면 좋은 판서를 할 수 있을까요?

판서는 두 부분으로 나눌 수 있다.
첫 번째 부분은 정해진 내용의 교안을 직접 칠판에 베껴 쓰는 것이다. PPT로 제작해도 된다. 단어, 어법 등을 예시로 한다.
단어 설명 관련 예시는 일반적으로 4개의 부분으로 나뉜다. 단어의 품사, 단어의 뜻 설명, 자주보는 단어 결합, 예문이다.

```
毫不：〈副〉一点儿也不
～+（双音节）形容词 / 动词
他～难过。～ 让步。
```

어법 제시에서 늘 볼 수 있는 형식은 4가지 종류가 있다.

결합 구조형

主语	+	把	+	宾语	+	动词	+	其他成分
我		把		衣服		洗		完了。
他		把		门		关		上了。

귀납형

他	是	在日本	出生	的。
我	是	1994年	毕业	的。
小东	是	坐飞机	去上海	的。

主语+是+地点 / 时间 / 方式+动词（+宾语）+的。

비교형/대비방식

A 比 B ……	→	B 没有 A ……
爸爸 比小红 高。		小红没有 爸爸 高。
哈尔滨比北京 冷。		北京没有哈尔滨冷。

도해식

두 번째 부분은 수시로 써야 할 내용이 있을 때 칠판에 쓰는 것이다. 따라서 칠판 측면의 한 부분은 필요할 때 사용할 수 있도록 남겨둘 것을 제안한다. 가로로 쓰되 글씨 크기는 적당하게 쓰는 습관을 길러야 한다.

좋은 판서의 예

- 일목요연하고 군말이 없다.
- 요점이 분명하고 글자체, 색깔로 중요한 내용을 구분한다.
- 예시를 충분히 들고 본문의 중요한 내용은 더 많은 예문을 들어준다.

안 좋은 판서의 예

- 위치가 적절하지 않아 학생이 잘 볼 수 없다. (예를 들면 교탁 아래에 판서를 하는 등)
- 단계가 불분명하여, 언어의 핵심 내용을 종합적으로 정리한 내용과 예문을 구분해주는 표시가 명확하지 않고 함께 쓰여서 구분하기 어렵다.
- 글자체의 크기가 맞지 않는다. 흘려 쓰거나 필획이나 필순에 주의하지 않고 쓰는 경우 등.

수업부분

48. 수업을 어떻게 마무리해야 할까?

📩 **편집자 우편함**
막 중국어를 가르치기 시작한 사람입니다. 중국내에서 연수를 받을 때 연수 담당 교사로부터 수업을 어떻게 정리하느냐가 매우 중요하다고 배웠습니다. 그런데 여기서는 선생님들이 어떤 때는 복습으로 정리하고 시간이 부족하면 아예 복습을 하지 않습니다. 정리는 어떻게 해야 할까요? 정말 임의대로 안배해도 될까요?

수업 설계의 측면에서 보면 수업의 모든 단계가 중요하다. 마무리 부분은 없어서는 안 될 부분으로 교사는 수업 준비할 때 어떻게 내용을 정리할지 얼마만큼의 시간을 이에 할애할지를 충분히 고려해야 한다. 만약 시간이 부족하면 적당히 수업 내용을 조정하고 학생들이 정리하고 복습할 수 있도록 해야 한다.

一 귀납종결
　정리 부분에서 교사는 전체 수업 중에 학습한 내용을 다시 정리하고 기억을 더듬도록 한다. 학생들로 하여금 수업 시간에 무슨 내용을 학습했는지, 어떤 내용을 잘 모르겠는지를 스스로 말해보도록 지도하는 방법이다. 이러한 방법은 수업 내용을 정리할 수도 있고 학생들이 능동적으로 참여하도록 유도한다.

二 중요한 내용을 강조한다.
　어떤 교사는 칠판의 한 구석에 중요한 내용을 계속 남겨두고, 복습할 때 학생들에게 읽도록 시키면서 한편으로는 칠판을 지워나간다. 그러고는 학생들에게 지운 내용을 다시 말하거나 쓰게 한다. 이러한 방법은 학생들이 복습한 내용을 확실히 기억하는 데 도움이 된다.

三 형성평가
　교사는 수업 시간에 배운 내용을 질문 형식 혹은 시험출제 형식으로 평가를 하고 학생들이 학습한 내용을 잘 익혔는지 파악한 후 다음 수업 시간에 어떤 내용으로 전시학습을 할지 결정할 수 있다.

四 내용을 복습하고 새로운 내용을 예고한다.
　교사는 해당 시간에 배운 내용을 마무리하면서 자연스럽게 다음 시간에 배울 내용을 준비하도록 할 수 있다.

정리는 수업의 끝을 의미한다. 교사는 어떤 방법으로든 복습을 시행해야 한다. 유머가 있는 농담으로 가벼운 분위기를 조성해 학생들의 학업 스트레스를 풀어주는 것도 괜찮다.

49. 어떤 과제가 가장 의미가 있을까?

📩 **편집자 우편함**
제가 지금 지도하고 있는 반의 학생들이 과제가 재미없다는 원망을 많이 해요. 그렇지만 수업이 끝난 후 연습문제를 내주는 것 외에 어떤 과제를 내야 재미를 느낄지 모르겠어요. 좋은 방법이 없을까요?

과제를 분량, 내용, 형식의 3가지 면에서 생각해야 한다.

一 분량은 유연하게 조절해야 한다. 반 전체에게 과제를 내주는 것 외에 수준이 높은 학생에게는 더 난이도가 있거나 도전해볼만한 과제를 부여해 학생들의 서로 다른 욕구를 만족시켜 주어야 한다. 예를 들면 초등학생들을 대상으로 '동물'을 주제로 수업을 진행했다면, 학생들의 '동물'에 대한 관심과 호기심을 자극하여 인터넷으로 '중국 판다'에 대해 찾아보는 과제를 내주고 다음 시간에 발표를 하도록 한다. 다만 이러한 과제는 모든 학생에게 내줄 필요는 없고 학생들이 자신의 흥미에 따라 선택하도록 하는 것이 좋다. 또 다른 예를 들면 국내에서 종합 과목을 가르쳤을 때 일반적인 과제 외에 학생들에게 매주 간단한 신문 기사를 3개씩 오려 노트에 붙이도록 했다. 기사 내용은 본인이 흥미 있는 것으로 선택하도록 하고, 스스로 사전을 찾아 주석을 붙이도록 한 다음 제출하도록 했다. 또는 반 친구들에게 신문의 내용을 소개하도록 하고 이에 대한 간단한 평을 해주었다.

二 내용면에서는 단지 본문 내용에만 국한되거나, 기계적인 연습에 그쳐서는 안 된다. 다양하고 창의적인 과제를 설계해야 한다. 학생들의 적극성과 능동성을 이끌어내는 과제라야 진정한 가치가 있다.
　예를 들면 중국어로 일기 쓰기, 중국어 외래어를 조사해서 보고서 쓰기, 중국 대학생의 생활탐방, PPT를 제작하여 자신의 행복관을 말해보기 등의 과제가 있다. 학생들의 상상력과 창의력은 이러한 과제를 완성하는 과정에서 극대화되고 학습효과도 높아진다.

三 형식적인 측면에서는 젊은 사람들이 좋아하는 첨단 과학기술을 발휘하도록 멀티미디어 등의 보조 수단을 이용하여 학생에게 사진 촬영, 문서 제작, 인터넷 서핑을 통한 자료 수집 등의 과제를 주고 이를 교사에게 제출하도록 하며, 수시로 정보를 나누도록 한다. 이밖에 과제를 낼 때 교사는 학생들이 항상 단독으로만 수행하도록 하지 말고 가끔씩은 협력하여 완성하는 모둠 활동으로 진행하도록 설계할 수도 있다. 예를 들면 4명이 한 모둠이 되어 동영상을 제작하고 더빙과 자막 작업을 하여 반 학생들에게 보여주도록 하여 전체가 함께 감상하도록 하는 것이다.

위에서 소개한 이러한 창의적인 과제 형식은 학생들을 끄는 힘이 있다. 학생들은 한 가지 방식으로만 공부해서 지루하다는 원망을 하지 않을 것이고, 진지하게 다양한 방법을 모색해 임무를 완성하고 분담해서 과제를 완성함으로써 함께 일하는 보람을 느낄 것이다.

50. 교사는 과제를 첨삭하고 평가할 때 어떤 점에 주의해야 하는가?

✉ **편집자 우편함**
저는 막 대외 한어를 가르치기 시작한 젊은 교사입니다. 매일 첨삭해야 할 과제가 많은데 어떤 기준으로 첨삭하고 평가해야 하는지 잘 모르겠어요. 저에게 의견을 주실 수 있으신지요?

학생의 숙제에서 자주 보이는 중요한 문제는 4가지이다. (1) 어법 문제 (2) 틀린 한자 (3) 활용 문제(즉 한 개의 단어 또는 문형이 어떤 문체 또는 어떤 장면에서 적절하지 않은지) (4) 문장 부호 문제. 교사가 과제물을 처리하는 단계는 4가지로 나눌 수 있다.

一 교사 첨삭
  1. 표시를 해줄 것 : 교사는 잘 쓴 문장에 표시를 해주고, 오류가 있는 곳에는 또 다른 표시를 해주어 바르게 고쳐준다.
  2. 귀납종결 : 교사는 숙제의 잘된 부분과 부족한 부분을 정리해주면서 마지막에는 정확한 답을 적어준다. 특히 어법의 경우 반드시 정확한 표현으로 고쳐준다.
  3. 소통 : 교사는 첨삭 후 마지막에 학생과 간단하고 재미있고 소통한다. 예를 들어 "힘내세요!", "참 잘했어요!" 등의 격려의 말을 써준다거나 학생의 최근 발표(태도)를 평가해준다거나, 학생이 어떤 면에서 더 잘했으면 좋겠다는 의견을 써주는 것도 가능하다. 교사의 첨삭은 냉정하되 엄해서는 안 된다. 과제를 내줄 때 교사는 학생들이 수업에 대한 생각이나 학습적으로 겪는 어려움을 과제물 마지막에 함께 적도록 하는 것도 가능하다. 이것은 학생이 속마음을 말할 수 있는 아주 좋은 기회다.

二 평가 단계
  1. 집중적 평가 : 교사는 반드시 보편성을 띤 문제를 찾아 반 전체를 대상으로 평가를 하고 많은 예시를 들어주면서 연습도 많이 시킨다.
  2. 개별적 지도 : 교사는 학생의 구체적인 문제를 단독으로 지도한다. 단, 시간과 힘이 많이 든다면 교사는 한 학생이 일정한 기간동안 제출한 과제들의 문제점들을 몇 차례로 나누어 지도해줄 수도 있다. 이 방법은 효과가 좋다.
  3. 학생 스스로 수정 : 평가는 과제를 첨삭하는 마지막 단계가 아니다. 첨삭의 최종 목적은 학생 스스로 수정하는 것이다. 교사는 학생이 틀린 부분을 정확한 답안으로 한 번 또는 몇 번 쓰도록 하고 학생이 문제를 정리하도록 감독하여 기억을 강화하도록 한다.
  4. 복습 정리 : 교사는 학생에 과제를 보관하도록 하여 학기말에 모든 문제를 고친 후 다시 한 번 써보도록 하고 다시 첨삭을 해준다. 이를 시험 점수의 일부분으로 대체해도 된다. '옛 것을 익힘으로 새로운 것을 공부하는' 첨삭 방식은 학생에게 큰 도움이 된다.

활동지

2. 발음(에 맞게) 순서 정하기

선생님이 읽어주시는 발음을 듣고, 학생들은 순서에 맞게 한어병음 옆에 번호를 쓴다.

9. 성조공장

아래 음절의 정확한 위치에 성조를 표기한다.

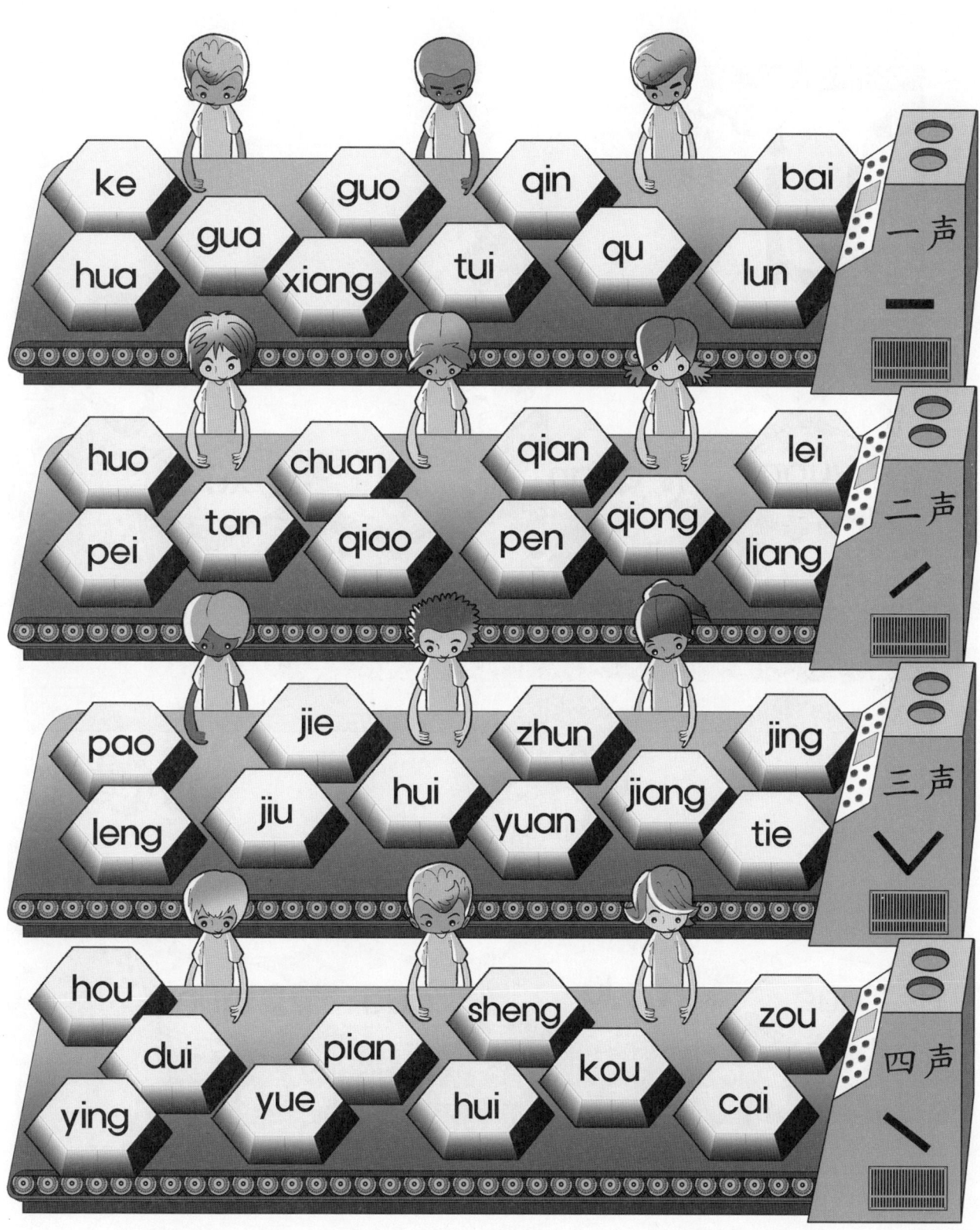

11. 물고기 눈알 뽑기

ü 위의 두 점을 없애야 하는 음절을 찾아 '물고기 눈'을 뽑고, 그 음절에 동그라미를 친다.

23. 한자 피라미드

획수가 같은 한자를 같은 줄에 쓴다.

人	忙	乐	会	花	女
大	多	小	非	朋	水
我	百	一	雨	鱼	来
太	十	木	往	但	只
右	的	好	空	金	老
王	快	四	里	白	走

25. 필순퀴즈

각 한자의 오른쪽 아래 모서리에 제시된 숫자에 맞게 지정된 필획을 찾아 덧칠한다.

头 1	画 2	明 6	区 2
水 1	人 1	我 7	问 6
木 3	风 2	今 3	八 2
田 5	火 2	办 2	音 7
书 4	肚 5	车 3	都 4
红 5	茶 4	林 5	病 6
冷 5	停 3	包 4	鱼 7

26. 글자와 그림 맞추기 A

日	月	雨	云	人
子	手	山	水	火
心	上	下	口	木
米	果	刀	目	马
牛	鸟	羊	门	瓜
车	舟	网	田	耳

26. 글자와 그림 맞추기 B

28. 신비로운 그림

아래 도안에서 독체자는 같은 색을 칠하고, 합체자는 다른 색을 칠한다. 그리고 어떤 그림인지 본다.

	你	好	您		明	漂	亮	草	树		修	秀
洗				天	人		那	请		胜	利	
细	朋	刚		连	这		难	说	就	信		吗
			山	水			村	低				妈
新	照	米	禾		贵	叫	骄		休	间		爸
	月			日			傲	息			问	
课	学	大	口	笑	校	国	家		床	窗		
	木			王				车	耳			
音	母	千	万	上	累	忙	谈		话	朝		
父				下			川	里				
满	因	瓜	开	轻	闹	快	牙	子		慢		
	鸟			电			土			正		
汉	中	门	田	牛	熊	猫	半	失		游		
	女				羊	儿				寸		
胖	瘦			动	物	抓				意		
		雨	云			爪	农	立	衣			
和	吃	龙	才	运	葡	萄				姐		
跟					逃		也	求				
喝	江			苹	梨	唱		手	歌			
		虫	巾				我					

29. 한자 카드놀이

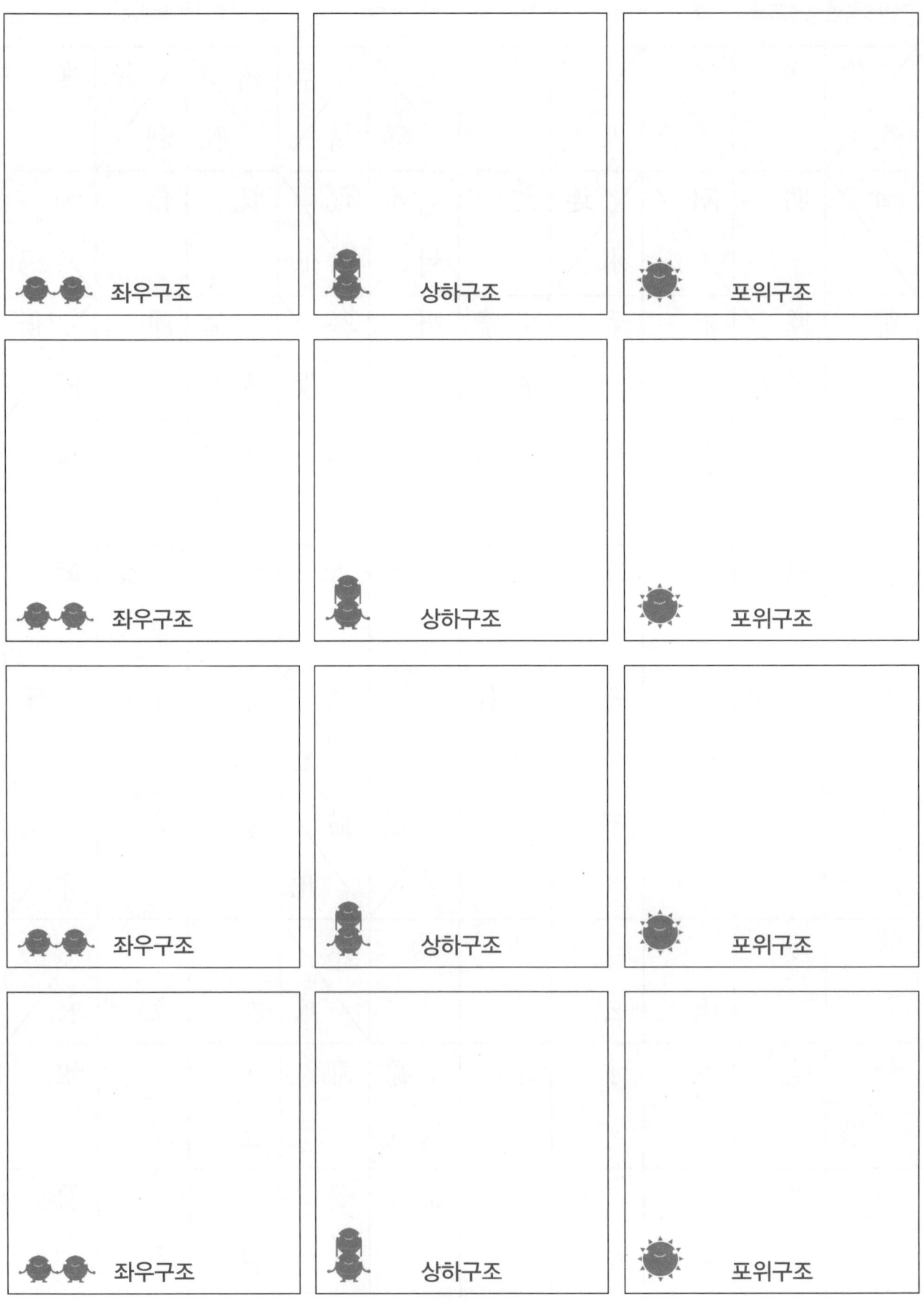

좌우구조	상하구조	포위구조
좌우구조	상하구조	포위구조
좌우구조	상하구조	포위구조
좌우구조	상하구조	포위구조

33. 한자오목

33. 한자오목

49. 그리면서 맞추기

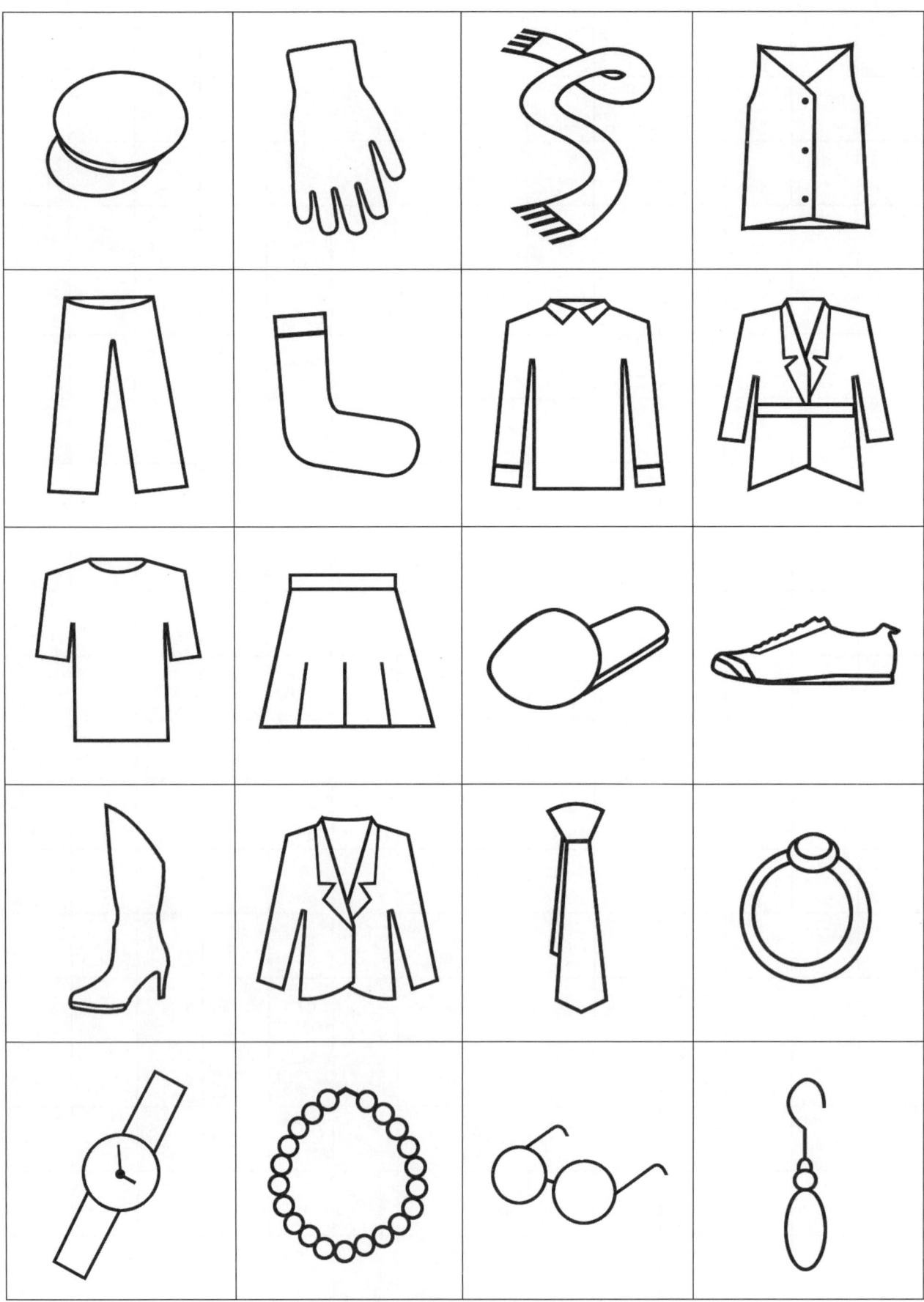

50. 종류별 단어 익히기

활동지 그림에 제시된 한어병음으로 단어를 만들어 해당 그림 아래에 적는다.

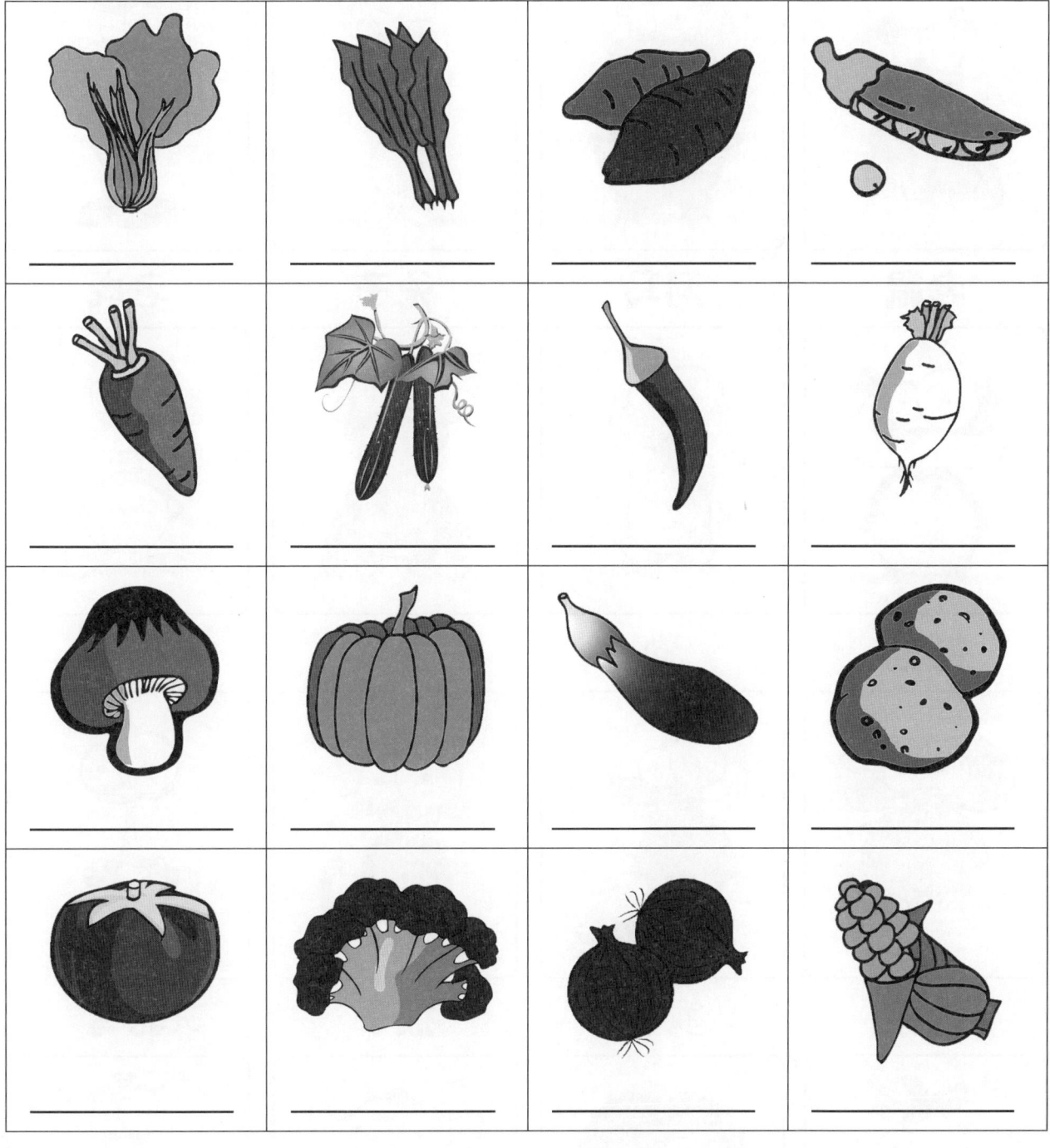

① a i b o c　　② i l an x ua h　　③ h ua uang g　　④ t o u u d
⑤ d u a g i　　⑥ z i i e q　　⑦ i d z ou　　⑧ u m i y
⑨ x i ong i h sh　　⑩ ong ang c y　　⑪ l b uo o　　⑫ b ai c ai
⑬ iao a l j　　⑭ m u o g　　⑮ u uo l o b h　　⑯ g an n ua

57. 카드 짝 맞추기

66. 도둑 잡기

把	张	支
块	双	本
件	个	
椅子	桌子	铅笔
橡皮	鞋子	书
衣服	本子	

72. 단어 대변신 A

72. 단어 대변신 B

72. 단어 대변신 C

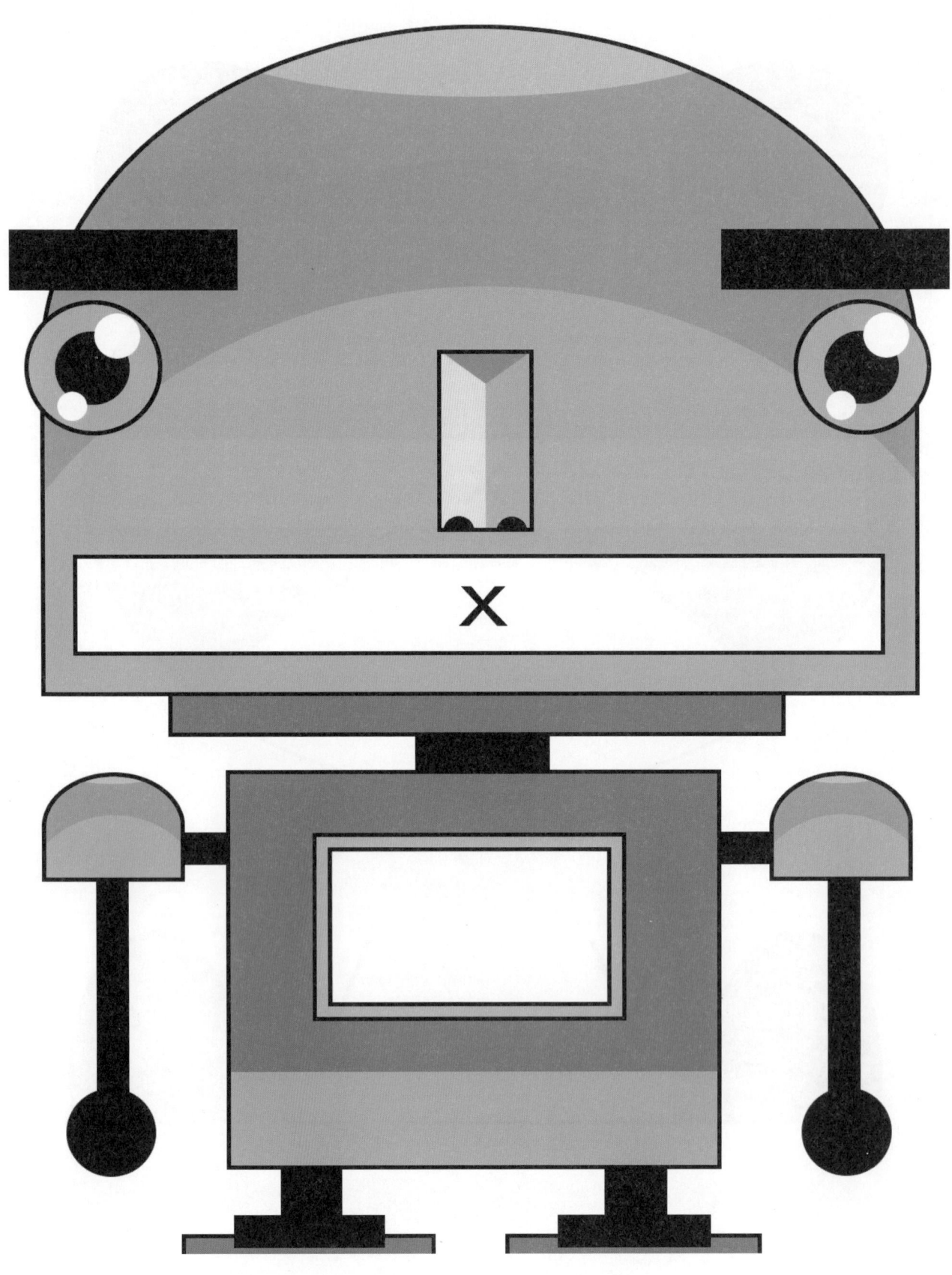

72. 단어 대변신 D

73. 호랑이 잡기

230 게임중국어

83. 그림 기억하기

85. 보드게임

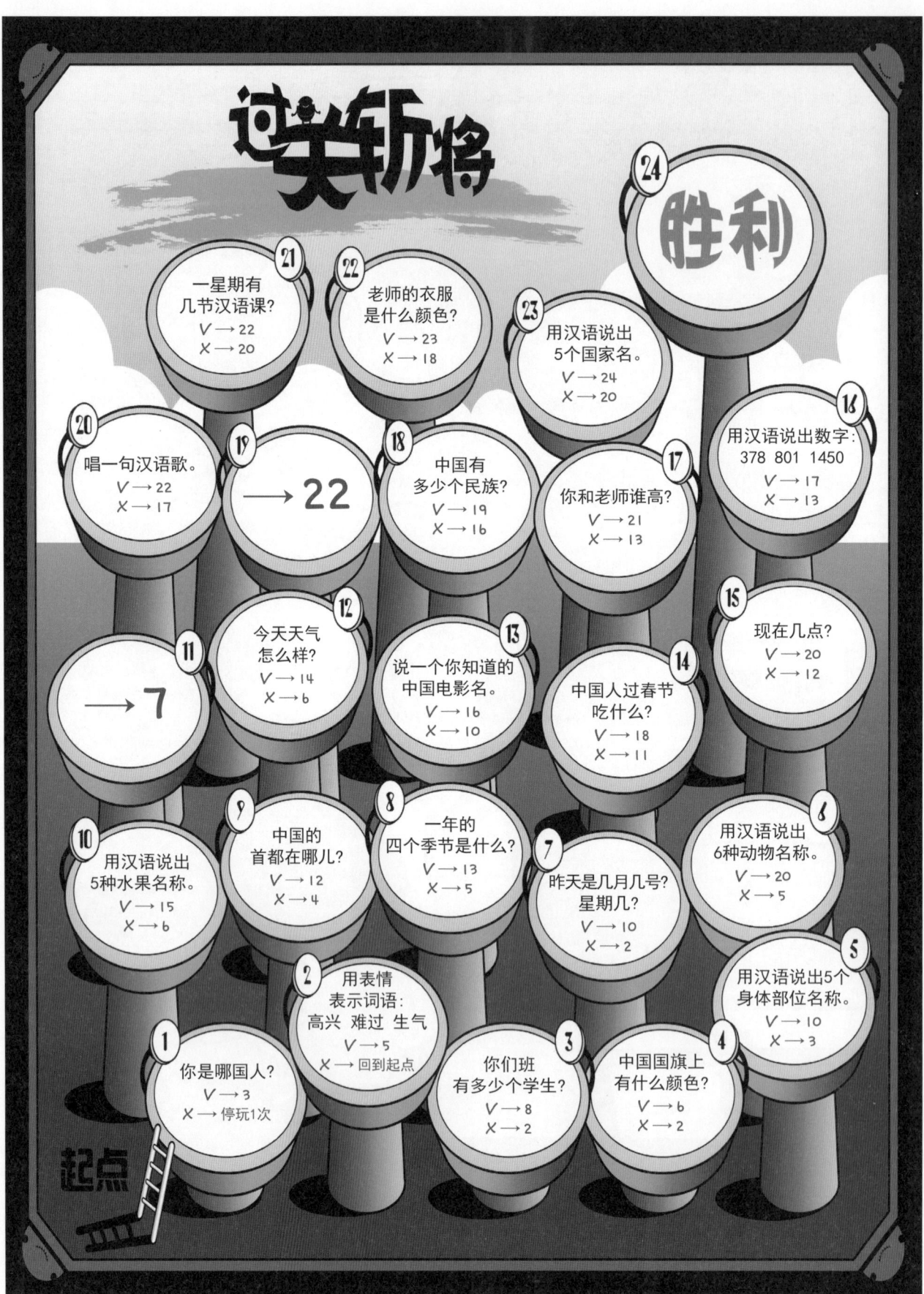

91. 방 정리 A

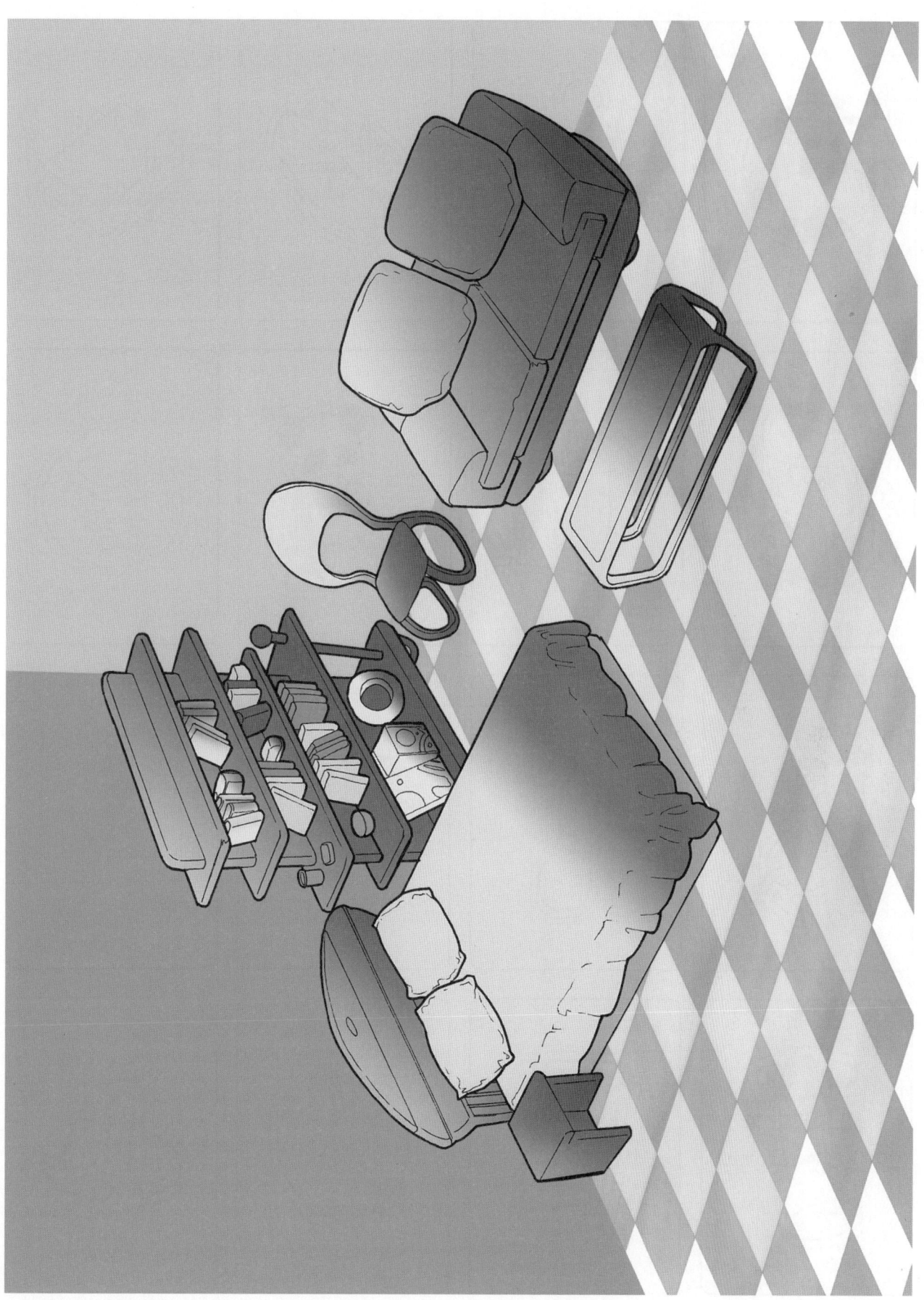

91. 방 정리 B

91. 방 정리 C

92. 이웃 찾기

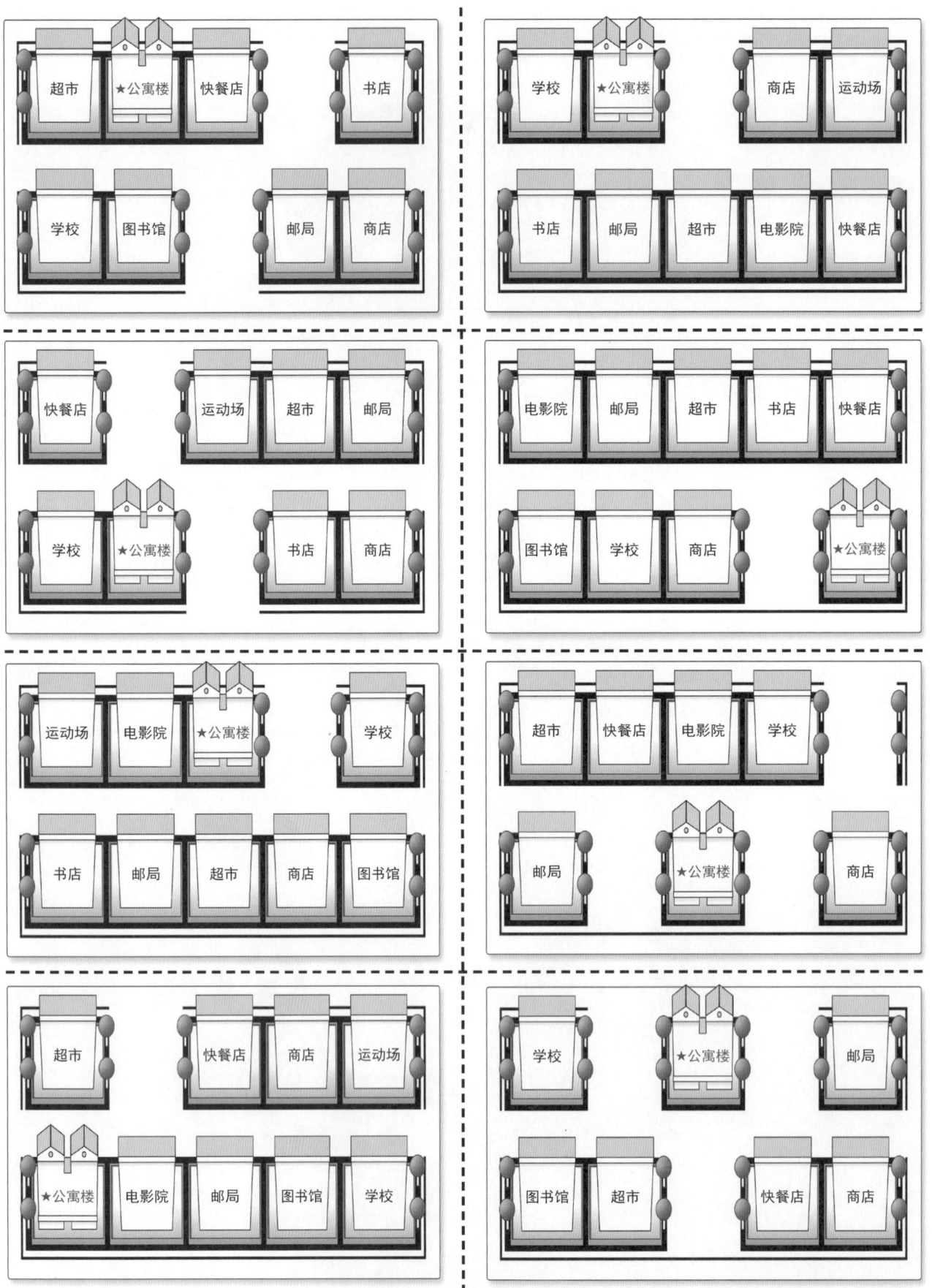

93. 약속시간

A

	上午	下午	晚上
星期一	游泳		学汉语
星期二		去图书馆	
星期三	踢足球		
星期四			看电影
星期五	打羽毛球	去商店	

B

	上午	下午	晚上
星期一		去学校	
星期二	打太极拳		见朋友
星期三		上汉语课	写作业
星期四	跑步	看书	
星期五			上网

95. 같은 것 찾기

A 　　　　　　　　　　我昨天的活动

06:30 起床	07:00 吃早饭	07:40 到学校	11:40 吃午饭
16:20 放学	16:40 去图书馆	17:20 运动	18:00 吃晚饭
19:30 写作业	20:30 看电视	20:50 上网	21:30 睡觉

1. 我们都是 _____ _____ 的。　　2. 我们都是 _____ _____ 的。
3. 我们都是 _____ _____ 的。　　4. 我们都是 _____ _____ 的。
5. 我们都是 _____ _____ 的。　　6. 我们都是 _____ _____ 的。

B 　　　　　　　　　　我昨天的活动

06:30 起床	06:50 吃早饭	07:40 到学校	11:40 吃午饭
16:20 放学	16:40 去图书馆	17:30 运动	18:30 吃晚饭
19:10 写作业	20:20 看电视	21:00 上网	21:30 睡觉

1. 我们都是 _____ _____ 的。　　2. 我们都是 _____ _____ 的。
3. 我们都是 _____ _____ 的。　　4. 我们都是 _____ _____ 的。
5. 我们都是 _____ _____ 的。　　6. 我们都是 _____ _____ 的。

96. 그림 보고 말하기

이야기 줄거리에 따라 아래 4장의 그림을 순서대로 배열하고, '着'를 사용하여 문장을 만들어 그림의 상황을 묘사한다.

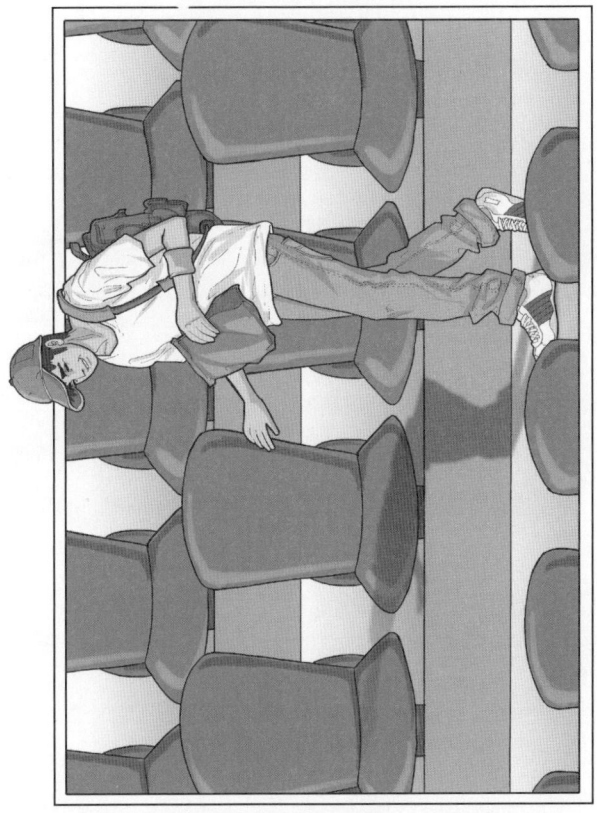

97. 제자리 앉기

아래 문장에서 바른 위치에 '了'를 넣는다.

1 我 早上 吃饭 。

2 他 是 老师 。

3 太 漂亮 。

4 爸爸 前天 去 中国 旅游 。

5 天气 冷 。

6 现在 我 会 说 汉语 。

7 我 买 一本 汉语书 。

8 明天 我 下课 就 去 看电影 。

9 今年 妈妈 胖 许多 。

10 哥哥 快 要 结婚 。

11 朋友 把 他 送 到医院 。

12 火车 慢慢地 进 车站 。

13 我 在 中国 住 五年 。

14 我 喜欢 吃 中国菜 。

15 弟弟 吃 三碗 饭 。

101. 스피드 퀴즈

104. 꿈나라

아래 그림에서 자신이 꿈을 꾼 적이 있는 사물을 찾아낸 후, 빈공간에 자신이 꿈을 꾼 다른 사물을 그린다. 마지막에 자신이 선택해 그린 사물 아래에 '被'를 사용하여 문장을 만들고 자신의 꿈나라를 묘사한다.

111. 슈퍼마켓 구매왕 A

物美超市	
1. 苹果	5.50元/斤
2. 香蕉	4.25元/斤
3. 西瓜	2.83元/斤
4. 橙子	6.55元/斤
5. 面包	5.00元/个
6. 饼干	9.88元/盒
7. 香肠	11.90元/袋
8. 冰激凌	15.70元/盒
9. 可乐	1.98元/瓶
10. 牛奶	8.80元/盒
11. 果汁	9.32元/盒
12. 矿泉水	10.08元/桶
13. 纸巾	6.08元/盒
14. 洗发水	23.80元/瓶
15. 杂志	11.28元/本
16. 洗衣粉	15.30元/袋

永乐超市	
1. 苹果	5.40元/斤
2. 香蕉	4.35元/斤
3. 西瓜	2.95元/斤
4. 橙子	6.35元/斤
5. 面包	4.80元/个
6. 饼干	9.68元/盒
7. 香肠	13.10元/袋
8. 冰激凌	16.20元/盒
9. 可乐	2.00元/瓶
10. 牛奶	8.90元/盒
11. 果汁	9.55元/盒
12. 矿泉水	10.02元/桶
13. 纸巾	6.00元/盒
14. 洗发水	22.90元/瓶
15. 杂志	11.20元/本
16. 洗衣粉	15.35元/袋

大福超市	
1. 苹果	5.45元/斤
2. 香蕉	4.05元/斤
3. 西瓜	3.03元/斤
4. 橙子	6.45元/斤
5. 面包	4.88元/个
6. 饼干	10.08元/盒
7. 香肠	12.30元/袋
8. 冰激凌	15.40元/盒
9. 可乐	2.01元/瓶
10. 牛奶	8.65元/盒
11. 果汁	9.45元/盒
12. 矿泉水	10.03元/桶
13. 纸巾	5.98元/盒
14. 洗发水	21.98元/瓶
15. 杂志	11.24元/本
16. 洗衣粉	15.10元/袋

家家超市	
1. 苹果	5.60元/斤
2. 香蕉	4.35元/斤
3. 西瓜	3.13元/斤
4. 橙子	5.75元/斤
5. 面包	5.20元/个
6. 饼干	9.28元/盒
7. 香肠	12.38元/袋
8. 冰激凌	14.50元/盒
9. 可乐	2.02元/瓶
10. 牛奶	8.75元/盒
11. 果汁	9.45元/盒
12. 矿泉水	10.04元/桶
13. 纸巾	6.02元/盒
14. 洗发水	24.25元/瓶
15. 杂志	11.30元/本
16. 洗衣粉	14.80元/袋

111. 슈퍼마켓 구매왕 B

A		
要买的东西	最便宜的超市	价格
1袋洗衣粉		
1盒牛奶		
1个面包		
1包香肠		
一共多少钱?		

B		
要买的东西	最便宜的超市	价格
1斤西瓜		
1瓶可乐		
1盒冰激凌		
1盒饼干		
一共多少钱?		

C		
要买的东西	最便宜的超市	价格
1斤苹果		
1斤橙子		
1瓶果汁		
1瓶洗发水		
一共多少钱?		

D		
要买的东西	最便宜的超市	价格
1斤香蕉		
1桶矿泉水		
1本杂志		
1盒纸巾		
一共多少钱?		

112. 구매의 달인 A

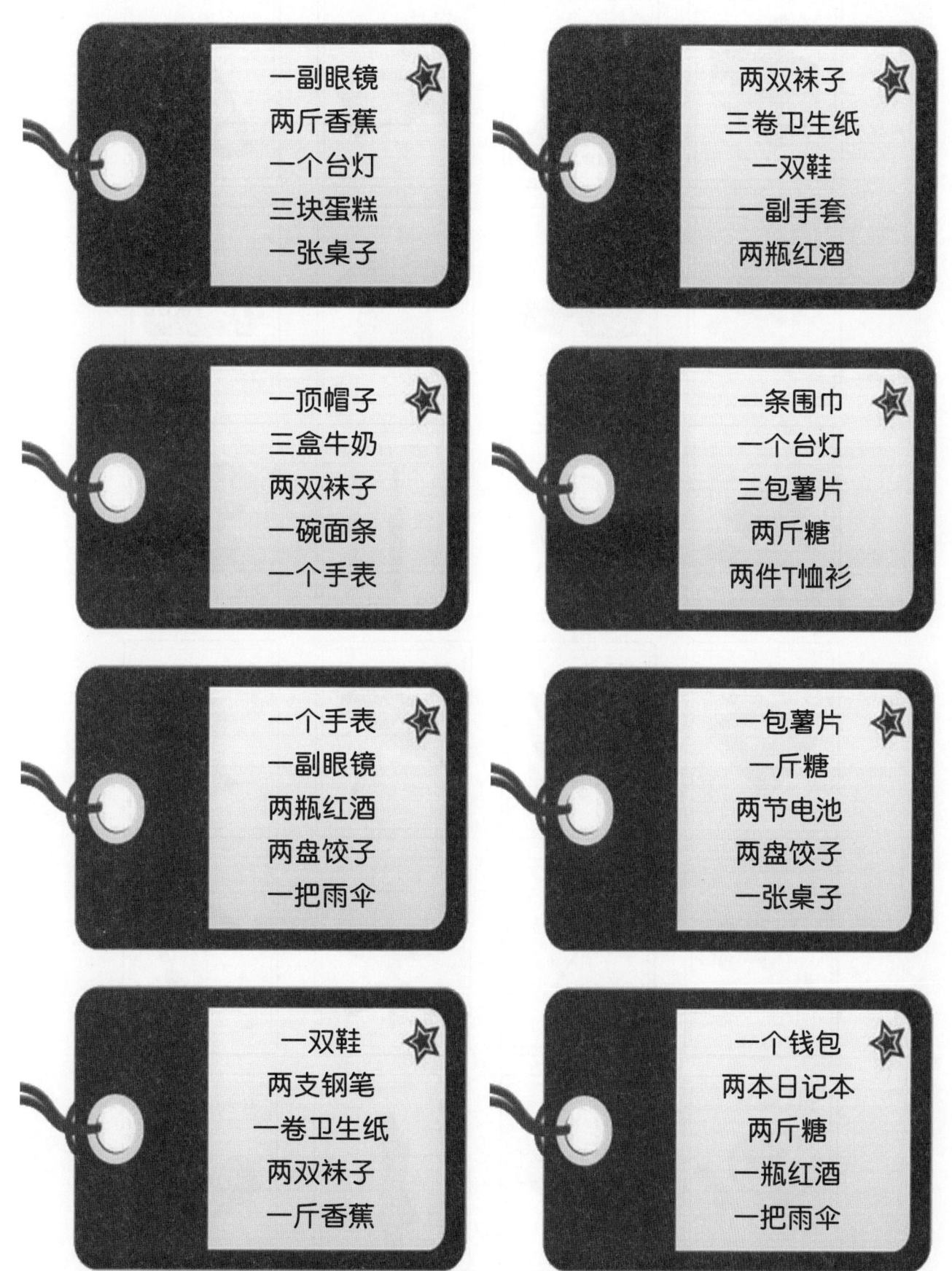

112. 구매의 달인 B

112. 구매의 달인 C

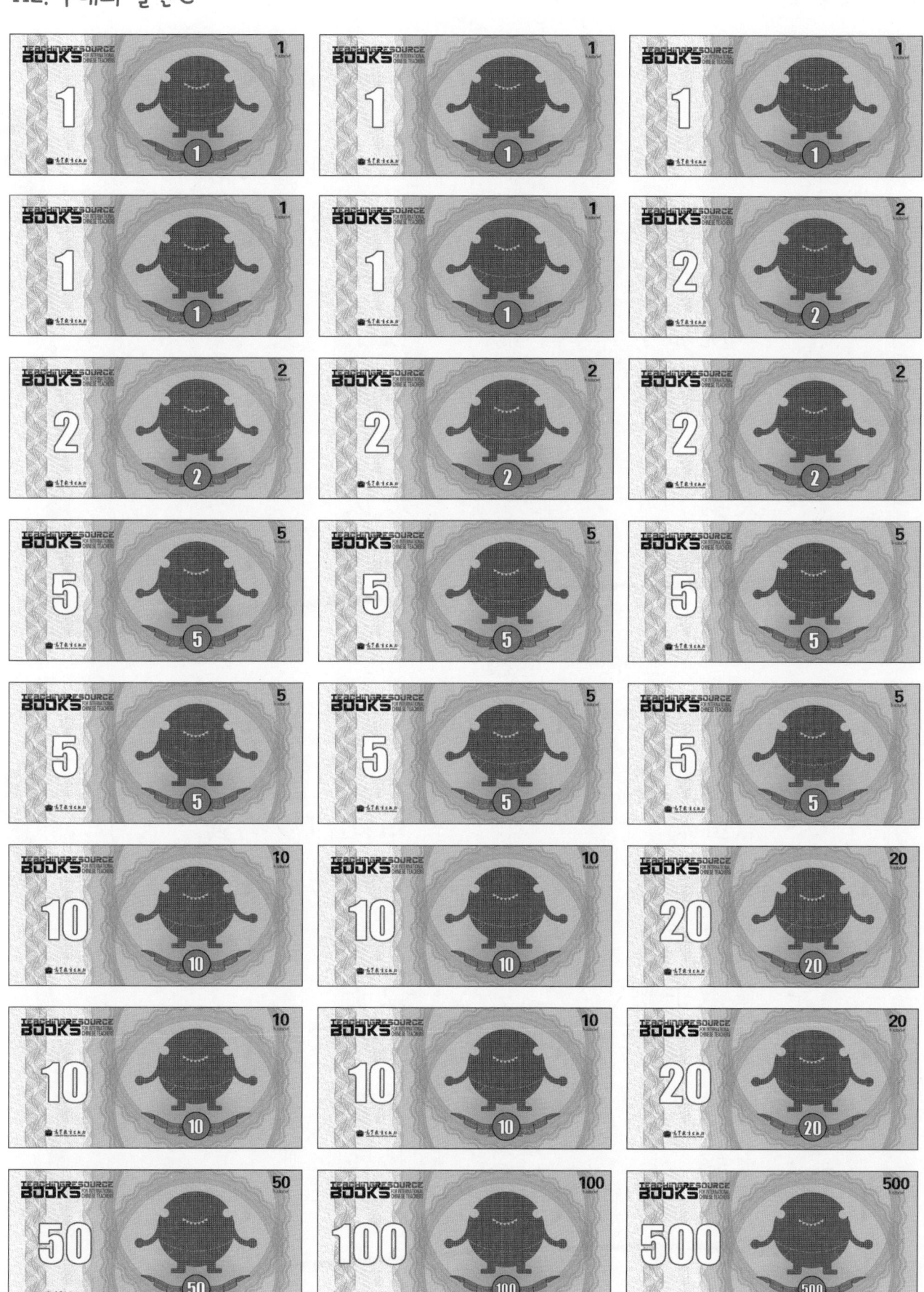

113. 식당놀이 A

菜谱A

- 水果沙拉
- 炒土豆丝
- 炒西兰花
- 红烧茄子
- 鱼香肉丝
- 烤鸭
- 火锅
- 西红柿炒鸡蛋
- 酸辣汤
- 包子
- 饺子
- 面条
- 馄饨
- 炒饭

菜谱B

- 煎豆腐
- 炒西兰花
- 宫保鸡丁
- 黑椒牛柳
- 水煮鱼
- 烤鸭
- 火锅
- 西红柿炒鸡蛋
- 酸辣汤
- 春卷
- 饺子
- 油条
- 面条
- 炒饭

113. 식당놀이 B

114. 음성 사서함

上次他/她帮了我一个大忙，明天晚上我想请他/她吃饭，请你转告他/她。	明天我要去北京了，不知道他/她是不是需要买什么东西，麻烦您帮我问问他/她。
我们小组一起完成的作业，不知道他/她写得怎么样了，请您问问他/她。	下周一是马丽的生日，我想这个周末和他/她一起去选礼物，不知道他/她有没有时间。
我买了两张新年音乐会的票，想请他/她一起去看，请您转告他/她。	他/她的电脑出了点儿问题，我知道怎么解决了，让他/她给我回个电话吧。
我忘了这个星期的汉语作业是什么，不知道他/她是不是还记得，麻烦您让他/她给我回电话。	听说他/她感冒了，我给他/她发了短信但是他/她没有回，我想知道他/她怎么样了。
他/她的自行车钥匙找到了，就在我们班的讲台上，麻烦您告诉他/她。	这个周末我要去看我爷爷，我的狗没有人照看，我想问问他/她能不能帮我照看一下我的狗。

116. 길 묻고 그림 붙이기 A

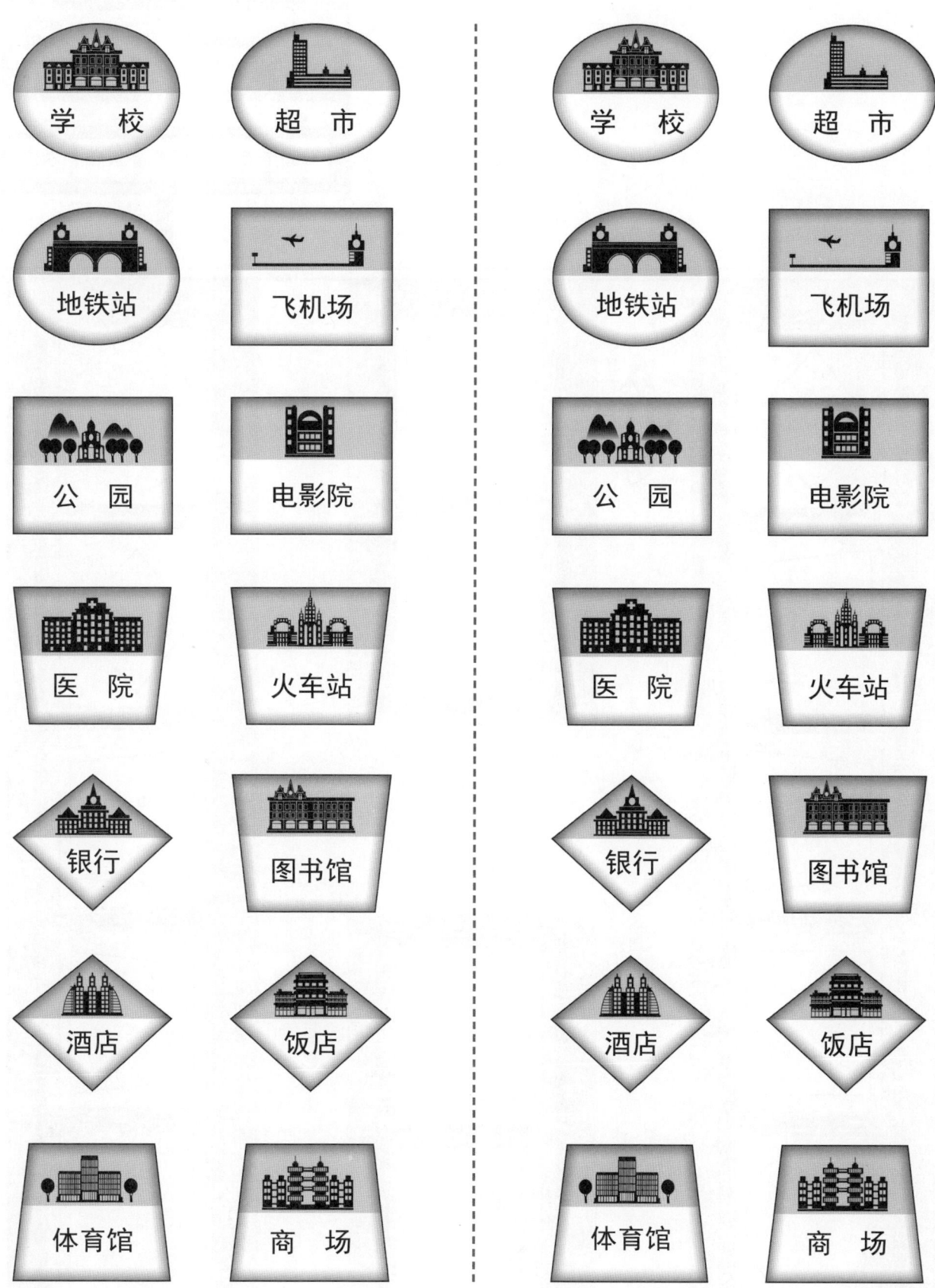

116. 길 묻고 그림 붙이기 B

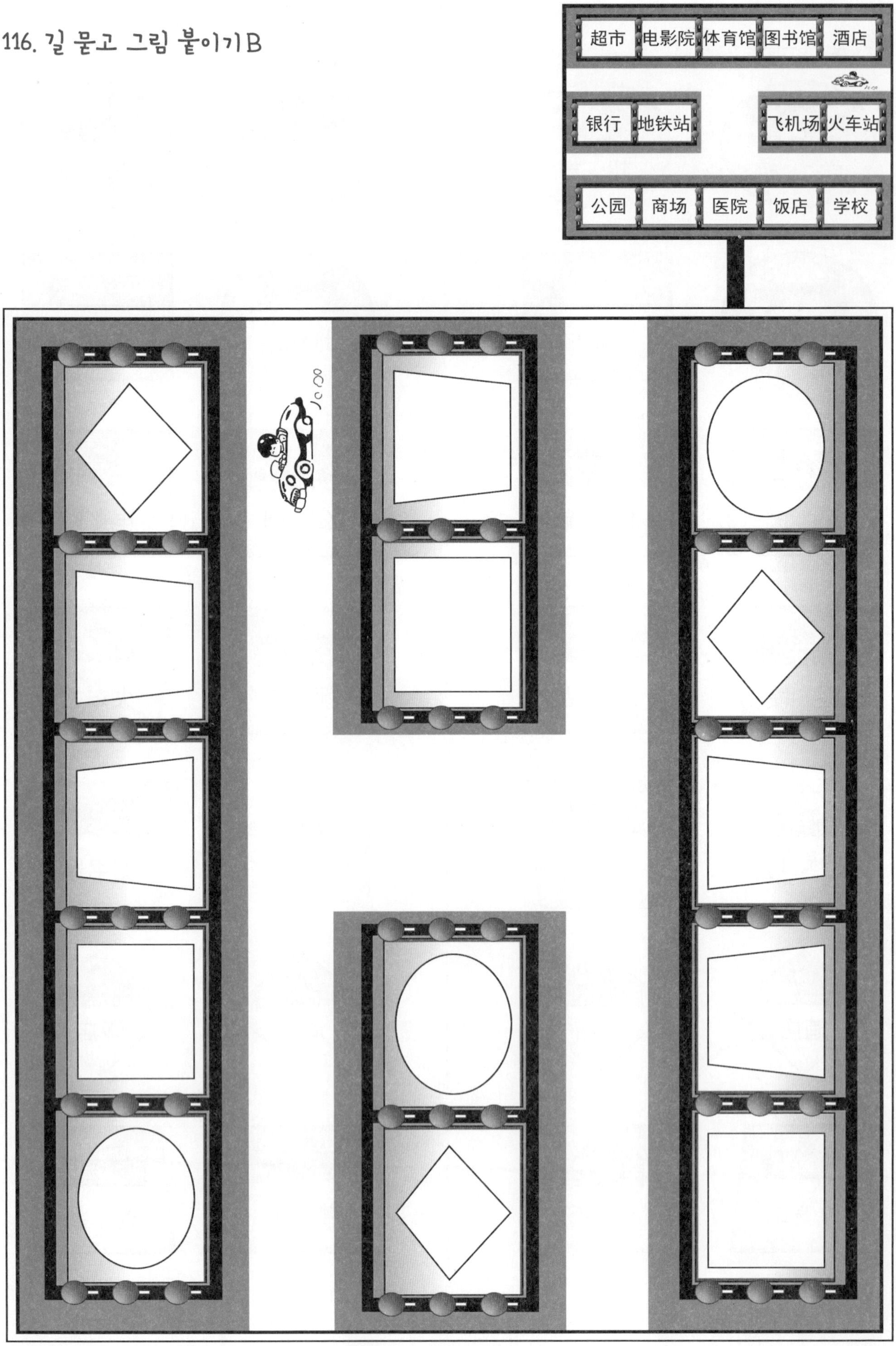

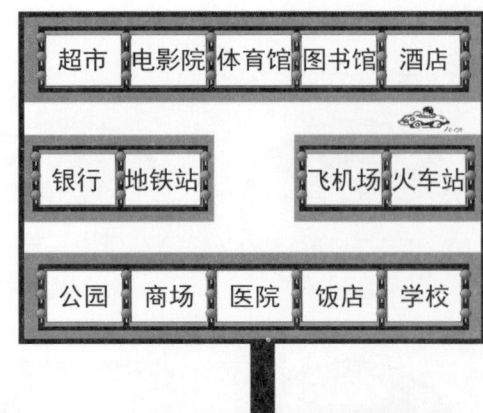

116. 길 묻고 그림 붙이기 C

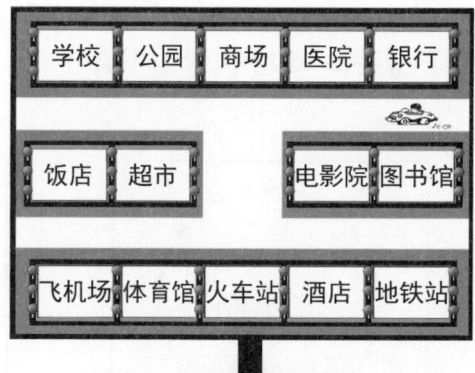

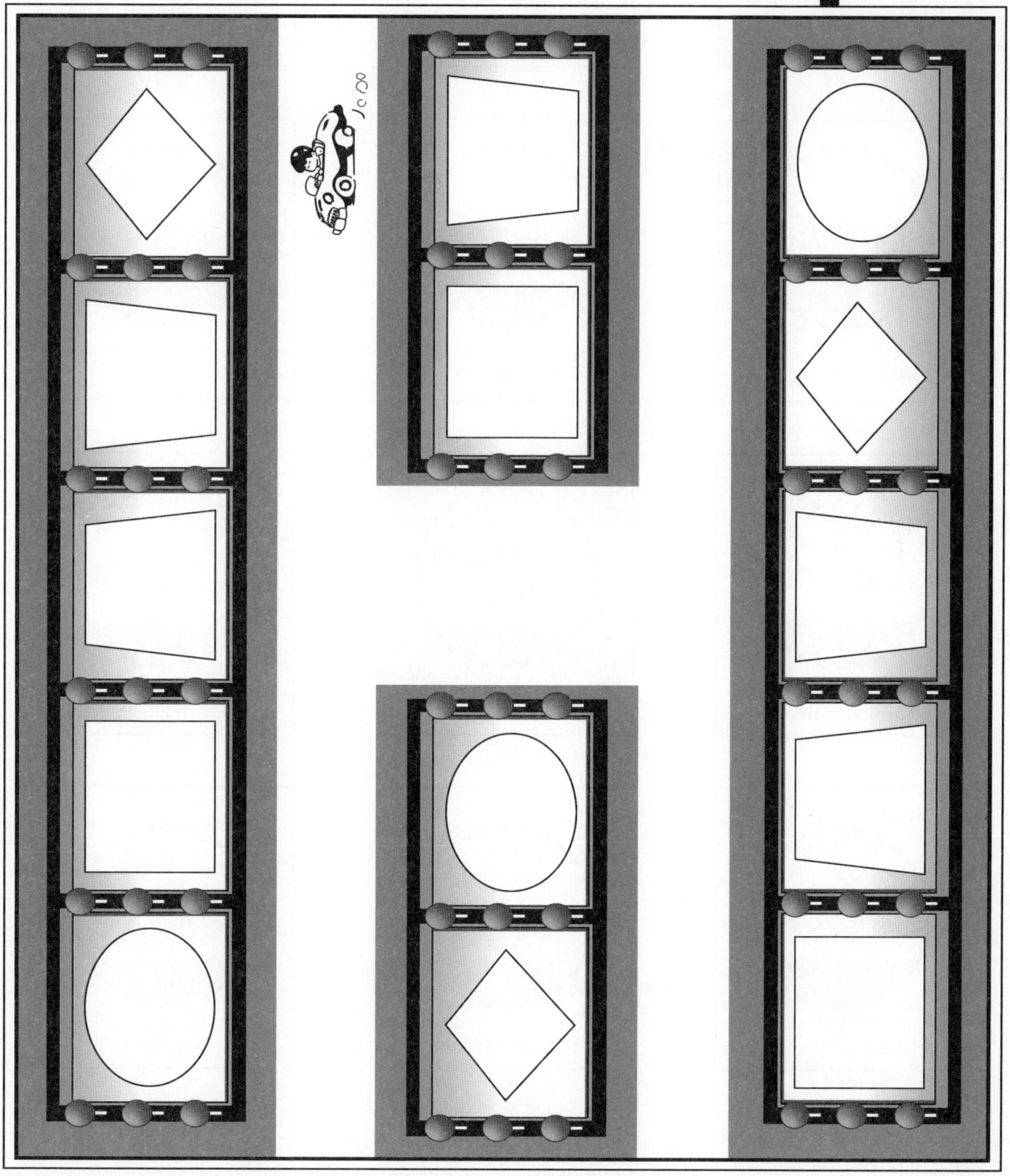

117. 정류소 표지판 붙이기 A

117. 정류소 표지판 붙이기 B

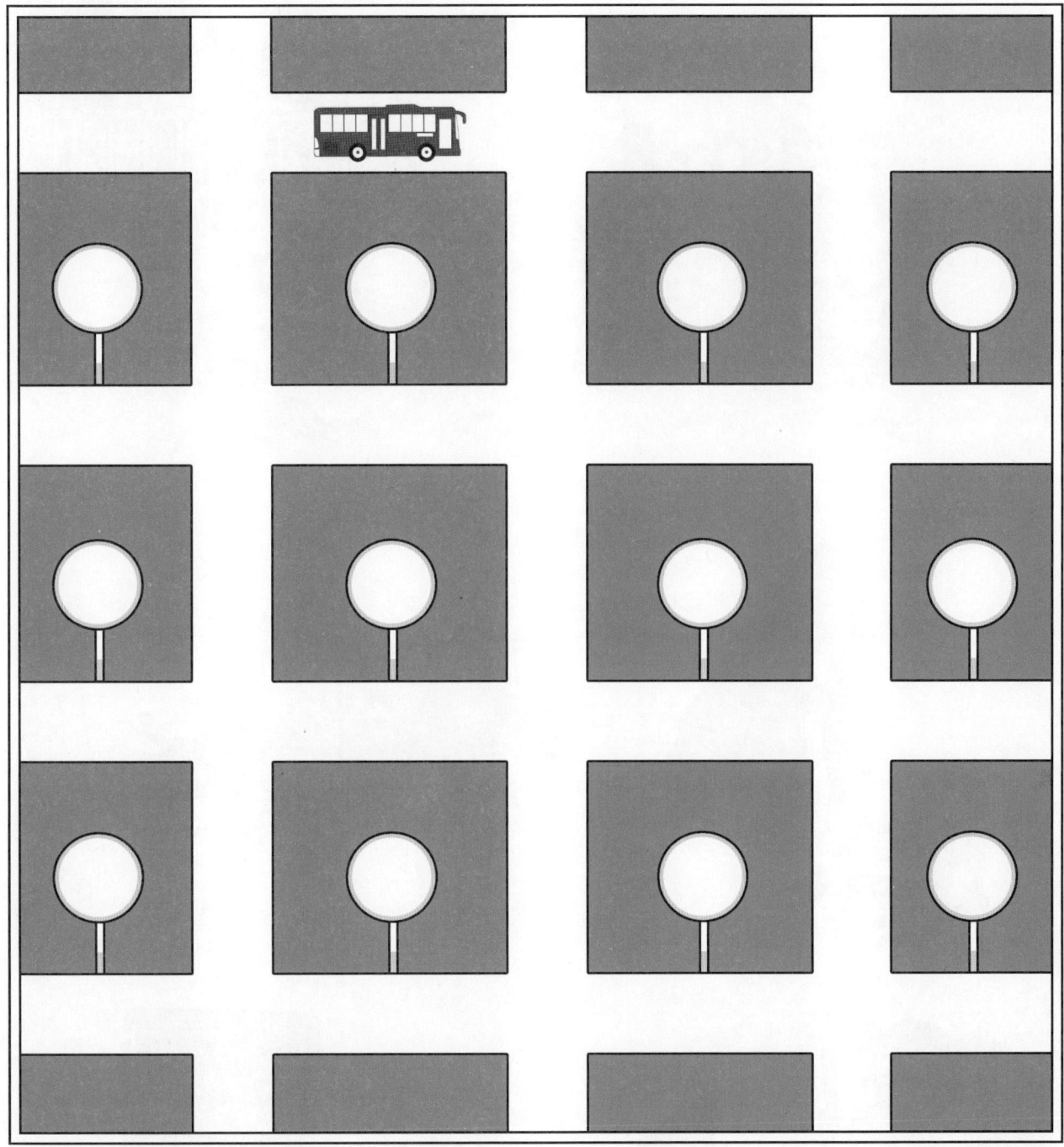

121. 이야기 대회

65. 택배회사

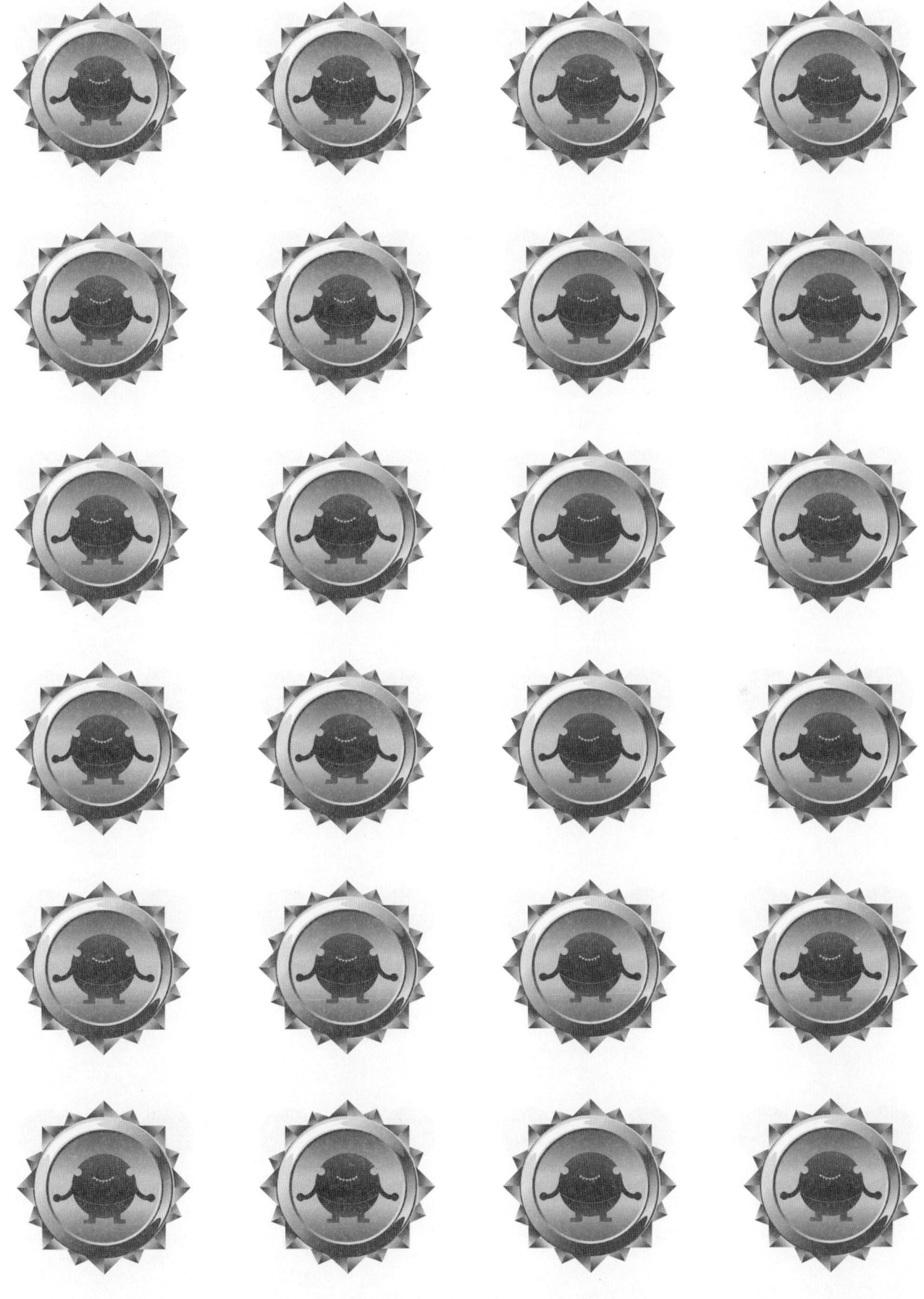

78. 단어 범퍼카